사회복지학개론

노길희 · 박일연 · 양희택 · 유진희 · 조성상

KNOWLEDGE COMMUNITY 공동체

머리말

필자는 '도움의 전문직'이라는 단어에 꽂혀서 사회복지를 전공하면서 매우 즐겁고 행복한 마음으로 공부를 하였다. 그러나 대부분의 개론서들이 사회복지의 몇몇 분야만을 소개하거나 미시적이거나 거시적인 한 측면에서의 사회복지를 소개하고 있어서 안타까운 마음에서 다시 펜을 들게 되었다. 필자가 소개하고 싶은 사회복지학 개론은 다음과 같은 목적으로 집필되었다.

첫째, 최근 사회복지학개론에서 소개되고 있는 다양한 사회복지의 개념, 관점과 가치 등을 소개하고자 하였다. 사회복지는 그 개념에서부터 광의의 개념과 협의의 개념, 관점에도 기능주의, 갈등주의, 통합주의 관점 등 다양한 관점과 이데올로기가 적용되고 있다. 이에 필자는 다양한 관점과 이념을 간략하고 쉽게 전달하고자 노력하였다.

둘째, 사회복지학과의 과정을 이수하기까지 접하게 될 전공교과목들을 포괄하여 소개하고자 하였다. 사회복지를 공부하는 학생들은 개정된 교과과정을 통해 사회복지 실천론과 실천기술론, 지역사회복지론이나 행정 및 사회보장 등의 중요한 교과목들과 함께 다양한 분야를 접할 수 있는 전공선택 영역의 교과목들을 접하게 된다. 따라서 필자는 학생들이 전 교과과정 동안 접할 수 있는 교과목들 중에서 핵심적으로 중요한 부분들을 전달하고자 노력하였다.

이 책은 크게 3부로 구성되어 있다. 사회복지의 기본적인 내용을 이해한 다음 실천방법과 분야로 점차 심도 있게 개괄하는 구도이다.

제1부 사회복지의 일반적 이해는 사회복지의 개념, 사회복지의 동기와 가치, 실천윤리와 이념, 그리고 사회복지의 발달로 구성되어 있다.

제2부 사회복지의 실천방법은 사회복지실천, 사회복지실천기술, 지역사회복지와 사회복지정책, 사회보장과 사회복지행정으로 구성되어 있다.

제3부 사회복지의 분야는 아동복지, 청소년복지, 노인복지, 장애인복지, 여성복지, 의료사회복지, 정신건강사회복지, 그리고 학교사회복지와 교정복지로 구성되어 있다.

그동안 각 장마다 원고 집필에서 수정 등 고통을 마다하지 않으신 집필 교수님 그리고 도와주신 모든 관계자 분들께 감사드리고, 특히 이 책을 출판할 수 있도록 도움을 주신 공동체 가족 여러분께 감사드린다.

2023년 5월

저자 일동

차례

PART 02 사회복지의 실천방법

Contents

Contents

PART
1

사회복지의 일반적 이해

Chapter 01

사회복지의 개념

01 사회복지의 개념

1) 사회복지 대상에 따른 개념

'사회복지(social welfare)'란, '사회(social)'와 '복지(welfare)'라는 두 단어의 합성어로 '사회적으로 행복한 상태'를 의미한다. 또한 사회의 여러 방면에서 사회복지활동을 실천하는 전문가를 사회복지사(social worker)라고 하며, 문제를 겪고 있는 사람들, 즉 사회복지의 대 상이 되는 사람들을 클라이언트(client)라고 부른다. 사회복지의 대상은 요보호자, 의뢰자, 원조(도움)신청자 등으로 번역될 수 있지만, 일반적으로 영어 그대로 클라이언트라고 많이 불리고 있다.

협의의 사회복지 개념은 사회복지의 대상을 사회적 약자 계층과 요보호 대상자들로 한정지어 실천하는 소극적 개념을 의미한다. 따라서 그 대상으로 국가부조를 받는 자, 아동, 노인, 장애인 등 기타 원조를 필요로 하는 자들이 된다.

광의의 사회복지 개념은 사회 성원 전체의 복지를 정부나 사회가 책임지는 것을 의미하며, 사회적인 제반 서비스를 체계적으로 조직화하는 공공정책과 사회보장제도를 포괄하는 개념이다. 따라서 그 대상으로는 전체 국민이 된다.

2) 제도적 관점에 따른 개념

현대사회에는 여러 사회제도가 있으며, 이들은 각각 고유의 기능과 더불어 사회복지적인 기능도 수행하고 있다. Gilbert와 Terrell(1998)은 사회제도의 사회복지적인 기능을 다음과 같이 말하고 있다. 친족제도는 요보호 가족 구성원을 위한 보호 및 가족 간의 경제적 지원을, 종교제도는 신도 중심의 복지 및 사회서비스 제공을, 노동제도는 종업원의 급여 제공을, 시장제도는 영리목적의 상업적 재화와 서비스를, 상호부조제도는 상부상조를 통해서 지역사회복지서비스를, 정부는 자원 동원과 배분의 기능을 통해서 빈곤 타파와 경제적 안정 등의 기능으로 구분하고 있다.

<표 1-1> 사회제도와 사회복지적 기능

사회제도	주요 조직	기본 기능	사회복지적 기능
친족	가족	출산, 사회화, 보호, 친교 및 정서적 지원	요보호 가족 구성원을 위한 보호, 가족 간의 경제적 지원
종교	교회	영적 성장 및 발달	신도 중심의 복지, 보건, 교육,사회서비스, 상담
노동	고용	고용	종업원 급여, 기업복지
시장	생산자(회사) 소비자(가계)	재화와 서비스의 교환	영리목적의 상업적 재화와 서비스
상호부조	지지집단	상부상조, 박애	자조, 자원봉사, 지역사회복지서비스
정부	국가, 주, 지방자치단체	집합적 목표를 위한 자원동원과 배분	빈곤 타파, 경제적 안정, 보건,교육, 주거서비스
사회복지	사회복지기관, 회원단체, 자원봉사단체	상호부조, 박애	사회복지서비스, 지역사회서비스, 자조, 자원봉사

출처 : Gilbert & Terrell(1997: 3); 장인협 외(1999: 8) 재구성.

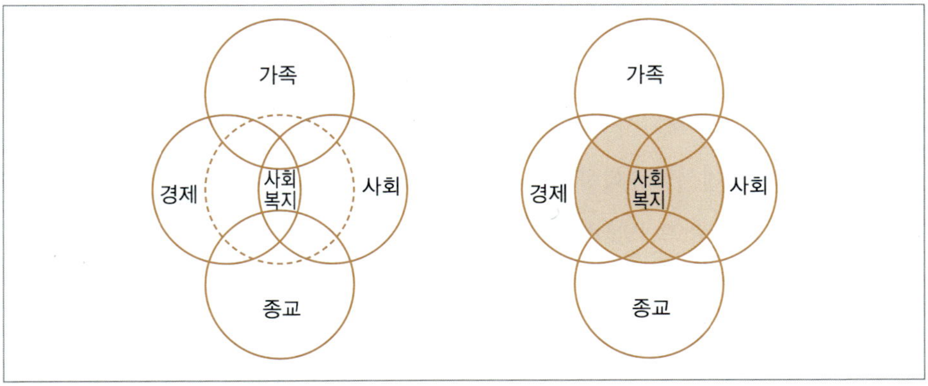

출처 : Wilensky & Lebeaux(1965).

[그림 1-1] 사회복지의 잔여적 개념과 제도적 개념

Wilensky와 Lebeaux는 사회복지의 개념을 잔여적 개념과 제도적 개념으로 구분하여 소개하고 있다. 사회복지의 잔여적 개념은 "정상적 공급원으로서의 가정이나 시장경제가 제 기능을 원활하게 수행하지 못할 경우에 파생되는 사회복지 문제를 보완 또는 해소하기 위한 제도로서 필요하다"고 보았다(Wilensky & Lebeaux, 1965: 138-139).

사회복지의 제도적 관점은 현대 산업사회의 문제에 대해 전체 국민과 가정의 경제적 안정을 도모하는 수단으로 사회복지가 제도적인 위치를 획득해야 한다고 본다.

따라서 [그림 1-1]을 보면, 사회복지의 잔여적 개념에서는 다른 사회제도들의 실패에 따른 잔여적 기능(점선으로 표시)을 점하고 있지만, 제도적 개념에서는 다른 사회기능들 속에서 독자적 위치(실선으로 표시)를 나타내고 있다.

3) 사회복지와 사회사업의 개념

사회복지와 사회사업의 개념은 우리나라뿐 아니라, 미국, 일본 등에서도 혼용하고 있으며, 그 의미와 내용에 따라 커다란 차이가 있다. 우리나라의 경우, 1950년대부터 1970년대 중반까지는 미국 등 서구의 영향을 받아 '사회사업

(social work)'이라는 개념이 교육이나 실천현장에서 통용되었다. 그러나 1970년대 후반에 이르면서 '사회사업의 토착화' 과제가 제기되었고, 당시 우리나라의 사회문제를 고려할 때, '사회복지'라는 광의의 제도적 접근이 필요하다고 하여 학계나 실천현장에서 '사회복지(social welfare)'라는 이념적 접근이 우위를 차지하게 되었다. 그리하여 1980년대에는 사회사업과 사회복지라는 용어가 혼용되어 오다가 1990년대에 이르러 '사회복지'라는 용어로 통일되는 경향을 나타나게 되었다(박종삼, 2002 : 21). 사회복지는 개인 및 집단과 지역사회의 문제에 관심을 두고 이들의 사회적 욕구를 충족시키기 위한 제반 법률, 프로그램 및 서비스 체계이며, 사회사업은 이를 이루기 위한 사회사업가들의 전문 활동이다.

<표 1-2> 사회복지와 사회사업의 개념 비교

분류 구분	사회복지	사회사업
어 의 적	이상적 측면 강조	실천적 측면 강조
목 적 적	바람직한 사회	바람직한 인간
대 상 적	일반적	개별적
기 능 적	제도, 정책(거시)	지식과 기술(미시)
실 천 적	고정적	역동적

4) 사회복지의 개념 변화

Romanyshin(1971 : 34-37)에 의하면, 사회복지의 개념은 다음과 같은 방향으로 변화해 나아가고 있다.

① 보완적인 것에서 제도적인 것으로
② 자선에서 시민권으로
③ 특수한 서비스 활동에서 보편적인 서비스 활동으로
④ 최저 기준의 달성에서 최적 기준의 달성으로
⑤ 개인적 개혁에서 사회적 개혁으로

⑥ 자발적인 것에서 공적인 것으로
⑦ 빈민구제에서 복지사회 건설로

02 사회복지의 목적

1) 사회복지의 일반적 목적

(1) 인간의 존엄성 유지

인간의 존엄성이란 한 개인이 인종, 종교, 연령, 성, 교육수준, 경제적 · 사회적 신분 등의 차이와 관계없이 한 인간으로서 존엄한 가치를 지닌 존재라는 것을 의미한다. 인간의 존엄성 사상은 오랜 역사적 기원을 가지고 있지만 현대사회에 와서 특히 중시되고 있는 사상이며 가치이다.

우리나라의 경우 헌법 제34조에 "모든 국민은 인간다운 생활을 할 권리를 갖는다"고 되어 있다. 즉, 인간다운 생활이란 인간의 존엄성이 유지 확보되는 것으로서 사회복지의 최고의 목표로 자리잡고 있다.

(2) 자립성 유지

사회복지의 이상과 목표는 타인에 의한 의존에서 벗어나 자기 스스로 삶을 영위하는 데 있다. 사회복지서비스가 아무리 전문적이고 수준이 높아도 자신의 생활을 결정할 수 있는 사람과는 비교할 수 없는 것이다. 개인이 스스로 자신의 생활을 결정하고 영위할 수 있는 자립성 혹은 자율성의 유지는 사회복지실천의 목표를 의미한다.

(3) 개인적 성장과 개발

한 개인이나 가정, 집단, 그리고 지역사회, 국가 등은 성장하고 발전할 수 있는 잠재력을 가지고 있다. 그러므로 사회복지는 인간의 문제를 예방하고 해결하는 것에서부터 시작하여 모든 사람들이 각기 잠재 능력에 따라 성장하고 발달할 수 있도록 원조하는 데 목표를 두고 있다.

2) 사회복지의 사회 기능적 목적

(1) 사회통합과 안정

사회복지는 사회생활상 어려움을 가지고 있는 개인이 사회복지적인 원조를 통하여 사회생활을 유지하게 함으로써, 개인적으로 사회에 적응할 수 있을 뿐만 아니라 사회 전체적으로도 사회혼란을 방지하게 되어 사회통합과 안정에 기여하게 된다는 의미이다. 사회복지는 사회제도의 하나로서 다른 사회제도가 제 기능을 상실하게 되었을 때, 그 제도를 일시적으로 보충 · 보완하게 함으로써 사회 전체의 질서와 안정 그리고 통합에 기여한다는 입장으로 이해되고 있다.

(2) 경제성장과 안정

일반적으로 사회복지는 단기적으로는 경제에 마이너스 효과를 가져오지만 장기적으로는 플러스 효과를 가져 오는 것으로 인정되고 있다. 사회복지가 경제성장에 플러스 효과를 가져 오는 요인은 사회복지적 활동을 통해 인적 자본의 질적 수준을 높임으로써 가능하다는 것이다. 즉, 건강과 보건, 교육, 주택, 기타 사회복지서비스 등이 노동자의 복지 증진은 물론 노동력의 질적 수준을 향상시킨다는 것으로 설명된다(George & Wilding, 1984). 또한 사회복지는 비단 경제성장에만 효과를 미치는 것이 아니라 경기 변동에 영향을 미쳐 경기를 안정화시킴으로써 경제성장에 간접적인 기여를 하는 측면도 있다.

(3) 정치적 안정

사회복지는 정치적으로 중요한 기능을 하는 것으로 오랫동안 인정되어 왔다.

이와 더불어 사회복지 발달 역시 정치적 소산이기도 하고, 어떤 경우에는 사회복지 대상자와 시민들의 정치적 권리의 신장과 조직적 활동 및 참여의 결과로 사회복지 수준과 내용이 끊임없이 성장 · 발달되어 온 것도 사실이다. 그러므로 각종 사회복지제도에 불평등의 해소와 사회적 갈등을 해소하는 데 초점을 맞추어 나아가야 한다.

03 사회복지실천 주체와 현장

1) 사회복지 실천주체

사회복지사업을 행할 목적으로 설치된 시설을 '사회복지시설'이라고 하며 이는 국민기초생활 보장법에 의한 '보장시설'이라고 정의하고 있다. 운영주체에 따라서는 법인이나 종교단체, 자원봉사단체 혹은 기업 등의 민간부문과 국가와 지방자치단체의 공적 부문으로 구분할 수 있다.

2) 사회복지실천현장

(1) 공공사회복지 영역의 보장기관

① 사회복지전담공무원
② 아동복지 · 보육지도원, 노인 · 장애인 · 모자복지 · 여성복지상담원

(2) 민간 사회복지 영역의 사회복지실천현장

① 생활시설 : 아동, 노인, 장애인, 모자가정, 윤락여성, 부랑인 등에게 의 · 식 · 주 등 제반 사회복지서비스를 24시간 제공하는 실천현장.
② 이용시설 : 재가 또는 생활시설 생활인 또는 지역주민들을 통원하게 하여 사회복지서비스를 제공하는 실천현장

③ 중간시설 : 생활시설, 병원, 교도소에서 가정이나 사회로 복귀하기까지 이용하는 중간의 시설 또는 의료 · 재활과 복지가 통합된 시설

④ 지원시설 : 생활시설, 이용시설 또는 중간시설 본래의 설립 목적을 보다 원활하게 수행하도록 지원하는 사회복지기관 · 법인, 중간단체 및 직능단체와 같은 사회복지시설

(3) 관련 사회복지실천현장

청소년기본법에 의한 청소년수련시설, 청소년상담원, 자원봉사센터 등의 관련 기관, 고령자고용촉진법에 의한 고령자인재은행, 장애인고용촉진 및 직업재활법에 의한 한국장애인고용촉진공단, 산업재해보상보험법에 의한 근로복지공단 등이 있다.

이 밖에도 향후 개발해야 할 사회복지실천현장으로는 교정복지현장과 산업복지, 학교사회복지, 군 사회복지, 종교사회복지현장 등이 있다.

Chapter 02

사회복지의 동기와 가치, 실천윤리와 이념

01 사회복지의 동기

1) 상호부조의 동기

가장 오래되고 널리 퍼져 있는 동기 중 하나는 상호부조(mutual aid)의 동기이다. 상호부조의 동기는 인간이 야생동물과 자연의 위협으로부터 자신의 생명을 지키기 위해 서로 협력한 때부터 시작하여, 오늘날 우리가 일상생활 속에서 접하게 되는 가족, 노동조합, 이웃, 지역사회, 나아가 다양한 사회복지제도 등도 여전히 상호부조가 개인화됨에 따라 약화될 수 있지만, 동시에 사회복지제도를 통해 다시 회복할 수도 있는 것이다.

2) 종교적 동기

종교적 동기는 자선적 동기의 의미를 가진다. 대부분의 종교에서 언급하는 형제애나 이웃사랑은 서로 돕고 불우한 타인까지도 구제하는 자선행위를 강조하고 있다. 그러나 종교적 동기에서 비롯되는 자선사업은 보통의 경우 주는 자의 심적 태도에 의해서 실시되며, 받는 자의 입장은 비교적 중요시하지 않는 특성을 가진다. 권리로서 사회복지의 개념이 부각되면서 종교적 동기에 의한 사회복지는 많이 약화되었지만, 우리의 자원봉사활동이나 종교단체의 복지활동에서는 여전히 중요한 동기인 것은 틀림없다.

3) 정치적 동기

사회복지에서 정치적 동기가 부각되기 시작한 것은 국가 혹은 정부가 사회복지에 대한 관심을 표현하기 시작한 데서 찾을 수 있기 때문에 사회복지의 역사에서 보면 빈민법(혹은 구빈법)의 시대까지 거슬러 가게 된다. 물론 정부가 사회복지를 제공하는 동기에는 인도주의적 목적이나 경제적 이유 혹은 종교적 신념도 있을 수 있지만, 정치적 동기의 측면에서 본다면 정치적 권력의 획득이나 유지, 사회경제적 불안의 회피나 해소, 정치적 과정 자체의 부산물이라는 세 가지 측면에서 찾을 수 있다.

4) 경제적 동기

사회복지활동 과정에 일정한 비용이 필요한 경우라면 사회복지와 경제는 불가분의 관계를 맺는다. 그렇지만 사회복지에서 경제적 동기는 사회문제로 야기되는 사회적 비용을 줄일 수 있을 뿐만 아니라, 사회문제로 인해 발생하는 사회적 부담을 줄이기 위한 것이다. 즉, 사회문제로 말미암아 피해를 입는 사람들이 여러 가지로 경제부문의 훼손을 가져올 수 있기 때문에 더 큰 사회문제로 확대되는 것을 방지하기 위한 경제적 고려가 사회복지발달을 가져왔다고 할 수 있다.

5) 이데올로기적 동기

사회복지의 동기로서 가장 강력한 것 중 하나는 타인을 도와야 한다는 신념, 느낌, 태도 혹은 이데올로기이다. 이것이 상호부조의 동기와 다른 점은 원조자와 피원조자를 단정지을 수 없다는 점 때문이고, 정치 혹은 경제적 동기와 일치하는 점이 많다고 하더라도 서로 간에 쉽게 충돌을 일으키기 때문에 하나의 중요한 동기가 된다. 사회복지의 이데올로기 동기 중 대표적인 것으로 이타주의(altruism)를 들 수 있다. 외부로부터의 어떤 보상도 기대하지 않고 타인을 이롭게 하는 행동을 수행하는 이타주의는 기본적으로 개인에 초점을 둔 것이지만, 이것이 전체 사회로 확산되는 경우에는 인간중심주의(humanitarianism)가 된다. 또한 개인주의가 덕으로 여겨지는 경우보다는 협동을 절실히 요구하는 집합주의(collectivism) 하에서 사회복지는 한층 더 발전하게 된다.

6) 전문직업적 동기

많은 사람들과 조직들이 사회복지에 관심을 가지고 이를 위해 헌신하고 있다. 그중 일정한 교육을 이수하고 일정한 자격을 취득한 후 평생을 사회복지에 몸담는 사람들이 있다. 그 이면에는 앞서 언급한 다양한 동기들과도 관련이 있겠지만, 이는 사회복지와 관련된 전문적인 지식과 기술, 그리고 가치를 실현하기 위함이다. 따라서 사회복지의 가치와 윤리에 입각하여 전문지식과 기술을 발휘하고 활용하여 전문가로서의 소임을 다하는 것이 바로 전문직업적 동기에서 사회복지를 행하는 것이다.

02 사회복지의 가치

1) 사회복지의 일반적 가치

(1) 평등

사회복지는 기본적으로 평등의 가치를 추구하기 때문에 사회복지의 가치에서 가장 중요한 것 중의 하나는 평등(equality)이다. 평등은 사회적 자원의 재분배를 통하여 사회 구성원의 삶의 질을 골고루 향상시키고자 하는 가치이다. 그러나 평등의 구체적인 개념에 관해서는 논란이 많다. 평등의 개념은 수량적 평등, 비례적 평등, 기회의 평등이 있다(송근원 외, 1995 : 209). 수량적 평등은 모든 사람을 똑같이 취급하여 욕구나 능력의 차이에 관계없이 사회적 자원을 분배하는 개념으로서 가장 적극적인 평등 개념이다. 비례적 평등은 개인의 욕구, 능력, 기여 정도에 따라 사회적 자원을 다르게 분배하는 개념이다. 기회의 평등이란 결과는 무시한 채 과정상의 기회만 똑같이 해주는 개념이다.

(2) 자유

사회복지에서의 자유 또한 중요하다. 그러나 복지의 개념은 기본적으로 자본주의를 전제하므로 자유경쟁의 의미나 사유재산제도의 허용에 대한 고려가 필요하다. 자유(freedom)의 개념에는 적극적 자유와 소극적 자유라는 두 가지 의미가 있다. 소극적 의미의 자유란 다른 사람에 의한 강제가 없는 상태(freedom from~)로서, 사람들 간의 상호작용 관계에서 다른 사람의 간섭 없이 자신의 의지대로 행할 수 있는 상태를 의미한다. 적극적 의미의 자유란 자기가 원하는 것을 할 수 있는 상태(freedom to)를 말한다.

(3) 민주

민주적 정신과 민주적 과정에 대한 신념은 사회복지의 기본 원리이다. 모든 인간은 자기를 표현하고, 사생활을 유지하며, 자기에게 영향을 미치는 결정에 참여해야 하며, 타인과 함께 공동체를 구성하여 건설적으로 살아갈 수 있다는 기본적 가치는 사회복지실천에 영향을 미친다. 사회복지실천에서 자기결정의 원리, 민주적 참여의 강조 등은 민주성이라는 가치에 기반을 두고 있다.

(4) 정의

정의(justice)의 개념은 절차상의 정의(procedural justice), 실질적 정의(substantive justice), 능동적 과정으로서 정의(justice as active process) 등으로 사용되고 있다. 절차상의 정의는 법률에서 정한 합법적인 절차를 강조하며, 실질적 정의는 결과로서 분배적 정의를 강조한다(Cahn, 1974 : 341-347). 능동적 과정으로서 사회정의는 불의한 현상을 예방하고 치료하는 사회적 과정을 강조한다. 사회복지에서는 특히 분배적 정의를 강조하며, 사회적으로 취약한 계층이나 불우한 위치에 있는 사람들에게 보다 나은 처우와 권한 및 자원의 배분이 이루어지도록 노력한다.

(5) 사회통합

사회통합(social integration)이라는 개념은 일정한 사회단위 내의 구성원 상호 간 또는 구성원이 사회에 대하여 갖는 연대감 또는 애착의 감정(attachment)을 의미한다. 사회복지는 구성원 상호 간의 도움을 주고받는 행위를 통하여 사회적 자원을 재분배할 뿐 아니라, 이러한 원조행위가 구성원 상호 간의 감정적 통합을 가져오게 된다(MacRae, 1985). 현대사회에서의 사회복지제도는 공동체 구성원의 상호의존성을 제도적 장치로서 복원함으로써 사회통합을 달성하게 한다.

(6) 이타주의

사회복지는 상대방으로부터 대가를 요구하지 않는 이타주의에 기초하고 있으며, 시장체계를 통하여 이루어지는 등가의 교환에 기초하여 개인 이익의 극대화와 효율을 추구하는 경제적 행위와 대별된다.

2) 사회복지 전문직 실천의 가치

사회복지 전문직은 인간의 기본적 욕구를 충족하고 인간의 잠재능력과 개성을 최대한 실현시키는 것을 목표로 하며, 상대방의 권리와 의견을 존중하는 민주주의의 원리에 입각하여 사회복지를 실천한다.

미국사회사업가협회의 사회복지사 윤리강령에 의하면, 사회복지 전문직은 인간의 존엄성과 가치 존중, 사회정의, 봉사, 인간관계의 중요성, 통합, 능력이라는 몇 가지의 핵심적인 가치에 기초하고 있음을 선언하고 있다. 이러한 핵심적인 가치는 사회복지 전문직의 독특한 목적과 관점의 기반이 된다. 미국사회사업가협회에서 제시하고 있는 사회복지 전문직의 기본 가치와 가치에 따른 윤리기준은 다음과 같다.

(1) 인간의 존엄성과 가치 존중

사회복지사는 인간의 천부적 존엄성과 가치를 존중한다. 사회복지사는 각 사람의 가치(worth)를 존중하고 개인적 차이와 문화적 · 인종적 차이를 존중한다. 사회복지사는 클라이언트의 책임 있는 의사결정을 증진시키며, 클라이언트의 욕구충족을 위한 그들 자신의 능력과 기회를 향상시키기 위하여 노력한다. 또한 사회복지사는 클라이언트와 사회에 대한 이중적 책임을 인식해야 하며, 전문직의 가치와 윤리적 기준에 비추어 클라이언트의 이익 간의 갈등을 해결하기 위해 노력한다.

(2) 사회정의

사회복지사는 특히 사회적으로 취약한 위치에 있는 사람들을 위하여 그들과 함께 활동하고 사회적 변화를 추구한다. 사회변화 노력은 빈곤, 실업, 차별, 기타 사회적 불의의 문제에 초점을 둔다. 사회복지사는 모든 사람들에 대하여 의사결정 과정에서의 의미 있는 참여, 필요한 정보, 서비스 또는 자원에의 접근, 기회의 균등을 보장하기 위하여 노력한다.

(3) 봉사

사회복지사의 일차적인 목표는 욕구를 갖고 있는 사람들을 원조하고 사회문제를 해결하는 것이다. 사회복지사는 자신의 이익을 초월하여 다른 사람들에게 봉사하며, 자신의 전문적 기술의 일부를 물질적 보상없이 제공할 수 있다.

(4) 인간관계의 중요성

사회복지는 인간관계의 중요성을 인식해야 한다. 사람들 간의 관계는 변화를 위한 중요한 수단이 된다. 사회복지사는 개인, 가족, 집단, 지역사회의 복지를 증진하고 회복 · 유지시키기 위한 활동에서 사람들 간의 관계를 강화시킨다.

(5) 통합성

사회복지사는 전문직의 사명, 가치와 윤리적 기준을 인식하고 이에 부합하는 실천을 수행한다. 사회복지사는 정직하고 책임 있게 행동하며, 자신이 소속한 조직의 입장에서 윤리적 실천을 증진시킨다.

(6) 능력

사회복지사는 자신의 능력 범위 내에서 실천하며, 전문적 지식과 기술을 향상시키고 이를 실천에 적용하기 위하여 끊임없이 노력한다.

03 사회복지의 실천윤리

사회복지 실천의 3요소는 지식, 기술, 가치이다. 사회복지의 실천윤리는 가치로부터 나오기 때문에, 가치와 윤리 간에는 불가분의 관계가 있다. 가치는 무엇이 좋고 바람직한가를 논하고, 윤리는 무엇이 옳고 바른가를 논한다는 차이점은 있지만 사회복지사의 실천행동을 규제하는 윤리는 이상과 같은 가치로부터 파생된다고 할 수 있다. 더불어 인간의 생명과 보호와 관련하여 있는 전문직들은 그 윤리기준에서 벗어날 때의 위해가 강하면 강할수록 윤리강령에 의한 규제가 강하다고 할 수 있다. 사회복지실천에서 윤리는 곧 사회복지사들의 실천현장에서 실천행동의 준거가 되므로 구체적으로 살펴볼 필요가 있다.

우리나라의 사회복지사가 준수해야 할 윤리기준은 사회복지사의 기본적 윤리기준(전문가로서의 자세, 전문성 개발을 위한 노력, 경제적 이득에 대한 태도), 사회복지사의 클라이언트에 대한 윤리기준(클라이언트의 관계, 동료의 클라이언트의 관계), 사회복지사의 동료에 대한 윤리기준(동료, 슈퍼바이저), 사회복지사의 사회에 대한 윤리기준, 사회복지사의 기관에 대한 윤리기준으로 구성되어 있다.

사회복지사 윤리강령

전 문

사회복지사는 인본주의 · 평등주의 사상에 기초하여, 모든 인간의 존엄성과 가치를 존중하고 천부의 자유권과 생존권의 보장활동에 헌신한다. 특히 사회적 · 경제적 약자들의 편에 서서 사회정의와 평등 · 자유와 민주주의 가치를 실현하는 데 앞장선다. 또한 도움을 필요로 하는 사람들의 사회적 지위와 기능을 향상시키기 위해 저들과 함께 일하며, 사회제도 개선과 관련된 제반 활동에 주도적으로 참여한다. 사회복지사는 개인의 주체성과 자기결정권을 보장하는 데 최선을 다하고, 어떠한 여건에서도 개인이 부당하게 희생되는 일이 없도록 한다. 이러한 사명을 실천하기 위하여 전문적 지식과 기술을 개발하고, 사회적 가치를 실현하는 전문가로서의 능력과 품위를 유지하기 위해 노력한다.

이에 우리는 클라이언트 · 동료 · 기관 그리고 지역사회 및 전체 사회와 관련된 사회복지사의 행위와 활동을 판단 · 평가하며 인도하는 윤리기준을 다음과 같이 선언하고 이를 준수할 것을 다짐한다.

● 윤리기준

1. 사회복지사의 기본적 윤리기준

1) 전문가로서의 자세

① 사회복지사는 전문가로서의 품위와 자질을 유지하고, 자신이 맡고 있는 업무에 대해 책임을 진다.

② 사회복지사는 클라이언트의 종교 · 인종 · 성 · 연령 · 국적 · 결혼 상태 · 성 취향 · 경제적 지위 · 정치적 신념 · 정신, 신체적 장애 · 기타 개인적 선호, 특징, 조건, 지위를 이유로 차별 대우를 하지 않는다.

③ 사회복지사는 전문가로서 성실하고 공정하게 업무를 수행하며, 이 과정에서 어떠한 부당한 압력에도 타협하지 않는다.

④ 사회복지사는 사회정의 실현과 클라이언트의 복지증진에 헌신하며, 이를 위한 환경 조성을 국가와 사회에 요구해야 한다.

⑤ 사회복지사는 전문적 가치와 판단에 따라 업무를 수행함에 있어, 기관 내외로부터 부당한 간섭이나 압력을 받지 않는다.

⑥ 사회복지사는 자신의 이익을 위해 사회복지 전문직의 가치와 권위를 훼손해서는 안 된다.

⑦ 사회복지사는 한국사회복지사협회 등 전문가단체 활동에 적극 참여하여, 사회정의 실현과 사회복지사의 권익옹호를 위해 노력해야 한다.

2) 전문성 개발을 위한 노력

① 사회복지사는 클라이언트에게 최상의 서비스를 제공하기 위해, 지식과 기술을 개발하는 데 최선을 다하며 이를 활용하고 전파할 책임이 있다.

② 클라이언트를 대상으로 연구하는 사회복지사는 저들의 권리를 보장하기 위해, 자발적이고 고지된 동의를 얻어야 한다.

③ 연구과정에서 얻은 정보는 비밀보장의 원칙에서 다루어져야 하고, 이 과정에서 클라이언트는 신체적 · 정신적 불편이나 위험, 위해 등으로부터 보호되어야 한다.

④ 사회복지사는 전문성을 개발하기 위해 노력하되, 이를 이유로 서비스의 제공을 소홀히 해서는 안 된다.

⑤ 사회복지사는 한국사회복지사협회 등이 실시하는 제반 교육에 적극 참여해야 한다.

3) 경제적 이득에 대한 태도

① 사회복지사는 클라이언트의 지불능력에 상관없이 서비스를 제공해야 하며, 이를 이유로 차별대우를 해서는 안 된다.

② 사회복지사는 필요한 경우에 제공된 서비스에 대해, 공정하고 합리적으로 이용료를 책정해야 한다.

③ 사회복지사는 업무와 관련하여 정당하지 않은 방법으로 경제적 이득을 취하여서는 안 된다.

2. 사회복지사의 클라이언트에 대한 윤리기준

1) 클라이언트와의 관계

① 사회복지사는 클라이언트의 권익옹호를 최우선의 가치로 삼고 행동한다.

② 사회복지사는 클라이언트에 대하여 인간으로서의 존엄성을 존중해야 하며, 전문적 기술과 능력을 최대한 발휘한다.

③ 사회복지사는 클라이언트가 자기결정권을 최대한 행사할 수 있도록 도와야 하며, 저들의 이익을 최대한 대변해야 한다.

④ 사회복지사는 클라이언트의 사생활을 존중하고 보호하며, 직무 수행과정에서 얻은 정보에 대해 철저하게 비밀을 유지해야 한다.

⑤ 사회복지사는 클라이언트가 받는 서비스의 범위와 내용에 대해, 정확하고 충분한 정보를 제공함으로써 알 권리를 인정하고 존중해야 한다.

⑥ 사회복지사는 문서 · 사진 · 컴퓨터 파일 등의 형태로 된 클라이언트의 정보에 대해 비밀보장의 한계 · 정보를 얻어야 하는 목적 및 활용에 대해 구체적으로 알려야 하며, 정보공개 시에는 동의를 얻어야 한다.

⑦ 사회복지사는 개인적 이익을 위해 클라이언트와의 전문적 관계를 이용하여서는 안 된다.

⑧ 사회복지사는 어떠한 상황에서도 클라이언트와 부적절한 성적 관계를 가져서는 안 된다.

⑨ 사회복지사는 사회복지 증진을 위한 환경조성에 클라이언트를 동반자로

인정하고 함께 일해야 한다.

2) 동료의 클라이언트와의 관계

① 사회복지사는 적법하고도 적절한 논의 없이 동료 혹은 다른 기관의 클라이언트와 전문적 관계를 맺어서는 안 된다.

② 사회복지사는 긴급한 사정으로 인해 동료의 클라이언트를 맡게 된 경우, 자신의 의뢰인처럼 관심을 갖고 서비스를 제공한다.

3. 사회복지사의 동료에 대한 윤리기준

1) 동료

① 사회복지사는 존중과 신뢰로써 동료를 대하며, 전문가로서의 지위와 인격을 훼손하는 언행을 하지 않는다.

② 사회복지사는 사회복지 전문직의 이익과 권익을 증진시키기 위해 동료와 협력해야 한다.

③ 사회복지사는 동료의 윤리적이고 전문적인 행위를 촉진시켜야 하며, 이에 반하는 경우에는 제반 법률규정이나 윤리기준에 따라 대처해야 한다.

④ 사회복지사가 전문적인 판단과 실천이 미흡하여 문제를 야기했을 때에는 적절한 조치를 취하여 클라이언트의 이익을 보호해야 한다.

⑤ 사회복지사는 전문직 내 다른 구성원이 행한 비윤리적 행위에 대해, 제반 법률규정이나 윤리기준에 따라 조치를 취해야 한다.

⑥ 사회복지사는 동료 및 타 전문직 동료의 직무 가치와 내용을 인정 · 이해하며, 상호 간에 민주적인 직무관계를 이루도록 노력해야 한다.

2) 슈퍼바이저

① 슈퍼바이저는 개인적인 이익의 추구를 위해 자신의 지위를 이용해서는 안 된다.

② 슈퍼바이저는 전문적 기준에 의해 공정하게 책임을 수행하며, 사회복지사 · 수련생 및 실습생에 대한 평가는 저들과 공유해야 한다.

③ 사회복지사는 슈퍼바이저의 전문적 지도와 조언을 존중해야 하며, 슈퍼바이저는 사회복지사의 전문적 업무수행을 도와야 한다.

④ 슈퍼바이저는 사회복지사 · 수련생 및 실습생에 대해 인격적 · 성적으로

수치심을 주는 행위를 해서는 안 된다.

4. 사회복지사의 사회에 대한 윤리기준
   ① 사회복지사는 인권존중과 인간평등을 위해 헌신해야 하며, 사회적 약자를 옹호하고 대변하는 일을 주도해야 한다.
   ② 사회복지사는 필요한 사회서비스를 개발하기 위한 사회정책의 수립 · 발전 · 입법 · 집행에 적극적으로 참여하고 지원해야 한다.
   ③ 사회복지사는 사회환경을 개선하고 사회정의를 증진시키기 위한 사회정책의 수립 · 발전 · 입법 · 집행을 요구하고 옹호해야 한다.
   ④ 사회복지사는 자신이 일하는 지역사회의 문제를 이해하고, 그것을 해결하는 일에 적극적으로 참여해야 한다.
5. 사회복지사의 기관에 대한 윤리기준
   ① 사회복지사는 기관의 정책과 사업 목표의 달성 · 서비스의 효율성과 효과성의 증진을 위해 노력함으로써, 클라이언트에게 이익이 되도록 해야 한다.
   ② 사회복지사는 기관의 부당한 정책이나 요구에 대하여, 전문직의 가치와 지식을 근거로 이에 대응하고 즉시 사회복지윤리위원회에 보고해야 한다.
   ③ 사회복지사는 소속기관 활동에 적극 참여함으로써, 기관의 성장발전을 위해 노력해야 한다.
6. 사회복지 윤리위원회의 구성과 운영
   ① 한국사회복지사협회는 사회복지윤리위원회를 구성하여, 사회복지윤리실천의 질적인 향상을 도모해야 한다.
   ② 사회복지윤리위원회는 윤리강령을 위배하거나 침해하는 행위를 접수받아, 공식적인 절차를 통해 대처해야 한다.
   ③ 사회복지사는 한국사회복사협회의 윤리적 권고와 결정을 존중해야 한다.

사회복지사 선서

나는 모든 사람들이 인간다운 삶을 누릴 수 있도록,
인간존엄성과 사회정의의 신념을 바탕으로,
개인 · 가족 · 집단 · 조직 · 지역사회 · 전체 사회와 함께 한다.
나는 언제나 소외되고 고통받는 사람들의 편에 서서,
저들의 인권과 권익을 지키며, 사회의 불의와 부정을 거부하고,
개인이익보다 공공이익을 앞세운다.
나는 사회복지사 윤리강령을 준수함으로써,
도덕성과 책임성을 갖춘 사회복지사로 헌신한다.
나는 나의 자유의지에 따라 명예를 걸고 이를 엄숙하게 선서합니다.

04 사회복지의 관점과 이데올로기

1) 사회복지의 관점

사회복지는 이를 보는 관점의 차이에 따라서 사회복지의 정의에 차이가 있다. 여기서는 사회복지 이론의 중심인 기능주의(functionalism)와 갈등주의(conflictism), 통합주의, 즉 신갈등주의(non-conflictism)가 있다.

(1) 기능주의

기능주의의 이론은 사회진화론에서 유래된 이론으로서 사회질서가 사회를 구성하는 사회 성원의 일반, 즉 가치합의에 의해서 형성되었다고 보는 견해이다. 기능주의자는 사회가 상호 관련 및 의존되어 있는 체계이며, 균형 · 조화 · 일치 · 합의로 구성되어 있다고 주장한다. 이것은 생물학적 유기체의 유추에서 나온 것이다. 이러한 사회체계가 그러한 기능을 지속하지 않으면 사회는 해체

되고 변화된다는 것이다. 기능주의적 관점에서 이론적 대상은 사회부적응으로 사회 구성원의 적응을 목표로 한다.

중심 이론으로서는 체계 이론, 구조(기능) 이론, 형태 이론, 구조기능분석 이론 등이 있다. 대표적 학자로는 Comte, Durkheim, Parsons, Merton 등이 있다.

이론적 관점은 ① 사회를 하나의 체계로 보고 사회가 상호 의존적 부분들로 전체를 구성하는 것이므로 구성원의 상호 협력을 통한 협의와 역할분화로서 효율성을 강조한다. ② 사회체계의 기능을 파괴하거나 사회질서 및 안정에 대한 갈등적 요소는 사회악으로 간주되어 이러한 분열적 요소를 제거한다. ③ 사회의 기능적 필요조건인 적응, 사회화, 통제를 위해 기관이 제도를 창출함이 요구된다.

사회복지의 기능주의적 접근방법은 다음과 같다.

첫째, 사회를 안정시키고 통합시키기 위해서 분열적 요소를 제거한다.

둘째, 사회 구성원으로 하여금 사회에 적응하도록 한다.

(2) 갈등주의

갈등주의 이론은 갈등론자들에 의해서 유래된 이론으로 사회질서가 힘과 강제, 즉 지배와 복종으로 형성되었다고 보는 견해이다. 사회란 이해관계에 의해서 형성되어 있고, 이익 또는 자원의 차이는 갈등을 일으키며 갈등이 사회복지를 증진시킨다고 본다. 그러므로 갈등론자들에 의하면, 갈등의 원인은 희소자원의 배분이 균등하게 재조정되고 자기의 지위를 개선하고 유지하며 자신의 이익을 추구하기 위하여 사회의 법률제도를 이용한다(김영모, 1982 : 10). 중심 이론은 갈등 이론이며, Marx, Simmel, Dahrendorf, Coser 등의 학자가 있다. 이론적 과정을 요약하면 다음과 같다.

① 사회는 희소자원(권력, 권위, 재산) 등을 지배하려는 이익집단 간의 경쟁과 투쟁의 상태로서 갈등이 불가피하게 내재하고 이러한 갈등은 끊임없이

순환된다.

② 갈등을 통하여 사회변화는 일어나고 자원은 재조성된다.

③ 사회 각 부분은 협동적이라기보다는 경쟁적이다.

④ 경쟁적인 관계는 균형보다는 불안정을 초래한다.

⑤ 불안정은 갈등을 초래하고 갈등의 과정을 통해서 사회 내부에 변화가 온다. 사회복지의 갈등주의적 접근방법은 다음과 같다.

첫째, 다수의 이익을 보장하려는 정책을 수립한다.

둘째, 전통적 사회사업에서 벗어나 자본주의 사회경제 체제의 변혁을 원한다.

(3) 통합주의

통합주의 이론도 갈등론자들에 의해서 발전된 이론이다. 갈등을 사회악으로 보는 기능주의자의 태도와는 달리, 갈등은 사회화의 한 형태이고 사회를 분열시키는 것이 아니라 재통합시켜 준다고 주장한다. 이 이론의 중심은 신갈등주의이다. 이론적 관점을 요약하면 다음과 같다.

① 갈등을 사회화의 한 형태로 보고 분열이 아닌 재통합을 위한 수단으로 본다.

② 사회는 다원성을 지니고 있으며 이익의 조화를 주장하며 이해관계(재산, 권력, 권위)는 불평등한 배분관계를 요인으로 본다.

③ 사회갈등의 제도화를 통해서 법률제도와 정책을 수립한다.

이 이론의 사회복지의 통합주의적 접근방법은 다음과 같다.

첫째, 사회갈등의 제도화를 통해서 사회통합을 이룬다.

둘째, 소유와 경영의 분리, 중간계층의 활성화 및 계급갈등의 사회화를 주장한다.

셋째, 불균형 상태에 있는 체계 부분 간을 균형 상태로 환원하고 역동적인 통합을 주도한다.

<표 2-1> 이론적 관점에 따른 사회복지의 관점

이론적 관점	사회정책	사회사업
기능주의	고용정책 (완전고용, 실업보험)	심리 모델 (가족치료, 상담)
갈등주의	소득정책 (최저임금제, 법정시간제)	급진 모델 (사회행동, 혁명)
통합주의	사회입법 (사회보장, 노사협의)	개혁 모델 (지역사회조직, 직업복지)

출처 : 백종만 외(2001: 156-161) 재구성.

2) 사회복지의 이데올로기

'이데아(idea=신념)'와 '로기(logie=논리)'의 합성어인 '이데올로기(ideology)'는 한 개인 또는 한 집단이나 계층의 성원들에 의해서 공통으로 소유되는 신념이나 가치의 체계이다. 그것은 소유 집단의 사회적 위치나 상황, 집단이 지향하는 목표나 미래상 또는 가져야 할 이미지에 관한 신념체계이며, 집단 구성원들은 이를 행동의 근거로 받아들이게 된다. 사회복지제도나 실천내용은 이 이데올로기로부터 직접적인 영향을 받을 뿐 아니라 그 가치와 원리, 방법까지도 결정된다고 할 수 있다.

(1) 사회복지 이데올로기

오늘날 사회복지와 관련하여 가장 유력한 이데올로기 체계는 두 가지 혹은 네 가지로 구분된다(이근식, 1999; Barr, 1988). 두 가지로 구분할 경우, 사회복지의 이데올로기는 자유주의와 개입주의로 대별할 수 있다 자유주의는 사회복지에 대한 정부의 개입을 반대한다. 반면에 개입주의는 사회복지에 대한 정부의 개입을 찬성한다. 여기에서는 좀 더 세분하여 사회복지의 이데올로기를 자유지상주의, 자유평등주의, 사회민주주의, 마르크스주의로 구분한다(백종만 외, 2001 : 155).

<표 2-2> 사회복지 이데올로기

<table>
<tr><th>이데올로기</th><th colspan="2">입장 및 내용</th></tr>
<tr><td rowspan="2">자유지상주의
(Libertarian)
일명
구자유주의
(Old Libertarism)</td><td rowspan="2">• 개인의 삶에 대해 완전한 지배력을 행사하던 봉건주의와 대결하면서 등장 '정부의 통제, 강제, 구속, 개입으로부터의 자유'가 가장 중요한 핵심
• 개인의 자유란 '억압의 부재(absence of coercion)'라는 소극적인 것임</td><td>경험적 자유지상주의(empirical libertarian) : 자유시장과 사적 소유권이 개인 복지를 극대화시킬 수 있다고 보는 조류</td></tr>
<tr><td>자연법적 자유지상주의(natural-rights libertarian): 개인의 자유를 자연법과 도덕적 관점에서 옹호하는 조류</td></tr>
<tr><td rowspan="2">자유평등주의
(Liberral-egalitarianism),
·
신자유주의
(New Liberalism)</td><td rowspan="2">• 자유에 대한 보다 적극적인 해석에 기초, 정부는 사회개혁의 적극적인 역할을 수행해야 하는 것으로 파악된다.
• 자유지상주의와의 차이점
첫째, 자본주의는 다른 어떤 경제 체제보다 효율적이다.
둘째, 효율적이기는 하지만 자본주의는 빈곤이나 불평등과 같은 사회적 비용을 초래한다.
셋째, 정부는 이러한 비용을 줄일 수 있다. 즉 자유주의, 자본주의와 정부개입의 적절한 조합이 효율과 평등을 동시에 증진시킬 수 있다고 본다.</td><td>공리주의(utilitarianism)는 사회 구성원 전체의 효용이 극대화되도록 재화가 배분되는 것을 가장 바람직한 것으로 여긴다. 공리주의에 따르면, 사회 전체의 효용이 극대화되기 위해서는 재화가 효율적으로 생산되어야 할 뿐 아니라, 형평에 맞게 분배되어야 한다. 형평에 맞는 분배를 위해서는 정부개입이 필요.</td></tr>
<tr><td>Rawls(1985)는 사회정의를 '공정함으로써의 정의(justice as fairness)'로 본다.
• 제1원칙 : 각자는 다른 사람들의 자유와 양립할 수 있는 범위 안에서 가장 광범위한 기본적 자유를 가질 평등한 권리를 가진다(자유의 원칙).
• 제2원칙 : 사회적 · 경제적 불평등은 다음과 같은 두 가지 조건을 만족시키도록 구성되어야 한다(차등의 원칙).
첫째, 그 불평등이 그 사회에서 가장 불우한 처지에 있는 사람에게 이익이 될 것.
둘째, 모든 사람에게 공정한 기회가 주어진다는 조건하에만 지위와 직책의 불평등이 존재할 것.
두 원칙이 서로 어긋날 가능성은 첫 번째의 원칙이 두 번째의 원칙보다 우선한다는 사실에 의해 배제된다.</td></tr>
</table>

사회민주주의 (Social Democracy)	다른 무엇보다 평등의 가치를 중시한다. 또한 공동선을 위해 자원을 활용하는 것을 바람직한 것으로 여기며, 정부의 개입은 사회의 유지에 불가결한 것으로 인식한다. 사회민주주의는 정의의 첫 번째 요소를 평등이라고 본다. 즉, 사회 민주주의는 자유의 폭넓은 발전과 확산을 위해하는 사회적 불평등을 해소하는 것을 중요시한다. 이런 관점에서 평등은 어디까지나 인간의 동질성이 아니라 인간의 동등성을 지향해야 한다고 주장한다. 〈시장원리에 대한 사회민주주의의 비판(Barr, 1998)〉 ① 시장은 사회의 공동선보다는 개인의 개인적 이해관계에 사람들이 더 몰두하도록 한다는 점이다. ② 시장의 비민주성을 강조한다. 시장의 논리는 사실상 극소수의 사람들에 의해 결정되어 대다수의 사람들은 시장이 강제하는 힘에 의해 고통받는다는 것이다. ③ 시장은 또한 불공정하기 때문에 문제가 된다. 시장원리에 따른 분배는 개인의 욕구나 기여 정도에 따라 이루어지지 않으며, 시장의 변화가 초래하는 비용 또한 취약한 사람들에게 집중된다는 것이다. ④ 시장은 또한 자기조절의 능력을 가지고 있지 못하기 때문에 불완전하다. ⑤ 시장은 불평등과 빈곤을 제거하지 못한다. 시장이 정부개입을 통해 제어되지 않을 경우에는 불평등과 빈곤이 더욱 커진다는 것이다. 사회민주주의에 따르면 시장이 가진 이러한 결함은 정부의 적극적인 개입을 통해 제거되어야 한다.
마르크스주의 (Marxist)	마르크스에 따르면 자본주의적 생산양식은 노동자가 산출하는 잉여가치를 착취함으로써 유지된다. 이러한 착취관계는 자본주의 체제의 구조와 필연적으로 연계되어 있기 때문에 자본주의 생산체제가 폐지되고, 임금노동관계가 철폐되지 않는 한 사라지지 않는다. 마르크스주의는 시장질서의 혁명적 전복만이 자본주의의 착취와 불평등을 해소하는 유일한 방안이라고 본다.

출처 : 백종만 외(2001: 156-161) 재구성.

(2) 사회복지에 대한 각 이데올로기의 입장

각각의 이데올로기는 정부가 조직화하는 사회복지에 대해 명확한 입장을 가지고 있다.

<표 2-3> 사회복지에 대한 각 이데올로기의 입장

이데올로기	입 장
자연법적 자유지상주의	• 정부가 조직화하는 일체의 사회복지에 대해 강한 부정의 입장을 가진다. 자연법적 자유지상주의는 정부는 개인의 권리를 보호하는 최소한의 역할만을 수행해야 하며, 그 이상의 어떠한 행동도 개인의 자유를 침해할 것이기 때문이다. • 개인의 자발적인 기부에 의해 이루어지는 사회복지만을 정당한 것으로 본다. 왜냐하면 그것은 정당한 이전의 원칙을 충족하기 때문이다.
경험적 자유지상주의	• 경험적 자유지상의 또한 개인의 자발적인 기부에 의해 이루어지는 사회복지는 바람직한 것으로 본다. 하지만 동시에 경험적 자유지상주의는 사회복지에 대해 정부의 개입을 완전히 부정하지 않는다. 하지만 이 경우의 정부개입은 사회복지에 대한 잔여적 관점에 기초한 것이다. 즉, 가족이나 시장이 사회복지를 정상적으로 제공할 수 없을 경우에만 정부가 개입하는 것이다. 그것을 넘어선 제도적 관점의 사회복지를 정부가 조직하는 것은 개인의 자유와 시장의 원리를 저해하기 때문에 바람직하지 않다는 것이 이들의 견해이다.
자유평등주의와 사회민주주의	• 자유평등주의와 사회민주주의는 이데올로기상으로는 대단한 다른 특성을 가지지만, 정부에 의해 조직되는 사회복지를 적극적으로 옹호한다는 점에서는 같다. 이러한 입장은 "질병, 나태, 무지, 불결, 빈곤이라는 5대 사회악을 해소하기 위해서는 어떠한 종류의 제한도 두지 않는 정부의 개입이 요구된다"는 현대적 사회보장제도를 창안한 Beveridge의 표현에서 잘 드러난다. 또한 대부분의 사회민주주의자들은 정부에 의해 조직되는 사회복지를 자유방임적 자본주의에서 사회주의로 이행하는 첫걸음으로 이해하고 있다.
마르크스주의	• 마르크스주의는 정부에 의해 조직되는 사회복지에 대해 이중적인 관점을 가진다. 우선 사회복지는 자본주의의 본질을 은폐하는 효과를 가지기 때문에 사회 발전을 저해하는 효과를 가진다. 하지만 동시에 자본주의 정부의 사회복지는 노동계급의 단결과 투쟁이 얻어 낸 정치적 성과이기 때문에 바람직한 측면도 가진다.

출처 : 백종만 외(2001 : 161-163) 재구성.

Chapter

사회복지의 발달 03

01 영국

1) 엘리자베스 이전의 빈민법

엘리자베스 이전에 빈민법들이 만들어진 이유는 인클로저 운동과 흑사병 등을 들 수 있다. 인클로저 운동은 영국에서 16세기부터 시작되었다. '농경지를 목장으로 만들기'라고 한마디로 요약할 수 있는데, 목장이 된 토지에 '울타리'를 둘러쳐서 타인의 출입을 통제했기 때문에 인클로저(encloser : 둘러싸기)란 이름이 붙여졌다. 인클로저 운동으로 인해 농부로 일하던 수많은 농민들이 부랑자화되었다. 부랑자의 수가 증가함에 따라 사회 불안 요소가 되었으며, 이에 대해 왕과 의회에서 이에 대한 대응을 촉진하게 할 만큼 이들은 중요한 존재가 되었다.

또 다른 이유는 1348~1350년 사이에 흑사병으로 죽은 사람이 대략 2,500~3,500만 명에 달했으며, 이는 그 시대 전체 유럽 인구의 3분의 1로 노동인구의 반에 해당하는 수였다. 이로 인해 영국도 노동력의 부족으로 임금이 상승하게 되어, 영국의 에드워드 3세는 노동자 규제법(1349)을 발표하였는데 이는 흑사병으로 인한 부족한 농업노동자의 안정적인 공급을 위하여 근로 가능한 빈민에 대한 자선을 금지하는 내용과 걸식 · 부랑을 금지하고 임금상한제를 규정하고 있다. 그리고 빈민들의 노동력의 이동을 금지하기 위해 캠브리지법(1388)을 제정하였으며, 1536년 건장한 부랑자 · 걸인처벌법이 제정되어 노동능력이 없는 빈민에게 구걸허가증을 발급하는 대신 직접 구제품을 지급하였으며, 빈민자녀 중 5~14세 아동은 도제살이를 시키도록 규정하였고 빈민구제를 위해 교구에 구빈세 징수권을 부여하였다. 1598년 빈민구제법을 제정하여 친족의 부양의무(부모와 자식 간의 부양책임)를 규정하였으며, 모든 교구에 구빈감독관을 두고 이들에게 실업자를 위한 구직활동과 자활능력이 없는 이들을 위한 보호시설 설치 책임을 부과하였다.

2) 엘리자베스 빈민법(1601)

엘리자베스 빈민법은 빈곤에 대한 국가의 책임을 성문화하고 국세를 빈민구제사업에 투입한 것에 그 의미가 있다. 엘리자베스 빈민법은 이미 이전 법들의 내용을 집대성하여 실시한 것으로 14세기 이후에 실시한 빈민통제와 노동통제 및 빈민구제에 대한 국가의 법적 및 재정적 책임을 확고히 하고 있다. 이 법은 노동능력의 유무에 따라 노동능력이 있는 빈민은 교정원 또는 작업장에서 강제로 노동을 시켰다. 반면에 노동능력이 없는 빈민은 구빈원에 수용을 하였으며, 요보호아동에 대해서는 도제계약을 맺게 하였으며 소년은 23세까지 주인의 기술을 배워 일하게 했고, 소녀는 21세 또는 결혼할 때까지 집안일을 돌보는 하녀로 도제생활을 하게 했다.

엘리자베스 빈민법이 갖는 현대적 의의로는 다음과 같다.

① 세계 최초로 구빈을 법으로 규정하였다.

② 빈민 구제에 대한 정부의 책임을 인정함으로써 구빈원리를 확립하였다.

③ 빈민구제담당 행정기관을 설립하여 구빈세를 부과하였다.

④ 요보호 아동을 공적으로 보호하였다.

⑤ 공공부조의 시초가 되었다.

⑥ 노동능력 유무에 따라 작업장과 구빈원을 활용하였다.
⑦ 친족의 부양책임을 강조하였다.
⑧ 부랑자의 발생 방지에 주력하였다.

3) 구빈법의 변화

(1) 정주법(the Settlement Act, 1662 : 부랑인단속법)

이 법이 나오게 된 배경은 걸인들이 부유한 교구로 이동해 다녔기 때문이다. 교구는 자기교구 내에서 출생한 자에 대해서만 책임지고자 하였다. 각 교구는 자기 교구 내의 빈민보호의 책임을 갖고 있기 때문에 각 교구는 다른 지역으로부터 이주해 오는 빈민으로 말미암아 구호의 부담이 증가되는 것을 원치 않았다. 또한 노동력의 확보차원에서도 빈민들의 자유로운 이동을 금지하는 법령을 제정하였다.

(2) 작업장법(Workhouse Test Act, 1722)

이 법은 노동이 가능한 빈민을 고용하여 국가적 부의 증대에 기여코자 하는 목적에서 제정하였다. 동시에 빈민에게 노동을 강제함으로써 구빈 재정의 지출을 줄여 보고자 하는 의도였다. 작업장은 매우 엄격하게 통제되었고 규율을 어기게 되면 족쇄, 감금 등의 비인간적인 처벌을 하였다. 작업장은 수용을 전제로 구제하기 위한 법으로 결과적으로 빈민의 자유를 구속하고 혐오와 공포를 조성하여 빈민구제 신청을 하지 않는 시설이 되었다.

(3) 길버트법(Gilbert Act, 1782)

이 법은 작업장에서 빈민의 비참한 생활과 착취를 개선할 것을 목적으로 하원의원인 길버트가 제안하여 통과된 법안이다. 길버트법은 빈민의 처우를 개선하고자 한 인도주의적인 법으로 원내구호를 원외구호로 바꾸고 노동능력이 있는 빈민에 대한 직업 알선을 하고 직업을 얻을 때까지 구제하도록 하였다. 오늘날 거택 구호제도의 효시가 되었고 이 법의 시행과정에서 최초로 근대적 의미의 고용, 실업 대책이 시작되었다.

(4) 스핀햄랜드법(Speenhamland Act, 1795)

이 법은 최저생계비보다 적게 버는 노동자들의 임금에 대해서 그 부족분을 보조해 주는 제도이다. 이것은 오늘날 가족수당, 최저생활보장의 기반이 되었다. 이 법은 가족규모에 따라 그것이 그들 가정의 부양이든 혹은 저임금 보충이든 간에 빈곤자 가정에 대한 구호수당을 인정한 것이라고 볼 수 있다. 노인, 허약자, 그리고 장애자들을 위한 원외 구호로 광범위하게 활용되었다. 하지만 부작용으로 고용주가 저임금을 지급해도 구빈세로부터 보조금이 나오기 때문에 이것은 노동자를 위한 임금보조금이 아니라, 고용주에 대한 보조금이 되어 버렸다. 그리고 노동자는 수입이 적어도 교구로부터 부족분을 받을 수 있기 때문에 열심히 일을 하지 않는 병폐가 발생하여 비난을 받게 되었다.

(5) 신빈민법(the Poor Law Reform, 1834)

스핀햄랜드법은 결과적으로 생각하지 못한 모순으로 신빈민법을 제정하도록 하는 계기를 제공하였다. 왕립빈민법위원회에서는 다음의 세 가지 원칙을 마련하였다. 신빈민법의 세 가지 원칙 내용을 살펴보면 다음과 같다.

① 열등처우의 원칙 : 빈민구제의 수준을 최하위노동자 생활수준보다 더 열악하게 함으로써 결국에는 빈민들이 노동을 하도록 하는 데 목적이 있다.

② 작업장 수용의 원칙 : 작업장 수용의 원칙은 원외구호를 금지하는 원칙으로 장애인, 노약자 등 노동능력이 없는 빈민의 경우를 제외하고는 모두 작업장에 수용하여야 구빈의 대상이 된다는 원칙이다.

③ 전국 균일처우의 원칙 : 런던에 중앙감독청을 두어 구빈행정을 총감독함으로써 재정의 낭비를 막고, 전국적으로 통일시키고자 하였다.

4) 근대 사회사업 시기

(1) 자선조직협회(COS : Charity Organization Society)

자선조직협회(COS, 1869)는 구빈활동의 중복이나 낭비를 방지하기 위하여 조직되었다. COS는 자조의 윤리에 철저히 추종하였기 때문에 공공의 구빈정책에 대해 반대의 입장을 취했다. 반면에 사적 자선, 기부 및 자원봉사활동 등 순수 민간의 구제 노력을 강력히 지지하였다. 자조의 미덕을 강조하였는데 이는 COS의 슬로건 "빈민에게 물고기를 주지 말고, 물고기를 잡는 방법을 가르쳐 주자"에 집약되어 있다.

그러나 오늘날 COS는 빈곤을 개개인의 도덕적 결함의 결과로만 간주함으로써 그 사회 · 경제적 뿌리를 무시하였다는 점에서 한계가 있으며, 실제에 있어서도 환경조사는 빈민의 낙인을 수반한다는 점에서 비판받고 있다.

(2) 인보관 운동(Settlement Movement)

1880년대에는 자선조직협회와 이념을 달리하는 '인보관 운동'이 발달하였다. 인보관 운동은 민간 기관에 의한 적극적인 환경개선 사업으로 도움을 필요로 하는 사람과 함께 산다는 사상인 인도주의적인 관점에서 출발하였다. 빈곤은 경제적인 문제라기보다는 정신적인 문제이고, 교육을 통해 빈민이 스스로 변화, 문화와 교양을 깨우침으로써 빈민의 인간적인 성장을 돕고자 하였다. 세계 최초의 인보관은 1884년 세워진 영국의 토인비 홀(Toynbee Hall)이다.

(3) 사회조사

19세기 말 빈곤에 대한 경험적 · 실증적인 사회조사가 실시되었는데 1886년에 Booth는 런던 주민들의 주택, 고용, 임금, 보건 등 포괄적인 생활 상태를 조사한 결과 런던 주민의 30% 이상이 빈곤선 이하의 생활을 하고 있다는 것을 알게 되었다. 그리고 1899년에 Rowntree의 요크시 빈민조사 결과도 27.84%가 빈곤상태에 있었다.

Booth와 Rowntree의 두 사회조사는 당시 빈곤에 대한 일반 시민들의 편견을 수정하는 데 상당히 큰 영향을 미쳤다. 빈곤의 주된 원인이 노령, 질병, 실업, 낮은 교육수준 등에 있는 것으로 드러났는데, 이는 가난은 성격적, 도덕적 결함의 결과라고 굳게 믿고 있던 시민들의 생각이 편견임을 확인시켜 준 계기가 되었다. 따라서 빈곤 대책의 초점을 빈민의 정신 상태보다는 그들을 둘러싼 '사회적 환경'에 두어야 한다는 자각이 일어나게 되었다. 즉, 빈곤의 책임이 개인적인 요인이 아닌 일자리 부족, 빈약한 보건서비스, 열악한 주택, 교육의 결여 등과 같은 사회적 요인임을 알게 되었다. 이와 같은 사회조사 결과로 인해 빈곤 문제를 해결하기 위해서는 국가 개입이 필요하다는 정당성을 확보하게 되었다.

5) 사회보장 시기

Beveridge는 전쟁 중이던 1942년 「사회보험과 관련 제반 서비스에 관한 보고서」를 발간하였다. 이 보고서에서는 국민생활에 불안을 가져오는 5개의 거대 사회악(궁핍, 질병, 무지, 불결, 나태) 중 궁핍으로부터의 자유를 보장하는 사회보장 제도의 틀이 제시되었다.

사회보장의 6가지 근본 원칙은 다음과 같다.

① 균일급여(flat-rate benefit)의 원칙 : 실업이나 질병 혹은 퇴직으로 인한 보험급여는 급여를 받는 사람의 이전의 근로소득의 크기와는 관계없이 모든 사람에게 똑같이 제공되어야 한다는 원칙이다.

② 균일갹출(flat-rate contribution)의 원칙 : 소득의 고하를 막론하고 누구나 동일한 갹출금을 내야 한다는 것이다.

③ 행정책임의 통일화(unification of administrative responsibility)의 원칙 : 기존의 사회보험과 그와 관련된 각종 사업은 여러 상이한 중앙부처, 지방당국, 그리고 각양각색의 수많은 공제조합들에 의해 운영되고 있어, 각 기관마다 상이한 원칙과 절차에 따라 처리되고, 자금과 노력의 낭비도 많은 편이었

다. 그래서 사회보장청을 신설하여 모든 기능을 하나로 통합하여 운영하고, 그 산하에 지방마다 보장국을 두어 모든 피보험자를 망라하도록 하였다.

④ 적정 급여(adequate benefit)의 원칙 : 급여는 그 액수나 기간에 있어서 충분한 정도로 제공되어야 한다는 것이다.

⑤ 포괄성(comprehensiveness)의 원칙 : 사회보험은 일반적인 궁핍을 모두 포괄하여야 하며, 특정 계급이나 직업집단에 한정되어서는 안 되며 포괄적이어야 한다.

⑥ 피보험자의 계층분류(classification)의 원칙 : 사회보험은 모든 국민을 피고용인, 고용주 및 독립노동자, 가정주부와 같은 무보수서비스 종사자, 비취업자, 15세 미만의 취업연령 미달자, 취업연령을 초과한 퇴직자와 같이 몇 가지 범주로 나누어 접근해야 한다.

베버리지 보고서의 가장 큰 의의는 모든 시민에게 갹출제 사회보험제도를 통해 생존에 필요한 기본적 욕구를 충족시켜 주었다는 것이다. 갹출제 사회보험제도하에서 누구든지 낙인감을 느끼지 않고 자산조사 없이 권리로서 급여를 받을 수 있었다. 사회보험의 급여는 자선이나 시혜 성격이 아닌 자신의 갹출에 대한 반대급여였다. 베버리지 보고서가 영국 국민들의 환영을 받을 수 있었던 것은 급여의 이러한 권리 성격 때문이었다.

베버리지 보고서 발표 후 1945년 총선에서 노동당이 단독 집권하면서 1948년까지 사회보장체계를 완성하게 되는데 그 구체적인 내용은 1944년 교육법, 1945년 가족수당법, 1946년 국민보험산업재해법, 1946년 국민보건서비스법, 1948년 국민부조법, 그리고 1949년 주택법이다. 1948년 국민부조법이 제정되면서 1601년에 제정되어 산업혁명 기간을 포함하여 347년간 지속되었던 엘리자베스 빈민법은 공식적으로 폐지되고 '요람에서 무덤까지'로 일컬어지는 경제적인 소득보장체계가 마련되었다.

6) 복지국가 위기론과 신보수주의 등장

1973년 석유가격의 인상과 함께 예고 없이 닥친 경제침체로 저성장과 물가상승을 동반하는 스태그플레이션은 일자리를 감소시키고 빈곤을 증가시켰다. 이와 같이 경기침체가 가속화되면서 파업의 속출로 사회위기가 고조되는 가운데 공공 사회복지 지출을 줄여야 하고 복지에 대한 정부의 역할을 다시 정립해야 한다는 목소리가 나오기 시작했다. 이런 상황에서 1979년 5월에 보수당 Margaret Thatcher 행정부가 집권했다. 대처 행정부는 '작은 정부'와 '자조' 등을 강조하였다. 대처 수상은 1983년 비대한 정부를 작은 정부로 전환시키기 위해 공공지출을 대폭적으로 삭감했으며, 공영주택을 대량으로 매각하고 사회보장제도의 국가책임성을 약화시키면서 사회보장예산을 삭감하였다.

7) 『제3의 길』에 의한 사회보장개혁의 시대

1997년 총선에서 압도적인 승리로 집권한 신노동당의 Tony Blair 수상은 저명한 사회학자이자 런던정치경제대학의 학장인 Giddens에 의해 제창된 『제3의 길(The Third Way)』을 바탕으로 사회복지개혁을 추진했다.

제3의 길이란 고복지－고부담－저효율(사회민주주의적 복지국가, 제1의 길)과 고효율－저부담－불평등(신보수주의적 시장경제노선, 제2의 길)의 복지정책을 지양하고, 새로운 정책노선으로서 시민들의 사회경제생활을 보장하는 동시에 시장의 활력을 높이자는 신노동당의 차별화된 전략이다. 제3의 길에서 내세우는 적극적 복지전략은 다음과 같다.

첫째, 국민들에게 경제적 급여를 직접 제공하기보다는 '인적자원에 투자'를 하는 복지국가이다. 즉, 사회투자국가로 개편하는 것으로서 노인이 되었다고 무조건 노동을 중단해서는 안 되고, 노인들에게 적합한 일자리를 창출하여 일을 하도록 만드는 것이다. 실업대책으로서 정부는 기업의 일자리 창출 노력을 적극 지원하고, 평생교육을 강조하며 직업변경에 필요한 교육도 적극 지원한다.

둘째, 복지다원주의로서 복지의 주체를 다원화하는 것이다. 기존의 중앙정부 중심의 복지공급을 지양하고 지방정부, 비영리부문, 기업 등도 복지의 공급 주체로 삼자는 것이다.

셋째, 의식의 전환이다. 국민들이 정부에 대해서 의존하는 마음을 버리고, 독립적이고 진취적인 삶을 살도록 강조하였다. 한마디로 블레어의 복지 개혁의 핵심은 '일하는 복지, 자립형 복지'이다.

02 미국

1) 경제대공황 이전 시기

미국은 1492년 콜럼버스가 미대륙을 발견한 이후 1620년 영국 스튜어트 왕조의 전제정치와 종교적 탄압을 피해 일부 청교도들이 신천지를 찾아 메이플라워호를 타고 미대륙 동부 매사추세츠를 개척하면서 역사가 시작되었다. 유럽에서 미국으로 이민 온 초창기 미국인들은 종교의 자유와 보다 나은 경제적 생활기반을 위해 이주한 부류로 신대륙, 신천지에서 새로운 삶을 개척하려는 청교도주의와 자유주의 사상을 기본으로 하고 있어 개인의 자립정신이 강조된 프로테스탄트적 윤리에 따라 근면과 절약을 강조하고 빈곤을 죄악시하였다. 따라서 이 시기의 빈민에 대한 구호활동도 당연히 이러한 빈곤관에 입각하여 시행되었는데 활동의 범위는 최소한의 단위로 행해졌고 대상도 고아, 과부, 병자, 장애인 등 본질적으로 노동능력이 없는 자와 일시적으로 구제를 필요로 하는 자에게만 제한되었다.

19세기 후반기에는 산업화로 인해 농촌에서 대도시로 인구가 이동하였고, 빈부 간의 격차가 급격하게 증가하여 사회문제가 되었다. 이러한 사회문제를 해결하기 위한 민간차원의 활동이 나타나기 시작했는데 그중 가장 먼저 시작된 것은 자선조직협회(COS)였다.

COS(1877)는 빈곤의 원인을 개인의 나태함, 의지나 노력의 부족 등 개인에게 그 원인이 있는 것으로 보았고, 중산층 부인들이 중심이 되었던 우애방문자들이 빈민들을 돕기 위해 그들의 집을 찾아다니면서 상담, 교육 및 교화를 하는 데 중점을 두었다.

이에 반해, Jane Adams가 시카고의 헐하우스를 설립하면서 시작된 인보관 운동(Settlement House Movement, 1889)은, 빈곤의 원인을 개인보다는 사회의 구조적인 측면에서 찾으려고 노력하였다. 주로 젊은 대학생들이 중심이 되어, 직접 빈민들의 지역사회 내에서 그들과 함께 생활하면서 그들을 교육시키고 환경을 개조하려 했다. 특히 주택문제, 공공위생문제, 고용주로부터의 고용착취 등에 주된 관심을 갖고 사회개혁을 시도함으로써 이후에 사회복지에서의 집단사업(groupwork)과 지역사회조직(community organization)의 발달을 초래했다.

인보관 운동은 빈곤의 원인이나 인간의 본성을 보는 관점이 자선조직협회와는 매우 달랐다. 자선조직협회의 우애방문원들은 글자 그대로 방문원(visitor)들이었다. 그들은 빈민가를 방문하여 빈민들을 조사하고 일을 마치면 집으로 돌아갔다. 그러나 인보관 운동에 참여하는 사람들은 거주자(resident)였다. 그들은 빈민가에서 빈민들과 함께 정착하면서(settle) 빈민들의 환경을 개선하려 했으며 빈민을 '구제받을 가치가 있는 빈민'과 '구제받을 가치가 없는 빈민'으로 구별하는 자선조직협회의 접근방법에 동의하지 않았다. 자선조직협회는 빈곤의 원인을 개인적 성격의 결함에서 찾는 데 비해 인보관 운동은 환경에서 찾으려고 했다. 인보관 운동은 자본주의의 틀 속에서 사회연대의식을 기초로 한 사회개량주의의 입장을 취하면서 문화와 교육활동을 강조했으며, 사회입법에도 크게 기여하였다.

2) 경제대공황과 사회보장법 성립 시기

1929년 10월 24일 주식가격의 폭락에서 시작되어 10년 이상 지속되었던 경제대공황은 미국의 정치, 경제, 사회, 문화 전반에 걸쳐 근본적인 변화를 가져

왔다. 경제대공황으로 1933년 3월에는 전체 노동인구의 약 29%인 1,500만 명 정도가 실업상태였으며, 1932, 1933, 1934, 1938년에도 실업자가 연간 1,000만 명을 상회했다. 대공황은 시민들의 경제적 생존권을 심각하게 위협했으나 이런 총체적 위기에 대응함에 있어 개인주의적 자유기업 체제는 매우 무기력하다는 사실을 극적으로 드러나게 만들었다. 이러한 미국의 경제대공황은 미국인에게 국가가 국민 개개인의 사회 · 경제생활에 관여해서는 안 된다는 기존의 사고를 깨고, 미국인이 정부의 간섭을 수용하게 된 계기가 된 중요한 사건이었다. 정부가 적극적으로 나서서 일자리를 창출하고, 빈민구제에 대해서도 연방정부, 주정부 차원에서 적극적인 지원 정책을 요구하였다. 사회복지의 역사적 관점에서 볼 때 대공황과 그로 인한 뉴딜정책의 결과는 연방정부가 주도하는 사회보험과 공공부조제도를 사회복지정책의 핵심이 되게 한 1935년 8월 14일 루스벨트 대통령이 서명한 사회보장법(Social Security Act)이었다. 1935년 사회보장법은 미국에서 5년 전만 해도 상상할 수 없었던 사회복지 프로그램들을 제도화했다. 사회보장법은 사회복지에 대해 확대된 연방의 책임으로 볼 수 있으며 동시에 빈곤을 개인적인 측면보다도, 사회구조적 관점에서 조명하는 새로운 사회철학의 탄생으로 볼 수 있다. 사회보장법은 미국 최초의 연방정부 차원의 복지 프로그램이었으며, 명실상부하게 미국 사회보장제도의 근간이 되었다. 이 법은 ① 연방정부가 관장하는 노령보험, ② 주정부가 관장하고 연방정부가 재정을 보조하는 실업보험, ③ 주정부가 관장하고 연방정부가 재정을 보조하는 공공부조와 사회복지서비스로 구성되어 있다.

1950년대에는 보이지 않았던 빈곤문제가 1960년대에는 중요한 사회문제로 등장하면서 존슨 대통령이 '빈곤과의 전쟁'을 선언하였다. 1964년에 경제기회법이 제정되었으며, 빈곤의 악순환을 끊기 위한 대표적인 프로그램으로 헤드스타트(Head Start, 1965) 운동이 있었다. 이 운동은 미국 연방정부가 실시한 저소득층 결손가정의 학령전 아동(주로 3~5세)을 위해 교육, 의료보호, 사회복지서비스, 영양공급의 종합적인 프로그램을 제공하여 빈곤가족의 아동에 대한 사회적 능력(Social Competence)을 향상시키고자 하였다.

3) 복지국가의 위기론과 신보수주의의 등장

1970년에서 1990년에 이르는 기간 동안 미국 사회복지 역사에 영향을 미친 두 가지 요인은 경제가 지속적으로 침체되었다는 것과 빈곤과의 전쟁 정책으로 인해 확대된 사회복지 프로그램에 대한 보수주의자들의 이념적 공격이다. 1970년대에서 80년까지 10년 동안은 이전 시대보다 인플레이션이 급격하게 증가했으며, 실업률이 높아지고 생산력은 감소했다. 그리고 존슨 행정부가 베트남전쟁에 깊숙이 개입하면서 '빈곤과의 전쟁'은 관심으로부터 멀어질 수밖에 없었으며 정부 재정적으로도 치명적인 부담이 되었다.

1980년대에는 복지국가의 위기론이 대두되면서 신보수주의 성향의 정책이 시행되었다. 정부의 복지비용을 줄이기 위해 복지정책과 프로그램에 있어서 연방정부의 역할을 최소화하여 반드시 필요한 사람에게만 복지 부조를 제공하고 그 기간도 단기간으로 제공되어야 한다는 등 최소정부를 지향하게 되는데 이를 '레이거노믹스(Reaganomics)'라고 한다.

레이거노믹스의 특성을 살펴보면 다음과 같다.

① 보건, 교육, 탁아소나 대인적 사회서비스 등은 사적 시장에 맡겨야 한다.
② 시장과 가족이 복지지급의 주된 원천이 되어야 한다.
③ 사회프로그램에 대한 기여자원을 줄이고, 이들 프로그램을 '꼭 도움이 필요한 자들(the truly needy)'에게만 초점을 맞췄다.
④ 복지국가의 재구조화 전략으로 민영화, 상업화 및 불평등화를 추구하였다.
⑤ 자산조사적 공적 부조 프로그램을 크게 감축했을 뿐만 아니라, 실업혜택과 장애인 혜택을 삭감하였다.
⑥ 레이건 행정부는 인간자원보다 국방에 많은 관심을 부여했고 이것이 예산에 반영되어 복지예산은 감소하면서 국방예산은 증가하였다.

4) 복지재편의 시대: 1990년 이후

클린턴 대통령은 1992년 집권한 이후 복지재편을 시도했으며, 재편의 기본 방향은 다음 세 가지로 요약된다. 첫째, '일을 하면 충분한 대가를 받도록 하는 원칙(make work pay)'의 적용이다. 이 원칙은 근로능력이 있는 사람의 경우에는 적정 임금수준의 보장과 취업알선을 통하여 그가 스스로 빈곤에서 탈피할 수 있도록 제도적 장치를 마련하는 것이었다. 둘째, 아동지원의 강화이다. 셋째, 근로능력이 있는 복지 수혜자들의 취업을 정책의 최우선으로 했다.

미국에서 건강보험개혁안은 2010년 3월 21일이 되어서야 상원에 이어 하원에서 통과되고 오바마 대통령이 2010년 3월 23일 법안에 역사적인 서명을 했다. 미국은 그동안 선진국 중에서 유일하게 전 국민이 가입하는 보편적 의료보험제도를 시행하지 않는 나라였다. 하지만 오바마 대통령의 건강보험개혁으로 의료보장의 사각지대를 대폭 줄여 국민의 95%가 건강보험의 혜택을 받을 수 있게 되었으며, 실업자나 직업이 불안정한 저소득층의 경우 의료보험제도인 메디케이드의 혜택을 볼 수 있게 하였다.

03 우리나라

1) 근대 이전의 사회복지

(1) 삼국시대

삼국시대의 사회복지는 민본사상에 기초한 위민정책으로써 굶주린 백성을 구제하고, 위로하는 것으로 민생구휼의 모든 책임이 왕에게 있다고 보았다. 이 시기의 사회복지사업인 구휼사업은 4궁에 대한 보호, 병들고 자립이 불가능한 사람에 대한 구제였으며 재원은 국고에서 조달되었다. 삼국시대의 주요 구제사업 및 제도는 다음과 같다.

<표 3-1> 삼국시대의 주요 구제사업 및 제도

구분	내용
구휼	• 관곡진급 : 국가가 비축하고 있는 곡식을 이재민에게 배급하여 주는 구제 • 사궁구휼 : 홀아비, 과부, 고아, 노인 등 이른바 4궁에게 의류, 곡물, 관재를 지급하여 구휼 • 조조감면 : 이재민의 세금을 감면 • 대곡자모구면 : 춘궁기에 빈민에게 대여한 관곡을 거두어들일 때 흉작으로 상환이 곤란한 경우 원본 및 이자를 감면
곡식배분	• 진대제 : 춘궁기에 곡식을 빌려주었다가 추수기에 상환을 받는 방법 • 진휼제 : 이재민과 사궁 등 극빈층에게 곡식을 무상으로 지급하는 방법
창제	• 삼국의 공통된 구제기관으로 가장 오랜 역사를 지닌 일반적 구제기관 • 본래 전쟁 시에 필요한 군곡을 확보하기 위해 설치 • 풍수해나 질병, 재난 발생시 왕명에 의해 비축한 양곡을 방출하여 곤궁한 백성 구제 • 부락별로 곡창(부경)을 설치하여 병농공용으로 운영
진대법	• 고구려 고국천왕 때 재상 을파소에 의해 만들어졌고, 내외대열법이라고도 불림 • 흉년이나 춘궁기(3~7월)에 관곡을 빈민들에게 빌려 주었다가 추수기(10월)에 납입하게 하는 제도 • 무상이 아니라 능력이 있을 때 다시 상환토록 한 제도 • 실시 목적 –영농자금 대여를 통한 농민의 실농방지 –관곡의 적절한 활용으로 낭비 및 사장의 방지 –일반 국민의 생활안정 –춘궁기의 빈민구제
성격	• 병들고 자립이 불가능한 자의 구제 • 각종 재해로 인한 이재민 구휼 • 국고에서 재원조달 • 4궁의 보호

(2) 고려시대

이 시기는 불교의 자비사상이 구빈정책에 많은 영향을 끼쳤으며, 민간의 행려자 보호사업 등의 활동도 활발하게 이루어졌다. 구빈과 관련된 여러 공적 기관이 설치되었고 빈곤정책을 구체적으로 제도화하였다. 공적 구제의 재원은 기본적으로 국가에서 조달했으며, 동서대비원과 같은 관립 의료, 수용시설이나 해아도감과 같은 아동시설이 설립되어 한국 사회복지 발달사상 처음으로 시설보호가 도입되었다. 고려시대의 창제로는 흑창, 의창, 유비창, 상평창 등이 있었다. 고려시대의 빈민 구제제도는 다음과 같다.

<표 3-2> **고려시대의 빈민 구제제도**

5대 진휼사업	• 은면지제 : 개국, 즉위, 제사, 순시, 불사, 경사, 전쟁 후, 기타 적절한 시기에 왕이 베푸는 각종 은전 • 재면지제 : 천재지변, 전쟁, 질병 등으로 인한 이재민의 조세, 부역 및 형벌 등의 전부 혹은 일부를 감면 • 환과고독진대 : 과부, 빈곤한 홀아비, 고아, 무자녀 노인을 우선 보호대상자로 지정하는 구휼제도 • 수한질여진대 : 이재민에게 쌀, 잡곡, 소금, 간장, 의류 등 각종 물품과 의료, 주택등을 제공 • 납속보관제 : 흉년과 재해 때 백성을 구휼하기 위한 재원조달의 한 방편으로 이용한 것으로 일정한 금품을 납입한 자에게 일정한 관직을 주었던 것
상설 구빈기관	• 흑창 : 흉년이 들었을 때 국가가 비축한 양곡으로 무상으로 백성을 구제 • 의창 : 각 주와 군에 두어 평상시에 곡물을 쌓아두었다가 흉년, 전쟁, 질병 등 비상시에 대비 • 상평창 : 물가조정기능 및 구빈사업 • 유비창 : 재난으로 인한 빈민구제와 물가조절 등 의창과 상평창의 복합적 기능을 한 구제기관 • 동서대비원 : 의료사업과 구제사업을 수행하여 병자를 치료해 주고, 굶주린 자와 행려자에게 음식과 의복을 나누어 주며 돌보아 줌 • 혜민국 : 빈민을 치료하고 약품을 지급하는 국립구료기관
임시 구빈기관	• 동서제위도감 : 재난 시 빈민구휼과 병자치료 • 구제도감 : 곡물, 면포, 의류, 식염 등을 저장하여 필요한 때에 빈민을 구제함. 후에 진제도감, 진제색으로 명칭을 바꿈 • 구급도감 : 기근대비 • 해아도감 : 유유아(乳幼兒)를 보호, 양육하는 최초의 관설 영아원

(3) 조선시대

조선시대 빈민의 구제는 왕의 책임이 강했으며, 사회복지는 행정적으로 이전 시대보다 체계화를 이루었다. 또한 신속한 구제를 중시하였으며 구빈행정의 일차적인 실시책임은 지방관이 지고, 지도 감독은 중앙정부에 의해서 이루어졌다. 조선시대의 빈민 구제제도는 다음과 같다.

<표 3-3> 조선시대의 빈민 구제제도

구분	내용
비황제도	• 삼창 : 상평창, 의창, 사창 • 교제창 : 흉년에 굶주린 백성들을 구제하기 위한 예비 곡식을 저장하던 것
구황제도	• 견감 : 흉년 또는 재해를 당한 백성에게 지세, 호세, 부역 등을 감면해주거나 대부된 환곡을 면제 또는 감해주는 것 • 진휼 : 식량, 물품 및 금전을 제공하여 이재민 및 빈민을 구제 • 진대 : 영세민 구제를 위하여 관곡을 백성들에게 대부하였다가 환납하게 하는 것 • 고조 : 생계가 곤란하여 혼례나 장례를 치루지 못하는 자에게 관에서 그 비용을 부조 • 원납 : 관곡의 부족을 보충, 충당하기 위해 관직을 제공하는 것
구제기관	• 구황청 : 재해가 생겼을 때 국가의 비축곡을 방출하여 구제하고 급식을 하는 진휼사업을 전담해 왔는데 그 후 진휼청으로 명칭이 바뀌었다가 선혜청에 병합 • 혜민국 : 서민과 궁민의 질병을 치료해주고 건강을 보살펴 주는 일을 맡았으며 나중에 혜민서로 개칭되었다가 전의감에 병합 • 활인서 : 서울 성내의 환자구휼기관으로서 초기에는 고려 시대와 같이 동서대비원으로 불리다가 동서활인서로 개칭 • 기로소 : 70세 이상의 노인들을 입소시킨 시설이다. • 광혜원 : 1885년 의료선교사 알렌(Allen)이 고종의 허락을 받아 설립한 우리나라 최초의 서양식 국립의료기관이다.
민간구제	• 계 : 신라 때부터 존재하였던 주민 상호 간의 협동조직으로서 친목, 산업, 혼상, 학업, 양로, 군포 등을 위한 다양한 계가 존재 • 두레 : 촌락 단위의 공동노동력을 교환하는 노동협동 양식 • 품앗이 : 주민 상호 간의 노동력을 교환하는 노동협동 양식 • 향약 : 권선징악과 상부상조를 목적으로 만든 향촌의 자치 규약으로서 4대 덕목 중 환난상휼에 의하여 재해, 질병, 빈곤에 대한 구제를 행함

2) 일제 시대의 사회복지(1910~1945)

1910년 한일합방 이후 일제의 사회복지는 정치, 경제, 사회, 문화 등 모든 영역에 식민통치의 합리화와 황민사상의 주입을 위한 이데올로기적 성격을 강하게 띠고 있으며 식민정책의 일환으로 형식적인 구제사업이 이루어졌다.

선교사에 의해 우리나라 최초의 사회복지관이 설립되었는데 1921년 4월 4일 Marry Myers가 설립한 태화여자관이다. 태화여자관은 ① 여성교육, ② 복음전도, ③ 사회사업의 세 분야에서 전개되었는데 태화여학교, 태화유치원, 태화진찰소 등 3개 기구를 통해 주로 여성과 아동을 대상으로 사업을 펼쳤다. 태화여자관은 현재 태화기독교사회복지관으로 발전하여 한국의 사회복지의 선구자적 역할을 담당하고 있다.

1944년 일제는 전쟁수행을 위해 한국 젊은이들을 대상으로 징병과 징용을 강화하면서 민심이 동요하자 일본 본토에서 실시해 오던 '구호법'을 우리나라에 도입하여 '조선구호령'을 제정하였다. 구호의 대상은 ① 65세 이상의 노인, ② 13세 이하의 아동, ③ 임산부, ④ 불구, 폐질자, 질병자, 실명자, 상이 및 기타 정신 또는 신체장애로 인하여 노동하기에 지장이 있는 자로 한정하고, 서비스의 내용은 생활부조, 의료부조, 조산부조, 생업부조, 장제부조 등, 구호방법은 신청에 의해 자산조사 후 거택보호를 원칙으로 하였다. 시행시기가 세계 제2차대전 말엽인 것으로 볼 때 구호의 개념보다는 전시동원을 위한 대상의 분류와 자산조사를 통한 전쟁물자의 동원에 목적이 있음을 알 수 있다. 조선구호령의 내용은 1961년 생활보호법에 반영되었다.

3) 해방 후 절대빈곤시대의 사회복지(1945~1960)

이 시기는 해방 후 독립, 미군정기, 정부수립, 6 · 25 전쟁에 이어 1961년 5 · 16 군사쿠데타 이전까지의 시기로서 국가 전체가 혼란과 절대빈곤 속에 있었다. 이 시기에는 일제강점기의 사회복지 관계법령을 대표하는 '조선구호령'

이 여전히 미군정 구호행정의 근거로서 존속했다. 따라서 미군정 구호정책은 국가가 책임지고 국민들의 최저생활을 보장하는 면은 거의 없이 임시처방적이며 최저한의 생존만을 가능하게 하는 미봉적인 물질적 시혜의 제공에 지나지 않았다.

미군정은 1948년 8월에 끝이 났으나 국가는 계속 빈곤상태를 벗어나지 못했다. 1948년 정부수립 이후 발효된 제헌헌법에는 국민의 생존권적 기본권과 근로자의 노동3권(단결권, 단체교섭권, 단체행동권)의 보장을 명문화했다. 제헌헌법 제19조에는 '노령, 질병, 기타 근로능력이 없는 자는 법률이 정하는 바에 의하여 국가의 보호를 받는다'라고 명시함으로써 생존권 보장을 헌법에 명문화하였다. 그러나 제헌헌법에 명시된 생존권을 실현할 관련 법률이 제정되기도 전에 6 · 25 전쟁이 발발하여 이를 구체화할 사회보장을 제대로 실현할 수 없어 제헌헌법의 생존권과 기본권에 관한 규정은 선언적인 명시에 불과했다.

한국에서의 사회복지교육의 시작은 1947년 이화여자대학교에서 기독교사회사업학과가 설치되면서 시작된 이래 1953년에 중앙신학교(현 강남대학교의 전신)에 사회사업학과가 설치되었고, 1956년 대구의 한국사회사업대학교(현 대구대학교의 전신)가 설립되었다. 그리고 1958년에 서울대학교 대학원에 사회사업 전공이 설치되고, 이듬해 학부과정에 사회사업학과가 설치되었다.

4) 사회복지제도 도입기(1961~1979)

한국에서 사회보장에 관한 법률이 본격적으로 제정된 것은 1961년 이후이다. 군사정부는 '사회보장제도 연구위원회 규정안'을 1962년 3월 20일 각령 제469호로 제정하였다. 이것은 한국 사회보장제도의 발전을 위한 최초의 법정연구기관의 탄생을 의미한다. 1960~1970년대 사회보장관련 주요 법률 제정 연도는 다음과 같다.

이 시기의 또 다른 특징으로는 외원기관의 쇠퇴 또는 기관운영 주체의 변화와 사회복지 서비스 접근의 확대가 있다. 1970년대 우리나라의 경제성장과 더불어 외국 민간 기관들에 의하여 재정적인 원조와 외국 전문사회사업가들에 의하여 운영되던 우리나라 사회복지기관이나 시설들에서 외국의 재정적인 원조가 줄어들거나 없어지는 것과 동시에 운영주체와 운영재원이 정부의 재정지원 중심과 우리나라 사람들로 대체되었다.

<표 3-4> 1960~1970년대 사회보장관련 주요 법률 제정 연도

제정 연도	법률명	주요 내용
1960. 1. 1.	공무원연금법	공무원의 생활안정과 복지향상
1961. 11. 1.	군사원호보상법	군사상자 및 그 유족에 대한 생활안정
1961. 11. 9.	윤락행위등방지법	국민풍기 정화와 여성의 인권존중
1961. 11. 22.	공무원재해보상규정	공무원의 재해에 대한 보상기준 설정
1961. 12. 4.	근로기준법	기존 근로기준법의 개정
1961. 12. 6.	직업안정법	직업보조 및 안정의 촉진
1961. 12. 30.	생활보호법	빈곤가구 지원(조선구호령 폐지)
1961. 12. 30.	아동복리법	18세 미만의 아동보호
1962. 1. 10.	선원보호법	선원과 그 가족의 복지증진
1962. 3. 10.	재해구호법	재해를 당한 이재민에 대한 긴급구호
1963. 1. 25.	군인연금법	군인의 생활안정과 복지향상
1963. 11. 5.	산업재해보상보험법	근로자의 업무상 재해에 대한 보상
1963. 11. 5.	사회보장에 관한 법률	사회보장제도의 원칙 및 기준설정
1963. 12. 16.	의료보험법	국민보건증진과 사회보장증진(임의가입)
1968. 7. 23.	자활지도사업에 관한 임시조치법	영세민의 근로보호
1970. 1. 1.	사회복지사업법	사회복지사업에 관한 기본적 사항 규정
1973. 12. 20.	사립학교교직원연금법	사립학교교직원 퇴직 후 소득보장
1973. 12. 24.	국민복지연금법	근로자의 노후소득보장(1974년 시행보류)
1976. 12. 22.	의료보험법 개정	500인 이상 사업장에 대한 의료보험
1977. 12. 1.	의료보호법	자활능력이 없는 자에게 의료보호 제공

출처 : 박병현(2010 : 328).

5) 사회복지제도 확대기(1980~1996)

한국의 1980년부터 1996년까지의 시기는 정치적 혼란 속에서 경제가 지속적으로 성장하던 시기였다. 1980년 집권한 전두환 제5공화국 정부는 국정지표로 '복지사회건설'을 내세우면서 사회복지사업기금법, 노인복지법, 심신장애자복지법 등 중요한 사회복지 관련입법을 추진했다. 1980년대 후반기의 민주화를 위한 각종 사회운동은 정부가 사회복지제도 확충을 추진하는 데 일조를 했다. 따라서 이 시기는 한국에서 사회복지제도가 확대되던 시기로 볼 수 있다. 이 시기에 제정되거나 개정된 사회복지 관련 법률은 다음과 같다.

<표 3-5> 사회복지제도 확대기에 제·개정된 주요 법률

제 · 개정 연도	법률명	주요 내용
1980. 12. 31.	사회복지사업기금법	기금을 설치하고 기부금 모금
1981. 4. 13.	아동복지법	전문개정
1981. 6. 5.	노인복지법	노인의 심신 건강유지 및 생활안정
1981. 6. 5.	심신장애자복지법	심신장애자에 대한 재활 및 보호
1982. 12. 31.	생활보호법 개정	전문개정
1983.	사회복지사업법 개정	사회복지서비스 전달체계 합리화
1986. 12. 31.	최저임금법 제정	최저한의 임금수준을 법적으로 보장
1986. 12.	국민연금법	노령연금급여(1988년 1월 시행)
1987.	헌법개정	노동3권 인정
1987. 12. 4.	남녀고용평등법	고용에서 남녀의 평등한 기회 및 대우를 보장
1987. 10. 30.	의료보험법 개정	전 국민의료보험실시
1989. 4. 1.	모자복지법	모자가정 보호
1989.	장애인고용촉진법	장애인고용촉진
1991. 1. 14.	영유아보육법	국가의 영유아 보육책임 규정
1993. 12. 27.	고용보험법	실업급여, 고용능력 개발
1995. 12.	정신보건법	정신보건에 관한 내용을 규정

출처 : 박병현(2010 : 344).

6) 사회복지개혁의 시기(1997~현재)

1997년 12월 외환위기로 인한 유례없는 경제위기를 겪으면서 한국의 사회복지는 진보적인 정부의 집권과 더불어 획기적으로 발전했다. 1998년 개정되어 1999년부터 전 국민을 대상으로 확대된 국민연금제도, 1999년 국민건강보험법의 제정, 기존의 생활보호법을 대체하면서 1999년에 제정되고 2000년부터 시행된 국민기초생활보장제도, 그리고 사회복지예산의 증액, 2004년에 건강가정기본법의 제정, 위스타트(We Start) 운동, 2007년에 아동발달지원계좌(CDA)제도 실시, 드림스타트 사업, 2008년에 노인장기요양보험제도 실시, 2010년에 공무원연금법 개정, 사립학교교직원연금법 개정, 2011년에 사회복지사처우개선법이 통과가 되었다. 사회복지개혁의 시기에 제정되었거나 개정되었던 사회복지관련 법률은 다음과 같다.

<표 3-6> 사회복지개혁 시기의 제·개정된 법률

제 · 개정 연도	법률명	주요 내용
1999. 2. 8.	국민건강보험법 제정	직장조합과 국민의료보험공단이 국민건강보험 관리공단으로 단일화
1998. 12.	국민연금법 개정	1999년 4월부터 도시자영자 연금확대로 전 국민 연금시대 개막
1999. 9. 7.	국민기초생활 보장법 제정 (2000. 10. 1 시행)	생활보호법을 개정하여 최저생활권리 보장
2002. 12.	고용보험법 개정	2004년 1월부터 일용근로자도 적용
2003. 3.	장애인차별금지법 제정	장애인 차별 금지를 규정
2004. 2. 9.	건강가정기본법 제정 (2011. 9. 15 일부개정)	중앙, 시 · 도 및 시 · 군 · 구에 건강가정지원센터를 설치하고 건강가정사를 채용
2007. 4. 27.	노인장기요양보험법 제정 (2008. 7. 1 노인장기요양 보험제도 시행)	치매, 중풍 등 노인에 대한 장기간에 걸친 간병, 장기요양 문제를 사회연대 원리에 따라 국가와 사회가 분담

2008. 3. 21.	정신보건법 개정	보건복지가족부령으로 정하는 수련기관에서 수련을 받은 자에게 정신보건전문요원의 자격증을 교부. 정신보건전문요원은 정신보건임상심리사, 정신보건간호사 및 정신보건사회복지사로 함. 시 · 군 · 구에 정신보건센터 설치
2010. 1. 1.	사립학교교직원연금법 개정	연금재정의 재정불안 요소를 해소, 장기적으로 지속가능한 연금제도의 유지, 재직자 및 연금수급자 모두를 대상으로 부담은 다소 늘리고 급여는 점차적으로 줄이는 방향
2010. 1. 1.	공무원연금법 개정	연금산정 기준보수 평균기간 확장, 기여금, 부담금 인상, 연금지급액 인하, 연금지급개시 연령 연장
2011. 3. 11.	사회복지사처우개선법	사회복지법인 및 사회복지시설 사회복지사 등의 처우개선에 대한 책임이 국가와 지방자치단체에 있음을 법률로 명시함.

PART

2

사회복지의 실천방법

Chapter 04 사회복지실천

01 사회복지실천의 개념

1) 사회복지 대상에 따른 개념

사회복지실천이라는 용어는 사회복지의 고유한 목적을 실현하기 위한 기존의 사회사업이라는 용어에 전문적인 실천 활동을 강조하는 단어이므로 한마디로 정의하는 것은 어려운 일이다. 이 용어의 사용은 1970년대 미국에서 직접적 · 거시적 실천이라는 용어의 등장과 함께, Meyer에 의해 처음으로 사용되기 시작하였다(Dorfman, 1996). 1917년에는 사회복지실천의 초창기의 용어라고 볼 수 있는 개별사회사업의 정의를 내린 Richmond에 의하여, 사회복지실천은 인간과 그를 둘러싼 사회 환경 간의 부적응이나 갈등을 해소하여 개인의 욕구를 충족시켜 주고, 사회규범에 적응하도록 도와주는 것(Payne, 1996)이라고 할 수 있다.

Richmond 이후에는 사회복지실천은 사회복지의 목적에 따라, 미시적 견해와 거시적 견해의 이론적 대립으로 다양하게 정의되었다. 예를 들면, 대공황으로 인한 사회경제적 문제의 심각성으로 1930년대에는 사회복지실천을 사회적 자원의 균등한 배분이나 사회개혁을 목적으로 하는 거시적 활동으로 정의하였다(Lurie, 1935; Payne, 1996 재인용). 또한 사회복지실천에 관한 정의는 1980년대의 생태체계적 관점과 1990년대의 능력 강화(empowerment) 관점이 도입되면서 보다 체계적이고 포괄적으로 확립되었다(이영분 외, 2002 재정리).

이 밖에도 사회복지실천에 관한 여러 학자들의 사회복지에 관한 개념 정의를 종합하여 정리하면, 사회복지실천이란 사회복지의 제도적 개념과는 달리 개인, 가족 및 집단의 사회적 기능 향상을 위한 의도적인 전문가의 개입활동이라고 할 수 있겠다.

02 사회복지실천관계론

사회복지실천은 일차적으로 클라이언트와 사회복지사와의 관계를 통해서 이루어지고 이러한 관계는 사회복지실천의 과정과 목표 달성에 매우 중요한 역할을 한다.

관계의 개념에 대해서 Biestek(1957)은 사회복지실천에 있어서 관계는 클라이언트와 환경 간의 보다 나은 적응을 가져오도록 하기 위하여 개인의 능력과 지역사회의 자원을 적절히 동원하고 활용할 수 있도록 돕는 관계를 의미한다. 그리고 Biestek(1951)은 사회복지사와 클라이언트 간의 태도 및 감정의 상호작용(양옥경 외, 2000 재인용)이라고 규정하였으며, Perlman(1979)은 정서적 유대, 즉 정서적 강렬함의 결합(Kadushin, 1986 재인용)이라고 규정하였다.

사회복지실천에 있어서 관계의 중요성에 대해 Johnson(1995)은 사회복지사와 클라이언트의 좋은 관계를 발전시키는 것은 원조과정의 필수부분으로 간주했으며, 심리치료의 구체적인 접근방법에는 상관없이 성공적인 치료에는 '좋은 관계'가 공통요인이라고 발견되었다(Kadushin, 문인숙 외 역, 1986).

또한 Biestek(1957)은 클라이언트들의 감정이나 태도의 근원으로 일곱 가지 욕구와 상호작용의 3대 방향을 제시하고 있다. 이를 제 학자의 분석과 함께 비교하면 다음과 같다.

<표 4-1> 클라이언트의 감정 · 태도의 근원

제1방향	제2방향	제3방향	원칙의 명칭과 개념	원칙의 방법과 사회사업가의 역할
클라이언트의 욕구	사회복지사의 반응	클라이언트의 지각		
개인으로 처우받고 싶은 욕구	이러한 욕구에 대해 사회복지사는 이해하고 민감하게 적절히 반응한다.	사회복지사의 민감성, 이해, 반응들을 지각한다.	개별화 (individualization)	• 방법 : 자세한 배려, 면접에서의 비밀보장, 약속시간 엄수, 면접을 위한 사전 준비, 클라이언트 참여, 융통성 • 역할 : 편견과 선입관이 없어야 함, 인간행동에 관한 지식 필요, 경청하고 관찰하는 능력, 클라이언트의 보조에 맞춰서 움직이는 능력, 감정을 헤아릴 수 있는 능력, 개개인의 관련성을 인식한 다음 사물을 전체적으로 파악하는 능력
감정을 표현하고 싶은 욕구			의도적 감정표현 (purposeful expression of feeling)	• 역할 : 클라이언트가 편안함을 느끼도록 사회복지사 자신의 긴장을 풀기, 자신의 일로 혼란스러워서는 안 됨, 허용적 태도와 의도적으로 경청할 수 있는 능력, 클라이언트의 감정표현 격려, 목표를 향한 클라이언트의 속도에 민감, 비현실적인 재보증과 성급한 해석은 금물
문제에 대해 공감적 반응을 얻고 싶은 욕구			통제된 정서적 관여 (controlled emotional involvement)	• 방법 : 민감성(언어적 · 비언어적 의사소통에의 관심) • 이해 : 클라이언트의 감정 이해 • 반응 : 말이나 태도로 나타나는 진심 어린 반응

가치적인 인간으로 인정받고 싶은 욕구			수용 (acceptance)	• 역할 : 클라이언트에 대한 완전한 이해, 클라이언트와의 가치관의 차이 극복 수용과 동의의 차이 인식 • 수용 시 저해요인 : 인간행동에 대한 지식 부족, 가치관의 차이에 대한 갈등, 사회복지사의 감정을 클라이언트 탓으로 돌리는 경우, 편견과 선입관, 대안 없는 재보증과 수용의 구분이 모호할 때 • 고려사항 : 다양한 대안들을 알고 있을 것, 일차적 문제해결의 책임이 클라이언트에게 있음, 사회복지사의 의견이나 제안 가능, 합법적 한도 내에서 자기결정권 가능
심판받지 않으려는 욕구			비심판적 태도 (nonjudgemental attitudes)	• 역할 : 사회복지사의 비심판적 태도가 전달되어야 함. 성급한 결론이나 다른 사람들의 유형으로 분류하려고 하면 안 됨.
자신이 선택과 결정을 내리고 싶은 욕구			자기결정 (self-determination)	• 긍정적 역할 : 자신의 문제나 욕구를 알도록 돕는 것, 지역사회의 자원을 알도록 하는 것, 자신의 잠재적 자원을 활용하도록 돕는 것, 클라이언트의 성장을 돕는 분위기를 만들어 주는 것 • 부정적 역할 : 사회복지사가 문제해결의 책임을 지는 것, 클라이언트의 욕구보다 사회정서적 생활에 자세한 조사까지 하는 것, 직·간접적으로 조종하는 것, 통제하는 방식으로 설득하는 것
자신에 관한 비밀이 지켜지기를 바라는 욕구			비밀보장 (confidentiality)	• 비밀보장의 한계 : 클라이언트의 능력 부족, 타인의 권리와의 충돌, 사회복지사, 기관, 사회 전체의 권리와의 충돌

03 사회복지실천과정론

의도적이며 체계적인 사회복지실천과정(process)은 비록 그 과정이 자연스럽게 전개되어야 함에도 불구하고, 사회복지실천의 필수적인 핵심요소라고 할 수 있다.

Johnson(1986)에 의하면, 원조과정에 대한 용어들은 Richmond의 "사회진단"에서 '진단'이라는 용어, 1929년 밀포드회의에서 '개입' 개념이 등장하여, 1930년대 이후에는 원조과정으로 '조사, 진단과 치료(study, diagnosis and treatment)'라는 용어가 개념화되기 시작하였다. 또한 1960년대 이후에는 '진단'과 '치료'라는 용어 대신에 '사정'과 '개입'이라는 용어로 대체되었으며, '문제해결 과정'은 개별, 집단, 지역사회방법론 모두에 중요한 요소로서 자리잡게 되었다고 보고 하고 있다. 그러나 오늘날의 사회복지실천의 과정에 대해서는 아직까지 합의된 내용은 없으나 용어의 표현만 다를 뿐이지 그 내용에 있어서는 거의 동일한 구조를 가지고 있다(박종삼 외, 2002). 사회복지실천과정으로 접수, 사정, 개입, 종결 단계로 각 단계의 특성과 목표, 사회복지사의 역할을 간단히 요약하면 다음과 같다.

<표 4-2> 사회복지실천과정

단 계	목 표	특 성
접수 단계 (intake stage)	라포 형성 클라이언트의 문제와 욕구 확인 의뢰	라포 형성, 문제와 욕구 확인, 필요시 의뢰 여부를 클라이언트와 함께 결정
사정 단계 (assessment stage)	사정, 목표 설정 및 계약	전문가적 문제 규정, 클라이언트와 환경이 가지고 있는 자원과 강점 파악, 목표 설정
개입 · 문제 해결 단계 (intervention & problem solving stage)	목표달성을 위한 활동	클라이언트의 잠재적 능력 활용, 대처능력 향상, 사회적 기능 강화
종결 단계 (termination stage)	평가 종결 사후관리(follow-up)	개입의 효과성, 효율성 측정, 종결 시기 결정, 지속적인 사후관리

04 사회복지실천방법론

1) 개인을 대상으로 하는 실천방법

(1) 개별사회사업의 개념 및 구성요소

개별사회사업(casework)이란 도움을 필요로 하는 개인 클라이언트를 돕는 전문가의 의도적인 개입활동을 의미한다. 개별사회사업의 창시자라고 불리는 Richmond(1922)는 "개별사회사업이란 개인과 사회환경 간의 개별적이고 의식적인 조정을 통하여 개인의 인격적인 발달을 도모하는 제반 과정이다"라고 그의 책 『*What is Socail Casework?*』에서 정의 내리고 있다.

또한 Perlman(1960)은 "개별사회사업이란 사람들이 사회적 기능을 수행함에 있어서 그들의 문제를 보다 효과적으로 처리할 수 있도록 돕는 사회복지기관에서 사용되는 한 과정이다"라고 제시함으로써 개별사회사업의 구성요소인 사람(Person), 문제(Problem), 장소(Place), 과정(Process)의 4P를 설명하고 있다.

(2) 개별사회사업의 실천과정

개별사회사업의 실천과정은 일반적으로 인테이크(intake), 조사(study), 진단(diagnosis) 및 치료(treatment) 과정이 있다. 인테이크는 사회복지사가 클라이언트에게 처음으로 접촉하여 클라이언트의 욕구가 무엇이며, 그 기관에서 욕구를 충족시킬 수 있는지에 대하여 결정하는 단계이다. 이때 클라이언트의 문제의 성격을 명확히 하며, 문제의 중요성과 원인을 확인해야 한다. 또한 사회복지기관의 도움의 내용 및 절차 등을 설명해 준다. 그 기관이 클라이언트의 욕구에 부응하지 못할 때는 다른 기관에 알선해 준다.

조사 단계에서는 클라이언트의 문제를 해결하기 위한 초기 단계로서 문제 자체는 물론, 문제를 가진 사람과 상황에 대한 보다 나은 이해를 목적으로 삼고 있다. 이때 사회복지사와 클라이언트 간에 전문적인 관계 수립을 통해 조사를 진행해야 한다.

진단 단계에서는 문제의 성격이나 원인에 대한 종합적인 해석을 내리며, 그 문제해결에 대한 계획을 수립한다. 치료단계에서는 문제를 정확히 사정하여 그 클라이언트의 문제를 해결하여 욕구를 충족시키는 중요한 단계이다. 이때 개인과 환경에 대한 사회복지사의 전문적인 활동이 요구된다.

(3) 개별사회사업의 실천 모델

전통적인 사회사업 실천 모델에는 진단주의적, 기능주의적 방법에 관한 많은 논의가 있어 왔다. 진단주의 모델은 1930년대 초에 발달된 이론으로 Freud의 정신분석 이론과 성격 이론에 기초를 두고 클라이언트와 그의 문제에 대한 진단적 접근을 시도하였다. 그 후, 1957년에 이르러서야 이 두 가지 접근방법을 종합하려는 시도에서 문제해결 접근방법이 등장하였으며, 1967년에는 Charlotte Towle을 기념하는 심포지엄에서 확인되어 심리사회 모델, 기능주의 모델, 문제해결 모델, 행동수정 모델, 가족치료 모델, 위기개입 모델, 사회화 접근 모델이 제시되었다.

<표 4-3> 개별사회사업의 실천 이론의 비교

구분	시작 시기	중심인물 및 이론적 기반	특징
심리사회적 모델 (psychosocial model)	1920~ 1930년대	Hollis, Richmond, Austin, Hamilton, Freud의 성격 이론, Richmond의 진단주의로부터의 오래된 전통 모델	클라이언트의 심리적 · 사회적 상황 중시, 개인과 사회환경 간의 상호작용 중시, 상황 속의 인간에 대한 철저한 진단과 사정 강조
기능적 모델 (functional model)	1930년대	Rank, 펜실베이니아 사회사업 대학원 교수들에 의해 개발	개인은 타인과 구별하려는 대항의지가 있고, 치료의 원천으로, 과거의 경험이 아닌 현재의 경험 강조, 클라이언트의 의지를 동원함으로써 문제해결 도모, 인간을 자신의 창조자로 바라봄.

문제해결 모델 (problem-solving model)	1950년대 후반	Perlman 진단주의 입장에서 기능주의입장을 받아들임	인간의 생활은 문제해결 활동으로 이루어진다고 봄, 인간은 변화 발전하는 잠재력을 가지고 있다고 봄, 자아가 문제해결을 시도해야 함.
행동수정 모델 (behavioral modification model)	1950년대 후반	Thomas 학습이론에 기반	관찰되는 행동에 초점, 바람직한 행동은 강화시키고 바람직하지 못한 행동은 줄이기 위해 도움, 효율성 입증, 융통성 있는 절차 제공
가족치료 모델 (family therapy model)	1950년대 후반	Minuchin, Bowen, Haley, Satir 구조적 · 체계적 · 전략적 · 경험적 가족치료 등	가족 구성원의 상호작용을 변화시킴으로써 가족의 사회적 기능을 향상
위기개입 모델 (crisis intervention model)	1960년대 이후	Lindemann, Caplan 지역정신보건 영역에서 발달하여 사회사업에 도입	위기상황에 직면할 경우, 위기 시 나타나는 특유의 반응과 법칙을 확인하고, 원조원칙을 확립하고자 함.
사회화 모델 (socialization model)	1960년대 초반	사회화 목표 : 사회기능력 향상 사회화의 대행자 : 사회복지사 대상집단 : 사회화되지 못한 경우, 불충분하게 사회화된 경우, 특정하위문화에 사회화된 경우	사회화의 대행자는 사회사업가, 사회기능력의 회복이 목표, 교육, 모델 제공, 참여 권유, 피드백 제공

2) 집단을 대상으로 하는 실천방법

(1) 집단사회사업의 개념 및 역사

집단이란 두 사람 이상의 공동적인 목적의식과 한 집단이라고 하는 우리의식(we- feeling)을 가지고 집단의 목적을 달성하기 위해 상호작용하며, 상호 의존과 협조를 통해 하나의 유기체로서 행동할 수 있는 능력이 있어야 한다.

Konopka(1963)에 의한 정의를 살펴보면 "집단사회사업이란 사회복지실천방법의 하나로서, 의도적이며, 계획적인 집단경험을 통해서 개인의 사회기능 능력을 향상시키며, 또한 개인과 집단, 그리고 지역사회의 당면문제들에 대해 보다 효과적으로 대처해 나갈 수 있도록 도움을 주는 것"이라고 설명하였다.

또한 Trecker(1972)의 정의에 따르면, “집단사회사업이란 사회복지기관 내의 프로그램 활동을 통하여 상호작용을 지도하는 사회복지사의 도움으로 그들의 욕구와 능력에 따라 타인과의 관계를 맺음으로써 성장기회를 경험하며, 더 나아가서는 개인 및 집단과 지역사회의 성장과 발전을 도모하고자 하는 것”이라고 주장하고 있다.

이러한 집단사회사업의 발달은 19세기 후반부터 20세기 초반의 영국과 미국에서 일어난 인도주의에 입각한 사회개량운동으로부터 시작되었고, 산업혁명과 자본주의 사회의 문제로 나타난 빈부의 격차에 다른 도농 간의 격차나 주택문제, 빈민들의 범죄나 비행의 문제를 해결하기 위한 방편으로 나타난 기독교 신앙을 토대로 한 청소년단체나 인보관 운동 등의 집단 활동을 통해 널리 확산되었다. 1940년대에는 집단의 이용을 치료 목적으로 확대시켰으며, 집단사회사업가들은 정신병원이나 아동지도 상담소, 교도소, 아동시설 등의 보건과 복지계열 등 다양한 현장에서 일하기 시작하였다.

집단의 분류는 형성주체에 따라 자연집단과 형성집단, 개방 여부에 따라 개방집단과 폐쇄집단, 크기에 따라 다수집단과 소수집단으로 나뉘기도 한다. 또한 Wilson(1956)은 집단을 집단의 성취와 집단의 목표 달성에 중심을 두는 과업중심집단(task oriented group)과 집단 구성원의 성격과 인격의 성장을 중시하는 성장중심집단(growth oriented group)으로 나누었다. 그 밖에도 집단의 조직 및 활동의 종류에 따라 취미집단, 팀, 클럽, 위원회, 특수집단으로 구분할 수 있다.

(2) 집단사회사업의 구성요소

집단사회사업의 구성요소로는 문제나 욕구를 가진 개인과 이들의 집단, 그리고 목적을 위한 프로그램과 이를 진행할 전문적인 집단사회사업가, 프로그램이 실시될 적절한 장소와 집단활동의 구체적인 목적을 들 수 있다. 집단사회사업에 있어서 집단사회사업가는 집단 구성원 각자에게 관심을 두고 개별화하여 접근한다. 이때 집단은 사회사업가에게 클라이언트에게 도움을 제공하는 일차적인 수단이 된다. 장인협(2002)은 집단활동의 기본적 요건으로 집단 구성원과 집단, 그리고 프로그램, 사회복지사를 열거하고 있다.

이때 집단사회사업가에게는 집단 성원들을 도와서 가능하게 하는 자(enabler), 바람직한 변화를 가져오게 하는 자(change agent), 구성원과 사회자원 간의 매개자, 자료 제공자(mediator or resource person), 집단 성원의 권리를 옹호해 주는 대변자(advocate), 집단 성원이 문제를 스스로 해결할 수 있도록 상담하는 자(conferee)로서의 역할이 요구된다.

(3) 집단사회사업의 발달단계

장인협(2002)에 의하면 모든 집단은 일반적으로 집단구조의 변화, 집단 구성원의 상호작용 형태의 변화, 집단문화의 변화라는 세 가지의 변화를 내포하며 발달한다. 집단의 발달단계에 대하여 단계별 발전하는 과정과 속도가 다르다는 것을 숙지해야 한다. Northen(1969)은 집단의 발달단계를 준비 단계 및 접촉 단계, 오리엔테이션 단계, 탐색 및 시험 단계, 문제해결 단계, 종료 단계로 제시하였다.

<표 4-4> 집단의 발달 단계

발달단계	특성 및 과제
준비 단계 (preparatory stage)	• 접수 및 집단 구성 • 집단의 크기, 성원의 특성과 배경, 집단의 환경적 위치 고려
오리엔테이션 단계 (orientation stage)	• 유대감 발생, 집단의 규범과 행동방식 형성
탐색과 시험 단계 (exploring and testing stage)	• 상호작용 유형 발달 • 집단 응집력 형성, 목표 지향적 행동, 리더의 출현, 하위집단 형성과 규범과 가치 관련 통제
문제해결 단계 (problem solving stage)	• 높은 응집력 강화, 고도의 협동체계 발생, 문제해결 능력 강화, 확고한 전통과 규범 확립
종료 단계 (termination stage)	• 집단활동 평가, 종료 감정 나누기, 효과적인 의뢰 고려 • 종료 이유 : 목적 달성, 기한 도래, 집단 분절, 내 · 외부의 압력에 부적응

(4) 집단사회사업의 이론적 접근과 실천 모델

집단사회사업에 대한 이론적 접근방법으로는 발달적 접근과 조직적 · 환경적 접근, 그리고 상호작용적 접근으로 구분할 수 있으며, 그 특징은 다음과 같다.

발달적 접근은 병리나 비정상 또는 질병 등에서보다 사회적 기능에 더 관심을 두며, 치료보다는 자기실현에 더 관심을 둔다. 따라서 클라이언트의 현재 생활환경을 강조하고 '지금 여기(here and now)'에 관심을 두며, 현재의 집단과 개인행동에 초점을 둔다. 집단지도자와 성원 간의 관계는 인간적인 개념에 서 있으며, 발달과정의 3단계인 손상된 기능 회복, 기능 장애의 예방, 최적의 기능으로 발달을 유도하는 발달 이론의 입장을 중시한다.

조직적 · 환경적 접근은 주로 미시간 대학의 교수들에 의해 소개되었기 때문에 미시간 모델이라고도 부르며 때로는 예방적 · 재활적 접근으로도 불린다. 이 접근방법에서는 개인의 기능화에 장애가 되는 요인을 경감시켜 주도록 환경을 이용하고, 사회화를 강조한다. 따라서 워커는 집단경험을 통해 구성원 개개인이 그 행동 또는 환경을 변화하도록 전문적인 원조를 주는 것이 중요하다.

상호작용적 접근은 1961년에 Schwartz에 의해 소개되었다. 이 방법은 수행되어야 할 과제를 가진 클라이언트와 유기적 체계 내에서 상호 의존적인 작용자로, 각자에 수행되어야 할 기능을 갖고 있는 전문가 사이의 모델에서 발전되었다. 이 접근방법에서는 결과보다는 단계별 과정이 중요시되며, 타인과의 관계과정이 중요시된다. 개인과 집단 간의 관계는 공생적(symbiotic)이며, 사회복지사는 중재자의 역할을 한다.

집단사회사업에 대한 이 세 가지의 접근 모델은 Papel과 Rothman이 제시한 실천 모델의 기초가 되어, 사회적 목표 모델(social goals model), 치료 모델(remedial model), 상호작용적 모델(reciprocal model)로 발전하였다.

<표 4-5> 집단지도 실천 모델의 비교

구분	사회적 목표 모델	치료적 모델	상호작용적 모델
대표 학자	Coyle, Kaiser, Konopka	Redl, Vinter, Fisher	Schwartz
집단의 목적	사회적 의식, 사회적 책임, 민주시민 양성, 사회질서 구축, 예방책 지향	사회적 역기능의 치료	상호 원조 체계 달성
서비스 유형	사회화, 소비적인 서비스	통합 적응적인 서비스	사회화, 통합, 적응적 · 소비적 서비스
사회사업가 역할	가능하게 하는 자, 회의주재자, 능력부여자, 교사	변화의 창출자, 교육자, 상담자, 치료자	중재자, 자료 제공자, 능력부여자
집단 성원 이미지	참가하는 시민, 토착적인 지도자, 부적응자	일탈자	타인과 서로 만나는 자아, 의존자
활동 유형	광범위한 활동과 작업, 지역사회조직도 포함	직 · 간접적 영향을 가지는 수단의 사용, 집단 이외의 수단을 포함	개인의 상호관계 과정에 있어서 집단 성원의 결합
사회사업가 기술	프로그램 작성, 편성기술	목표 달성을 위한 집단 과정에서의 개입기술	제한과 대화에 관한 기술
기초이론	절충적인 이론적 기술	역할이론, 사회행동이론, 자아심리학, 집단역학	체계이론, 장(field)이론
집단의 통제력	저	고	중
집단의 유형	보이스카웃, 자원봉사자 집단	병원과 교정시설의 프로그램, 가정폭력피해자 집단, 당뇨환자 집단	정신질환자 집단, 외상후 스트레스장애 집단

3) 통합적인 실천방법

1970년경부터 기존의 문제 중심적 · 전통적인 개별, 집단, 지역사회조직의 방법론의 지나친 분화와 서비스의 파편화 현상으로 다양하고 복잡한 욕구를 가진 클라이언트가 여러 기관을 찾아다녀야 하는 불편과 사회복지사들의 분야별 직장이동과 사회복지 전문직 정체성 확립 등의 필요에 의해서 통합된 접근방법의 실천 이론에 대한 제시가 이루어지기 시작하였다. 그중 대표적인 것으로는 Pincus와 Minahan의 4체계 모델, Goldstein의 단일화 모델, Germain과 Guitterman의 생활 모델, Compton과 Galaway의 문제해결 모델 등이 있으며, 최근에는 강점 관점에서 임파워먼트 모델 등이 강조되고 있다. 이를 간략히 표로 제시하면 다음과 같다.

<표 4-6> 통합방법론의 모델들

구분	대표 학자	시작 시기	초점	주요 개념	워커의 역할
4체계 모델	Pincus, Minahan	1970년대	인간과 사회환경 간의 상호작용	변화매개체계, 클라이언트체계, 표적체계, 행동체계에 대한 체계론적 접근	문제해결과 처리능력의 향상, 자원체계 간의 연계, 자원체계 내 사람들의 상호작용 향상, 정책개발 · 수정, 자원 분배, 사회통제의 매개자
단일화 모델	Goldstein	1970년대	유기체로서의 개인, 역동적인 사회관계 및 양자 상호작용	사회적 학습의 촉진강화, 사회변화의 확보	지식과 정보의 인식, 전략(조사, 개입, 평가)
생활 모델	Germain, Guitterman	1980년대	인간과 환경 간 상호 교류 속의 적응 균형	모든 개인은 환경과 상호 적응함. 환경과 적응이 깨지면 스트레스 발생 스트레스 발생 요인 : 생활주기 변화, 환경의 압력, 대인관계의 과정, 생활의 맥락 안에서 문제 파악	활력 증대, 가능하게 함, 교수자, 촉진자, 중재자, 옹호자, 조직화
문제해결 모델	Perlman	1950년대	개인과 상황의 상호작용 전체	'치료'가 아니라 '문제'에 대처하는 능력향상이 목표, 워커와 클라이언트의 관계 강조	클라이언트의 동기 개방, 활력과 방향성 제시, 정신적, 감정적, 행동적 능력 개발시키고 훈련시킴. 문제해결에 필요한 자원을 이용하도록 돕기

임파워먼트 모델	Chestang, Solomon, Pinderhughes	1970년대 중반	인간과 환경 간의 상호작용, 클라이언트의 강점중심개입	클라이언트를 강점중심으로 바라봄. 클라이언트의 잠재역량 및 자원을 인정하고, 삶을 결정할 수 있도록 권한을 부여하는 모델	협력자, 파트너

Chapter

사회복지실천기술 05

01 사회복지실천기술의 개념

기술(skill)이라는 개념은 인류의 역사와 함께 사용되었으며, 다른 원조 전문직에서도 사용하는 용어이다. 사회복지실천기술이라는 용어는 사회복지사에 의해 기계적으로 사용되는 단순한 조작적 기법이라고 보아서는 안 된다. 사람과 문제 상황에 따라 적절하게 조합하고 적용할 수 있는 기술이 요구된다.

지금까지의 사회복지실천기술에 대한 학자들의 정의를 살펴보면 다음과 같다.

Smalley(1967 : 17)에 의하면, "사회복지사가 특정 프로그램이나 서비스의 목적을 달성하기 위해 이에 필요한 방법을 진척시키기 위한 능력"이라고 정의하면서, "행동하는 지식"이라고 한 Phillips(1957)의 말을 인용하였다.

또한 Trecker(1965; 구종회, 2001 재인용)는 "사회사업기술이란, 주어진 상황에서 인간에 대한 폭넓은 사랑과 이해가 기초하며 전문적인 사회사업 지식을 응용하는 사회사업가의 능력이다"라고 언급하였다.

Henry(1981)는 "특정 시간에, 특정 목적을 위해, 특정방식으로 사회복지사가 사용하는 일련의 행동 혹은 과업"이며, Johnson(1995 : 431)은 기술을 "관심과 욕구에 맞춰 지식과 가치를 행동으로 전환하는 사회복지실천의 구성요소"로

"특정의 목표나 활동을 향한 복잡한 행위체제"로 정의하고 있다.

이와 같은 제 학자들의 의견을 종합하여 사회복지실천기술의 구성요소를 정리하면 다음과 같다.

첫째, 사회복지가 궁극적으로 추구하는 기본적인 가치를 기반으로 해야 한다.

둘째, 클라이언트의 사회적 기능 향상을 목표로 한다.

셋째, 사회복지의 전문적인 지식과 방법을 기반으로 한다.

따라서 사회복지실천기술이란 사회복지가 추구하는 가치와 목표에 입각해서 전문적인 지식과 방법을 클라이언트에게 효과적으로 전달하는 사회사업가의 능력이라고 할 수 있겠다.

02 사회복지실천의 공통적인 면접기술

면접(interview)이란 사회복지의 목적 달성을 위한 중요한 수단으로서 단순한 클라이언트와의 대화 이상의 의미를 포함하고 있다. Johnson(1989 : 187)은 사회복지실천과정에서 면접은 전문적 관계에 바탕을 두고 정보 수집, 과업 수행, 클라이언트의 문제나 욕구해결 등과 같은 목적을 수행하는 시간 제한적 대화라고 정의하였다. Compton과 Galaway(1984 : 274)는 사회복지 면담의 특징은 맥락이나 현장을 가지고 있으며, 목적과 방향이 있고, 계약에 의하며, 면접자와 피면접자 간의 특정한 역할관계가 규정된다고 주장하였다.

또한 면접의 구성요건에 대해서는 Hepworth와 Larsen(1989 : 35)이 물리적 조건으로 적절한 채광과 조명, 안락한 온도, 넓은 공간, 어울리는 가구와 실내 장식, 편안한 의자, 비밀을 이야기할 수 있는 독립적인 공간, 방해받지 않는 분위기, 참여자들 사이의 개방적 공간을 제시하고 있다. 면접의 중요한 또 하나의 요건으로는 Barker(1987 : 135)가 클라이언트와 사회복지사 사이의 상호 이해와 작업관계를 수립하게 하는 라포(rapport) 형성을 제시하고 있다. Zastrow(1995 : 106-107)는 면접의 종류를 정보 수집을 위한 면접과 사정을 위한 면접, 치료를 위한 면접으로 나누었다.

Johnson(1989 : 189-193)은 기술을 관찰기술, 경청기술, 질문기술, 초점 · 안내 · 해석기술, 분위기 조성 기술로 보았다.

<표 5-1> 공통적인 면접기술

구분	의미	내용	비고
관찰	클라이언트가 말하고 행동하는 것에 주의를 기울여 그를 이해하는 데 필요한 정보를 얻는 것	언어적 · 비언어적 의사소통에 대한 관찰	• 클라이언트의 언어적 표현과 비언어적 표현이 일치하지 않을 경우 • 특정 주제를 회피할 때 • 몸짓이나 표정, 음성에 대해 같은 주제를 반복적으로 제시할 때 • 앞뒤의 말이 맞지 않을 때
경청	클라이언트의 생각이나 감정 등을 이해하고 그에 필요한 반응을 해 가면서 적극적으로 듣는 것	클라이언트의 이야기를 다시 반복하는 기술, 요약하는 기술, 반응하는 기술, 침묵을 다루는 기술 등이 필요	경청의 확인 : 적절한 고개의 끄덕임, 단순한 음성 반응, 관심 어린 질문, 클라이언트의 말을 반복 확인하기
질문	클라이언트에 대한 정보를 얻거나 상호작용을 돕기 위해 클라이언트에게 묻는 것	개방형 질문과 폐쇄형 질문	추궁형 질문이나 유도형 질문 및 중첩형 질문은 바람직하지 않음
초점 · 안내 · 해석	클라이언트가 말한 것을 간단히 재진술하거나 요약하고 클라이언트가 깨닫지 못하는 것을 해석해 주는 것	사회복지사의 경청을 확인 · 전달해줄 수 있음	클라이언트와의 충분한 신뢰관계 형성 후 사용
분위기 조성	사회복지사와 클라이언트 상호 간의 이해와 관계형성을 위한 편안한 분위기를 만드는 것	공감, 진실성, 온화함	시작 분위기, 개입형성 분위기, 종료 분위기

03 사회복지실천과정에 따른 기술

1) 접수 단계에서의 기술

접수 단계란 문제를 가진 사람이 사회복지기관을 찾아 왔을 때, 그의 문제와 욕구를 확인하여 기관의 정책과 서비스에 부합되는가를 판단하고 결정하는 과정이다. 사무실에서 접수가 이루어질 때는 자신의 전문성을 나타낼 수 있는 전문 자격증이 게시되어 있다면 도움이 될 것이다. 또한 가정방문을 통해 이루어질 때에는 명함을 내미는 것도 도움이 될 수 있다. 접수양식에 포함되어야 할 구체적 내용과 기술은 다음과 같다.

(1) 접수양식에 포함되어야 할 내용

- 기본 정보 : 이름, 성별, 나이, 결혼관계, 주소, 전화번호, 직업 등이 포함된다.
- 주요 문제 : '클라이언트가 사회복지사의 도움을 청하게 된 문제가 무엇이며 문제가 언제 발생되어 어떤 과정 속에서 지속되어 왔는가?' 하는 것이다.
- 기관에 오게 된 동기 : '누구로부터 기관을 소개받고 온 것인가 아니면 기관을 소개하는 광고를 보고 왔는가, 다른 기관으로부터 의뢰되어 왔는가?' 하는 것이다.
- 의뢰 이유 : 클라이언트가 스스로 온 것이 아니라 가족이나 다른 기관으로부터 의뢰를 받아 온 것이라면 의뢰한 이유가 문제가 될 수 있다.
- 이전에 사회복지서비스를 받은 경험 : '이전에 이 문제로 혹은 다른 문제로 사회복지기관을 방문한 적이 있는지? 있다면 어느 기관으로부터 어떤 서비스를 받았는지?' 하는 것이다.
- 기본적인 가족관계 : 현재 동거 중인 가족을 중심으로 각 가족원의 이름, 나이, 직업, 교육 정도, 종교, 가족관계 등이 포함된다.

(2) 접수 단계에서 필요한 기술

첫째, 접수 단계에서 필요한 기술은 사회복지사 자신의 이름과 직업, 소속기관과 부서 등 자신에 대한 소개 기술이 필요하다. 이때 내미는 사람들의 따뜻한 손과 눈길은 클라이언트와의 관계를 형성하는 데 매우 큰 도움이 될 것이다.

둘째, 클라이언트의 소개 권유하기이다. 클라이언트의 소개를 자신에게 요청하는 것은 클라이언트의 정체성과 생각을 이해하는 데 도움이 될 수 있다.

셋째, 첫 만남의 목적 설명하기 기술이다. 일반적으로 간단하게 모임의 목적을 설명하는 것은 클라이언트의 불안감 해소와 모임의 방향성을 이해하는 데 도움이 된다.

넷째, 클라이언트의 역할 설명하기 기술이 요구된다. 클라이언트가 자신의 역할을 아는 것은 회합의 성공률에서 매우 큰 영향을 미친다. 이를 분명히 하기 위해서 사회복지사는 클라이언트의 역할을 분명하게 설명해 주어야 한다.

다섯째, 기관의 정책과 윤리적 요인에 대해 설명하는 기술이 요구된다. 기관의 정책과 윤리적 요인에 관해서 설명하는 기술은 진실하고 정직하며 신뢰성 있는 관계를 발전시키는 데 매우 중요하다. 그러나 기관의 정책을 논의하는 데 있어 클라이언트의 욕구가 우선시되어야 한다는 점을 고려해야 하며, 모든 사회복지실천기술은 클라이언트가 처해 있는 상황에서 고려되어야 한다.

여섯째, 피드백 구하기 기술은 클라이언트가 전달하려는 내용을 정확하게 듣고 이해했는지를 요구하는 것이다. 사회복지사가 클라이언트에게 목적, 역할, 정책에 대한 피드백을 구한다는 것은 이에 대한 클라이언트의 동의를 요구하는 의미를 가지고 있기도 하다.

2) 사정 · 자료 수집 단계에서의 기술

(1) 자료 수집에 필요한 기술

자료 수집은 클라이언트의 문제를 이해하고 분석 및 해결하는 데 필요한 자료를 모으는 것을 의미한다. 자료 수집에 포함될 요소와 기술은 다음과 같다.

① **자료 수집에 포함될 요소**(접수 시 클라이언트에 대한 기본적인 정보)

- 문제에 대한 깊이 있는 정보 : 접수할 때는 문제가 무엇인가 하는 것에 초점을 두었다면, 이때는 문제에 영향을 미친 요인과 문제를 지속시키고 악화시키는 요인에 대한 정보를 개인적 · 환경적 측면에서 찾아본다.
- 개인력 : 클라이언트가 살아온 역사로 여기는 영유아기, 학령기, 청소년기, 성인기, 노년기 등 인간의 생활주기에 따른 인간관계, 생활사건, 클라이언트의 감정 등이 포함된다.
- 가족력 : 원가족의 가족상황과 가족관계, 현재의 가족구성, 가족관계 등이 포함된다.
- 클라이언트의 기능 : 지적 기능, 정서적 기능, 신체적 기능, 행동적 기능, 대인관계 기능, 업무능력, 문제해결 능력 등이 포함된다.
- 클라이언트의 자원 : 현재 이용하고 있는 서비스, 활용 가능한 자원 등이 포함된다.
- 클라이언트의 한계 · 장점 · 동기 : 문제를 해결하는 데 있어 클라이언트 개인이 가지고 있거나 혹은 클라이언트를 둘러싼 환경 속에 있는 한계 · 장점 · 동기 등에 대한 정보가 포함된다.

② **자료 수집 단계에서 필요한 기술**

첫째, 자료 수집 단계에서 필요한 기술은 사람과 문제 및 상황과 관련된 제 측면을 탐색하고 강점을 찾아내는 기술이다. 문제에 대한 탐색은 문제의 현재 상태(문제의 심각성, 반복되는 정도, 문제의 지속기간)와 문제가 발생한 맥락에 대해 조사하는 것을 말한다. 사람에 대한 탐색은 클라이언트가 인격체로서 자기 자신에 대해 이야기하도록 도와주는 것을 말한다. 상황에 대한 탐색은 현재의 상황과 관련이 있다면 과거의 배경을 조사하는 것이 포함된다.

둘째, 질문하기 기술이다. 일반적으로 질문하기 기술은 클라이언트의 문제를 실질적으로 다루게 되는 첫 출발점에서 사용되기 시작한다. 이는 클라이언트가 자신에 대해 개방적으로 완전하고 자유롭게 표현하도록 돕는 기술이다. 질문하기 기술에는 클라이언트의 대답에 항상 적극적인 경청이 수반되어야 한다.

셋째, 명확히 하기 기술이 요구된다. 명확하지 못하고 간접적인 클라이언트의 메시지를 받을 때에는 구체적으로 정보를 물어서 명확히 해야 한다.

넷째, 내용 반영하기 기술이 요구된다. 내용 반영하기 기술은 다른 기술보다 적극적인 경청의 한 방법이다. 이를 통해 사회복지사는 클라이언트가 전달하고자 하는 내용을 이해하고 있음을 전달할 수 있다.

다섯째, 감정 반영하기 기술은 감정이입적이고 적극적인 경청 기술의 하나로 클라이언트가 표현한 감정을 이해하고 반응하는 기술이다.

여섯째, 감정과 의미 반영하기 기술은 클라이언트의 감정과 사실, 혹은 생각을 반영하는 것이다. 주로 "당신은 ~ 때문에 ~ 느끼고 계시는군요"라고 표현된다.

일곱째, 세분화하기 기술은 클라이언트가 처해 있는 복잡한 문제를 한 번에 하나씩 탐색하면서 전체를 부분으로 나누고 정리하는 데 도움이 된다.

여덟째, 대화 내용을 넘어선 부분을 이해하는 기술은 클라이언트가 실제 언급한 내용을 약간 확대하기 위해서 사용하는 기술이다. 이는 클라이언트가 말한 내용을 그대로 옮기기보다는 실제로 감정과 의미에 추가하기 위해 지식, 경험, 직관을 사용하는 것이다. 그러나 클라이언트가 제시한 준거틀을 유지하도록 해야 한다.

(2) 사정 단계에서 필요한 기술

사정이란 자료 수집을 근거로 해서 분석하고 종합하여 의미를 부여함으로써, 최종적으로 문제를 규정하여 실천의 방향을 설정하는 일이다. 사정은 여러 다양한 정보들을 정리된 형태로 보여준다. 정리된 형태는 사회복지사가 속해 있는 기관의 목적과 상황에 따라 달라질 수 있지만, 전문적 사회복지의 역할과 기능을 수행하는 데 도움이 될 수 있을 것이다. 사정 단계에서는 클라이언트의 정서 및 심리 상태와 역할 수행상의 문제를 사정하는 기술이 요구된다. 또한 클라이언트의 생활력 조사와 가족과 사회적 지지에 대한 사정기술이 필요하다.

3) 개입 및 문제 해결 단계에서의 기술

개입 단계는 문제 해결을 위한 계획을 구체적인 행동으로 옮기는 단계이다. 클라이언트가 직접 자신의 행동과 상황, 환경과의 변화를 위해 자발적으로 나아가도록 하는 행동 단계 연습기술은 특정 행동을 해야 한다는 불안감을 감소시키고, 동기를 강화시키며, 클라이언트가 그 행동을 수행하고 그것을 성공적으로 이끌 가능성을 증대시킨다.

첫째, 행동 단계를 연습하는 기술로는 역할극을 들 수 있다.

둘째, 초점 맞추기 기술은 주제에 주의를 집중하고 유지하기 위해 사용하는 기술이다. 주제에서 벗어나는 일은 클라이언트에 대한 이해의 폭을 넓히고 효과적인 변화의 기회를 만들어 때로는 생산적일 수도 있으나 비생산적일 수도 있다.

셋째, 교육시키기 기술은 클라이언트가 목표를 달성하는 데 필요한 정보나 목표를 달성할 수 있는 능력이 부족할 때 사용하는 기술이다. 교육할 때에는 클라이언트가 사회복지사의 정보를 수용할 수 있는 여부를 결정하도록 해야 하며, 클라이언트의 수준에 맞는 방법을 선택해야 한다.

넷째, 조언하기 기술이 필요하다. 사회복지사는 클라이언트와 일하면서 직접적인 때로는 간접적인 조언이나 제안을 할 수 있다. 이 기술을 사용할 때는 항상 클라이언트가 사회복지사의 조언을 거절하거나 받아들일 수 있는 결정권을 가지고 있다는 것을 전달해야 한다.

다섯째, 대변하기 기술은 사회복지사와 클라이언트와의 동의한 목표를 달성하기 위해 클라이언트에게 중개, 옹호, 중재하는 기술을 의미한다. 대변하기 기술은 클라이언트의 동의 아래, 클라이언트의 이익이 최우선이라는 점을 명심해야 한다.

여섯째, 즉시 반응하기 기술은 사회복지사와 클라이언트와의 사이에서 현재 일어나고 있는 것에 초점을 맞추게 된다. 사회복지사가 즉시 반응할 때, 사회복지사의 개방성은 드러나게 되며, 이러한 개방성은 클라이언트의 솔직함과 진실함을 더 많이 이끌어 낼 수 있다.

일곱째, 재구성 기술은 클라이언트가 이전에 받아들인 관점과는 다른 새로운 관점을 공유하는 것을 의미한다. 특히 클라이언트의 고정된 태도가 문제의 근본적인 부분을 차지하는 경우에 사용할 수 있는 기술이다.

여덟째, 직면하기 기술이 요구된다. 클라이언트에게 문제를 회피하지 않고 직면하도록 하는 것은 매우 강력한 영향을 줄 수 있다. 따라서 직면하기 기술을 사용하기 전에 사회복지사와 클라이언트와의 라포 형성은 매우 중요하다.

아홉째, 이 단계에서 필요한 기술은 종결을 예고하기 기술이다. 종결은 클라이언트와의 동의 아래 조심스럽게 논의되어야 하며 예고되어야 한다. 종결의 예고는 클라이언트가 특정 기간 내에 목표 달성을 위한 행동 단계를 더 열심히 하도록 동기를 부여할 수 있으며, 심리적으로 준비할 수 있게 한다.

마지막으로 진행 기록 기술은 전 단계에서 필수적으로 요구되는 기술이라고 할 수 있겠다. 사회복지사는 모든 단계 동안 기록하고 이를 보관해야 하는 의무가 있다.

4) 종결 단계에 요구되는 기술

클라이언트와의 관계를 종결하는 가장 일반적인 네 가지 형태는 ① 인계, ② 의뢰, ③ 종결, ④ 클라이언트로 인한 중단이다. 어떠한 이유에서든지 종결은 슬픔, 상실감 등을 포함한 다양한 감정을 수반한다. 종결 단계에서 요구되는 기술은 다음과 같다.

첫째, 과정을 재검토하는 기술이다. 과정을 재검토하는 것은 클라이언트의 생각과 느낌을 검증하고 중요한 기억을 함께 공유할 수 있다.

둘째, 최종평가 기술이다. 문제해결과 목표 달성 정도를 최종적으로 평가할 때 클라이언트의 피드백을 구해야 한다. 또한 달성된 목표에 대해서는 기쁨을 표현하고, 종결 후에 취해야 할 추가적인 행동 단계를 계획하도록 해야 한다.

셋째, 종결과 관련된 감정을 공유하고 작별하기 기술이다. 클라이언트가 사람들과의 관계를 종결하면서 경험하는 감정의 내용과 강도는 그들의 성격, 서비스 기간, 문제와 목표, 사람들이 한 역할과 기능, 진전의 정도에 따라 다양하다. 종결은 대부분의 클라이언트에게 중요한 사건이므로 종결과 관련된 감정을 표현할 기회를 주어야 한다.

클라이언트가 종결하면서 경험하는 감정적인 반응은 분노, 슬픔, 상실, 두려움, 죄책감, 의존, 불안정, 감사, 애정 등 여러 가지가 있다.

Chapter

06 지역사회복지

01 지역사회복지의 개념

1) 지역사회의 개념

지역사회라고 하는 개념은 오래 전부터 지역사회가 수행하여 온 기능(사회화, 사회통합, 생산 · 분배 · 소비, 사회통제, 상부상조)과 제도(가족, 종교, 경제, 정치, 사회복지)적인 측면에서 사용하여 온 개념이지만, 그것의 속성을 강조하는 것에 따라 상이하게 사용되고 있다. 즉, 지리적인 지역사회(geographic community)의 정의(Park & Burgess, 1921 : 161)와 기능적인 지역사회(functional community)의 정의(Ross, 1967 : 41-45), 지리적인 측면에 사회 · 문화적인 공감대를 형성하는 심리적인 측면을 가미한 지역사회 정의(Elliott & Merrill, 1950 : 473) 등을 들 수 있는 것이다.

지리적인 경계성과 지역성을 강조한 Park와 Burgess는 지역사회란 한 지역을 구성하는 사람들과 조직들이 지리적으로 같은 지역 안에 위치하고 있으며, 타 지역과는 다른 물리적 · 지리적 특수성을 가지고 있는 것으로 말하고 있으며, Ross는 구성된 지역사회에서 발생하는 모든 일들에 대하여 지역사회의 모든 구성체들이 공동의 관심과 기능을 함께 하는 것이라고 하였다.

한편 Elliott과 Merrill은 지역사회는 "지리적으로는 주민들이 사회제도에 인

접해 있는 상태를 의미하고 심리적으로는 지역 내의 모든 구성원들을 역동적이고 생생한 실체로서 연결시켜 주는 것"이라고 하여 지리적인 측면과 심리적인 측면을 동시에 가지고 있다고 하였다.

결국 지역사회란 지리적으로 특수성과 경계를 가지며 심리적으로는 구성원들의 동질감과 공동체성을 가지며, 그 지역의 기능을 담당하는 것을 말한다. 그러나 이러한 구분은 사회가 다원화 · 복잡화되어 감에 따라, 더 나아가 가상공간의 출현 등으로 인하여 한정적인 개념으로 사용되기보다는 포괄적이며, 실제적인 활동을 추구하는 장(場)으로 사용되는 추세이다.

이러한 지역사회가 추구해야 할 지향점으로 Lindeman(1921 : 14-15)은 다음의 아홉 가지 조건을 제시하고 있다.

첫째, 지역사회는 효율적인 정부라는 매개체를 통해 질서, 즉 생명과 재산의 안전을 도모해야 한다.

둘째, 지역사회는 효율적인 생산체계를 통해 경제적 안녕, 즉 소득을 보장해 주어야 한다.

셋째, 지역사회는 공공의 보건기관을 통해서 육체적 안녕, 즉 보건과 위생을 보장해 주어야 한다.

넷째, 지역사회는 조직적이고도 잘 마련된 놀이를 통해서 여가시간을 건설적으로 활용하게 해야 한다.

다섯째, 조직화된 지역사회에 의해 지지를 받을 수 있는 윤리적 기준, 즉 도덕체계를 제공해야 한다.

여섯째, 지역사회는 모든 사람이 쉽게 접근할 수 있는 공공기관을 통해서 지식의 보급, 즉 교육을 제공해야 한다.

일곱째, 지역사회는 자유로이 의사를 표현할 수 있는 수단을 제공해야 한다.

여덟째, 지역사회는 모든 주민이 자기들의 의사가 표현되고 반영된다고 느낄 수 있는 민주적 형태의 조직을 제공해야 한다.

아홉째, 지역사회는 신앙적 동기를 제공해야 한다.

이러한 아홉 가지 조건을 충족한 지역사회를 이상적인 지역사회(ideal community)라고 하며, 지역사회복지는 이러한 이상적인 지역사회를 구축하기 위하여 노력하는 것이라고 할 수 있다.

2) 지역사회복지의 개념

지역사회복지란 이상적인 지역사회를 건설하기 위한, 즉 지역사회의 복지를 증진시키기 위한 사회복지실천의 한 분야라고 할 수 있다. 다시 말하여 산업화 이후 지역사회에 나타나는 제반 문제(빈곤의 심화, 도시화 등)를 해결하기 위해 시작되어, 지역사회의 여러 복지 관련 기관을 운영하는 데 필요한 자금이나 자원을 모집하고 이를 분배하는 사업에까지 이르는 것을 총칭하는 것이다.

지역사회에 나타나는 제반 문제를 해결하거나 지역 구성원들의 문제해결 능력을 향상시켜 그들의 삶의 질을 증진시키기 위해 전개되는 모든 활동을 지역사회복지라고 할 때, 지역사회복지는 매우 포괄적인 개념이 된다. 이러한 포괄적인 개념에는 지역사회 구성원이 지역사회 수준에 개입하여, 지역사회에 존재하는 각종 제도에 영향을 주고, 지역사회의 문제를 예방하고 해결하고자 하는 일체의 사회적 노력을 포함하는 것이다.

이러한 포괄적인 지역사회복지라는 개념 중 전문적인 사회사업의 한 방법으로서 핵심적인 위치를 차지하고 있는 것이 지역사회조직사업이다. 이는 전문사회복지사에 의해 보다 조직적이고, 계획적이며 의도적인 변화 추구, 과학적인 지식과 기술을 사용한다는 것에서 지역사회복지라는 것과는 차이점이 있다.

지역사회조직사업에 대한 정의를 대표적인 학자들을 중심으로 간략하게 살펴본다면 다음과 같다.

① Ross : 지역사회조직사업이란 지역사회가 충족되지 않은 욕구나 달성하고자 하는 목표를 찾아내고, 이들에 순위를 정하며, 정해진 순위에 따라서 욕구충족이나 달성하고자 하는 의지를 고양시켜 실제적인 실천을 하도록

하는 과정, 즉 지역사회 내에 협력적이고 협동적인 태도와 문제해결 실천 능력을 증대 · 발전시키는 과정이다.

② Lane : 지역사회조직사업이란 사회복지 자원과 사회복지 욕구 간에 효과적인 적응을 목표로, 지역사회 내 욕구와 문제를 발견하고 정의하며, 이렇게 발견된 문제와 욕구들을 해결하거나 충족시키고, 이를 위한 자원체계들을 지속적으로 재조정하는 것에 관심을 가지는 것이다.

③ Kurtz : 지역사회조직사업이란, 주로 프로그램 간의 관계를 취급하는 과정이다.

④ Lindeman : 지역사회조직사업이란, 자신들의 문제를 민주적으로 다루고자 하는 지역사회 주민들의 염원과 전문가와 전문기관으로부터 최고의 서비스를 얻고자 하는 염원을 연결시켜 주는 의식적인 노력이다.

결국 지역사회조직사업이란 사회복지(사업) 기존의 전통적인 3대 방법론 중의 하나로, 지역사회를 구성하는 전체 구성원들의 복지를 지역사회의 수준에서 향상시키는 것이라고 할 수 있다. 즉, 지역사회복지를 지향하여 전문적인 방법으로 사회복지를 실천하는 것이기에 일반적으로는 우리가 흔히 사용하고 있는 지역사회복지와 혼용하여 사용되며, 구체적으로 조망한다면 지역사회복지에 전문성을 강조하는 개념이라고 볼 수 있는 것이다.

02 지역사회복지의 발달

1) 미국

미국에서의 지역사회복지, 즉 지역사회조직사업의 발달에 대하여 Kramer와 Spect(1975)와 Cox와 Garvin(1974)의 구분을 종합하여 다음과 같이 4단계로 살펴보기로 한다.

(1) 자선조직화 운동 시기(1865~1914)

이 시기 동안 미국의 사회적 상황은 남북전쟁이 끝나고 산업화, 도시화, 흑인문제, 이민문제 등으로 이러한 문제들을 해결하기 위한 사회복지실천이 매우 절실한 시기였다. 특히 흑인의 생존권 투쟁과 노동조합운동 등은 지역사회조직사업에 매우 큰 영향을 미쳤는데, 이는 많은 사람들이 자선기관의 활동을 조직화(COS : Charity Organization Society)하고, 인보관(Settlement House)을 세우는 것으로 나타났다.

자선조직협회와 인보관 운동의 등장과 특정 지역이나 인종문제에 대한 지역사회의 관심은 지역사회의 큰 반향을 불러일으키는 데는 성공하였으나, 사회복지의 한 전문 분야로서 정체성을 세우는 데는 실패하였으며, 이러한 지역사회 운동가들 사이에서도 전문가로서의 공감대를 형성하지는 못하였다.

그러나 직접적인 구호활동과 서비스 제공을 하거나 빈민을 구호하기 위해서 설립된 많은 사회복지단체들의 업무를 조정하기 위하여 설립된 자선조직협회는 개인 중심의 명단이 수록된 'Social Service Indexed or Exchanges'를 제작하고, 'Case Conference'를 개최하며, 정부에 사회적 · 경제적 문제에 대한 건의 등을 통하여 향후 지역사회조직사업에 큰 영향을 주었다.

또한 인보관 운동은 문제의 원인이 환경에 있다는 것과 지역사회문제에 대한 지역주민의 참여와 민주주의를 강조함으로써 지역사회조직사업의 문제해결 지향점에 있어서 한 축으로 자리매김을 하게 되었다.

(2) 지역공동모금과 협의회 발전 시기(1914~1929)

이 시기는 제1차 세계대전이 끝남과 동시에 대공황이 발생한 시기이다. 결국 급속한 산업화와 도시화 현상이 나타나게 되었고, 흑백 인종 간의 대립과 갈등이 증폭되는 문제가 나타났다. 한편 급속한 산업화와 도시화 현상으로 자연스레 도시빈민의 문제를 가져왔고, 이러한 문제들을 해결하기 위하여 많은 사회복지기관들이 세워지게 되었다. 이렇게 증가한 사회복지기관들은 결국 재정난에 봉착하게 되었고, 이를 해결하기 위해 기존의 구호방법의 개선과 새로운 모금제도의 개발을 추구하게 되었다.

사회복지기관들에 재원을 공급하는 자선가들은 그들의 지원금이 효율적으로 사용되기를 원했고, 또 무차별적인 지원요청으로부터 벗어나기를 바랐기에 사회복지기관들의 재정적 지원을 위한 지역사회 공동모금의 전신인 공동호소제(united appeals)를 설립(최초 1895년 보스턴, 이는 이후 1913년 클리브랜드의 '자선연합회'로 이어짐)하였다. 이렇게 설립된 지역사회 공동모금제는 제1차 세계대전을 통하여 폭발적으로 증가(전시에 약 400여 개의 '전시모금회'와 1920년대의 약 350여 개 공동모금회)하게 되었다.

전문가들의 지역사회 복지욕구에 합리적이고 체계적인 접근과 지역사회서비스 간의 부족 보완, 그리고 지역사회가 당면한 문제와 앞으로의 욕구를 미리 찾아내려고 하였던 관심으로부터 생겨난 사회복지기관협의회(이후 '지역복지협의회'로 바뀌었음)는 지역사회의 문제해결과 욕구를 충족하기 위해서 복지사업을 계획하고 조정하는 일차적인 목적을 수행하게 되었다.

(3) 공공복지사업의 발전 시기(1929~1954)

이 시기에는 본격적인 대공황과 제2차 세계대전이 발발한 시기이다. 이는 대공황으로 인한 국가 또는 정부의 사회복지(공공복지) 개입이 증폭 또는 확장되었고, 노동조합운동이 활성화되었다. 또한 대공황으로 인한 대량실업, 빈곤상황은 여러 가지 복지문제들에 대하여 개인 또는 민간기관이 해결하는 데는 한계를 가지고 있으며, 이를 해결하기 위하여 국가의 개입이 반드시 필요하다는 정당성을 갖게 하였다. 이러한 이유들로 인해 이 시기에 사회보장법(1935)이 제정되었으며, 공공사회복지의 기준을 설정하고, 서비스의 조정과 사회문제의 실태 파악, 공교육이 계획되었다.

(4) 지역사회조직의 정착 시기(1954~현재)

이 시기에는 민권운동과 학생운동이 활발하게 일어났으며, 사회개혁을 위한 연방정부 사업이 엄청나게 증가되었다. 흑백차별(분리)을 금지하는 대법원 판결(1954)을 계기로 흑인운동이 거세게 일어났고, 더불어 소수인종운동과 다양한 사회운동(동성애자, 여성)이 발생하였다. 또한 인권운동에 참여하였던 학생들의 지역사회복지활동(VISTA, HEAD START)에 참여가 매우 증가하였다.

그러나 이 시기에 가장 큰 영향력을 끼친 것은 사회개혁을 위한 연방정부의 사업이었다. 이는 주로 보조금(grant-in-aid) 지급 형태로 실시되었는데, 예를 들어, 지역사회 정신건강 분야의 정신병의 예방과 치료를 위한 예산 투자, 병원과 보건시설의 건립, 도시 재개발, 주택보조, 각종 복지 프로그램의 지원 등이다.

이러한 지원들이 1970년대 초에 발생한 석유파동과 그에 따른 인플레이션 등의 여파로 경제성장이 저조되었고, 신자유주의적인 이념(영국의 대처리즘, 미국의 레이거노믹스 등)이 정치일선에 복귀하면서 대폭 삭감되기 시작하였다. 더 나아가, 사회복지의 거대 주체로 많은 역할을 담당하였던 국가(정부)가 지방정부 또는 민간, 개인으로 그 역할을 분담하는 형태가 나타나기 시작하였다.

2) 한국

지역사회복지의 원형(原型)이라고 할 수 있는 향약, 계, 두레 등을 논외로 하는 현대화되고 전문적인 지역사회조직사업을 중심으로 우리나라의 지역사회복지를 전개하자면 1960년대부터 시작된다고 할 수 있다.

1960년대 이전의 활동들인 일제강점기의 국가 주도의 지역사회복지활동은 그 역사적 의미는 차치하고서라도 실천적 의미에서 복지의 이념이 그대로 구현되었는지에 의문의 여지가 있고, 한국전쟁 이전의 지역사회복지활동은 외원에 의존하여 주로 개별적이고 시설 수용적인 측면(전쟁고아 등)의 구호활동이 주를 이루었기 때문이다.

결국 진정한 의미에서 지역사회복지 활동은 1958년에 지역사회개발위원회가 정식으로 발족되면서 시작되었다고 볼 수 있는 것이다. 이는 이후 1972년에 제3차 경제개발 5개년 계획(국민보건의 향상, 생활환경의 개선, 사회생활의 합리화 등의 기본 방향 지침)에서 구체화되었고, 한편으로는 새마을운동(1970)으로 꽃을 피우게 되었다.

우리나라 지역사회복지활동의 특징으로 들 수 있는 새마을운동은 정부와 민간의 막대한 지원과 참여, 그리고 그 성과의 화려한 성공 등은 역사상 유래가 없는 우리나라만의 고유한 지역사회복지의 특징이 되었다.

1980년대와 1990년대를 거치면서, 민주화운동의 발현과 주민자치권의 성립 등 미국의 전문적인 지역사회교육 원칙과 프로그램이 그대로 유입되면서 전문적인 지역사회복지 또는 지역사회조직사업이 실천되기 시작했다. 이는 지역사회복지관의 건립과 활동 지역주민 자치센터, 지역주민 자치연대 등의 설립 등으로 나타나고 있다.

03 지역사회복지의 실천 유형(모델)

지역사회의 복지 증진을 위한 지역사회복지의 실천 유형(모델)은 목적에 따라, 가치나 이념에 따라, 실시주체에 따라 다양하다. 그러나 사회복지실천에 있어서 가장 광범위하게 인정받는 Rothman(1968)의 유형 분류에 따라 살펴보면 다음과 같다.

1) 지역사회개발(Locality Development : Model A)

이 모델은 지역사회 수준에서 광범위한 지역주민들의 참여를 통해 주민들을 위한 목표 결정과 실천행동에 참여시키는 것이다. 이 지역사회개발 모델에서는 민주적인 절차, 자발적인 협동, 토착적인 지도자 개발, 자조정신의 촉진 등 민주적인 절차를 포함하는 지역개발을 강조할 뿐만 아니라, 지역복지관에 의한 근린지역, 소단위 지역개발을 위한 프로그램, 교육 등도 포함된다.

2) 사회계획(Social Planning : Model B)

이 모델은 비행청소년, 주택, 고용, 정신건강 등과 같은 사회적 문제해결을 위한 전문적인 기술과정을 강조한다. 이 모델에서 중요한 것은 문제해결을 위한 합리적인 계획 수립과 통제된 변화이다. 이 모델에 의한 구체적인 활동은 문제의 발견과 정의, 의사전달 구조 및 행동체계의 구축, 사회적 목표와 정책의 선택, 결정, 계획의 실제적인 수행, 활동 결과에 대한 평가 등을 포함한다. 그러기에 이 모델은 도시계획이나 도시문제 등의 해결에 있어서 도시계획국, 지역사회복지협의회 등의 기관에서 유용하게 사용되고 있다.

3) 사회행동(Social Action : Model C)

이 모델은 지역사회에 불이익을 당하는 집단(계급, 계층) 또는 주민들이 사회정의와 민주주의에 입각하여 불리한 처우와 환경, 그리고 제도 등을 변화시키는 것이다. 이러한 사회행동의 대표적인 예들로는, 소수인종집단(racial and ethnic minorities) 사회운동, 여권신장운동, 급진정당, 노동조합운동, 복지권추구운동 등을 들 수 있다.

4) 실천 유형(모델)의 제 속성에 따른 분류

<표 6-1> 제 속성에 따른 지역사회복지 실천 유형(모델)

구 분	지역사회개발	사회계획	사회행동
지역사회활동의 목표 분류	자조 : 지역사회의 능력과 통합(과정 지향적 목표)	실제적인 지역사회문제와 관계되는 사회문제의 해결(과제 지향적 목표)	권력관계와 자원의 변경 : 기본적인 제도의 변혁(과정 또는 과제 지향적 목표)
지역사회의 구조와 문제의 제 조건에 관한 가설	지역사회의 소외상태 : 제 관계의 결핍과 민주적 문제해결 능력의 결핍, 정적이고 전통적인 지역사회	실제적인 제 사회문제 : 정신적, 육체적 건강문제, 주택문제 등	불리한 상황에 있는 인구집단 : 사회적 불공평, 박탈 등
기본적인 변화 전략	자신들의 문제해결을 위한 광범위한 참여	문제에 대한 사실 발견, 합리적인 행동방향의 결정	결정적인 쟁점과 표적에 대한 행동을 위한 조직화
변혁을 위한 전술과 기술의 특징	합의 : 지역사회의 이익집단 간의 대화	합의 또는 갈등	갈등 또는 논쟁 : 대결, 행동, 협상
실천가의 역할	촉매자, 조정자, 문제해결 기술과 가치를 가르치는 역할	사실 수집가, 분석가,프로그램 수행자, 촉진자의 역할	행동가, 대변자, 선동가, 협상가, 한 이익집단의 변호자 등
변화의 매개체	과제 지향적인 소집단의 조정	공식적인 조직과 자료의 조정	대중조직과 정치적인 과정의 조정
권력구조에 대한 견해	공동사업의 협력자로서의 권력구조의 성원	고용자, 후원자로서의권력구조	행동의 외적 표적 : 표적집단
클라이언트 체계로서의 지역사회와 주민의 범위	지리상의 전체 지역사회	전체 지역사회 또는 지역사회의 일부(기능적 지역사회 포함)	지역사회의 일부
하위집단들 간의 이해 관계에 대한 가설	공통적인 이익 또는 의견 차이의 조정 가능성	조정 가능한 이해관계 또는 갈등관계	갈등적인 이익관계 : 자원의 부족
공공이익의 개념	합리주의	이상주의	현실주의
클라이언트의 개념	시민	소비자	희생자
클라이언트의 역할	문제해결을 위한 상호작용 과정의 참가자	소비자 또는 수혜자	피고용자, 단골손님, 지역사회의 성원들

04 지역사회복지의 실천과정

1) 지역사회복지의 실천과정상의 원칙

지역사회복지의 실천과정상의 원칙(Harper & Dunham, 1959)이란, "지역사회복지의 실천과정에 있어서 올바른 행동에 대한 규칙, 즉 무엇이 건전하고 좋은 지역사회복지실천인가에 대한 가치판단"을 의미한다. 이러한 지역사회복지 실천과정상의 원칙들은 민주주의 국가와 사회에 있어서 시민들에 의한 조직적인 복지노력을 의미하므로 이것들은 민주적인 이념과 가치체계에 합당한 것이어야 한다.

지역사회복지 실천과정상의 원칙을 주요한 학자들을 중심으로 살펴보자. 지역사회복지 실천과정상의 원칙으로, 우선 McNeil(1954)은 다음과 같이 일곱 가지를 들고 있다.

① 지역사회복지를 위해 지역사회복지 실천과정에 있어서 지역사회 주민들과 그들의 욕구에 관심을 가져야 한다.

② 지역사회복지를 위해 지역사회복지 실천과정에 있어서 일차적인 클라이언트는 지역사회이다.

③ 지역사회의 있는 그대로를 수용하고 이해해야 한다.

④ 지역사회의 모든 사람들은 보건과 복지서비스에 관심을 가지고 있다. 그러기에 지역사회복지 실천과정에 있어서 이것들은 주요한 목표가 되어야 한다.

⑤ 인간의 욕구와 집단들 간의 관계는 계속하여 변한다는 것을 알아야 하며, 지역사회복지 실천에 있어서 이러한 목적을 향한 변화는 기본적인 목표가 되어야 한다.

⑥ 모든 지역사회복지기관들과 단체는 상호 의존적이며 상호 연관성을 가지고 있다.

⑦ 지역사회복지 실천과정은 일반적으로 전문사회사업(복지)의 한 과정이다.

한편, Johnes와 Demarche(1951)는 지역사회복지 실천과정상의 원칙에 대해 다음과 같이 열세 가지로 들고 있다.

① 지역사회복지 실천과정은 수단이며 목적이 아니다.
② 개인과 집단처럼 지역사회도 각각 다르다. 그러기에 각 지역사회별로 개별화한다.
③ 개인과 집단처럼 지역사회도 자기결정권을 가져야 한다.
④ 지역사회적 욕구는 지역사회복지 실천과정의 기본적 토대이다.
⑤ 지역사회 실천상의 이익이나 편리보다는 지역사회 자체가 지역사회 실천사업을 결정하는 데 가장 중요한 요인이다.
⑥ 지역사회의 공통적인 이익과 목표에 의한 조정이 필요하다.
⑦ 지역사회복지 실천과정을 수행하기 위한 구조나 조직은 가능한 한 단순하고 명료해야 한다.
⑧ 지역사회복지 실천은 지역사회 주민들에게 공평하고 차별 없이 분배되고 활용되어야 한다.
⑨ 문제해결의 접근방법에 있어서 다양성이 존중되어야 한다.
⑩ 복지기관협의체에는 광범위한 이익이 반영되어야 한다.
⑪ 지역사회복지기관의 효과적인 운영과 사업을 위해서는 집중화와 분산화가 잘 이루어져야 한다.
⑫ 지역사회 내에 존재하는 집단들 간의 의사소통을 가로막는 장애는 제거되어야 한다.
⑬ 지역사회는 전문가의 도움을 필요로 한다.

최일섭과 류진석(1999)은 이들의 원칙을 종합하여, 지역사회복지 실천과정상의 원칙은 첫째, 지역사회복지 실천은 지역사회 주민의 욕구를 충족시키고자 하는 전문사회사업의 한 과정이며, 둘째, 지역사회의 문제해결에는 지역주민의 광범위한 참여가 있어야 하고, 셋째, 지역사회복지 실천과정은 개별사회사업이나 집단사회사업과 마찬가지로 지역사회를 있는 그대로 이해하고 수용하며, 그 특성을 개별화해야 한다고 하였다. 그리고 마지막으로, 지역사회의 복지를 증진시키기 위해 결성된 복지기관들의 협의체는 서비스의 조정을 통해서 제한된 복지자원을 효율적으로 활용해야 함을 주장하고 있다.

2) 과정

지역사회복지 실천과정은 각 지역마다, 각 주체마다 상이하게 나타날 수 있다. 이는 각 지역을 개별화하고, 그것을 실천하는 주체들을 개별화하기에 나타나는 현상이라고 할 수 있는데, 다음과 같이 몇 가지 큰 흐름상의 과정(또는 단계)을 거친다. 이러한 단계(과정)들은 서로 중복이 되거나 상호 연관되어 나타나기도 한다.

(1) 문제 파악

기존의 준비되어 있는 자료를 점검하고, 지역사회에 대한 사정, 욕구의 발견과 우선순위 설정 등에 의거해 해결해야 할 문제를 파악하는 단계이다. 이 단계에서 사용될 수 있는 방법으로는 지역사회에 대한 직접적 관찰, 앙케트 조사, 욕구 조사, 자원 사정 등을 들 수 있다.

(2) 대안 및 해결 프로그램의 개발 및 선정

문제와 욕구를 파악하고, 분석하여 우선순위를 정하고 난 뒤, 이러한 문제들에 대한 대안을 개발해야 한다. 대안을 개발하는 단계에서는 구체적이고 실현 가능한 점을 우선으로 해야 하고, 해야 할 역할들과 수행방법 그리고 필요한 자원들을 어떻게 동원할 것인가 등을 비교적 자세하게 제시해야 한다. 더 나아가

해결한 뒤 나타나게 될 영향(impact)까지도 기술해야 한다.

(3) 선정된 대안 및 프로그램의 실시

실시되는 내용과 형태는 사정한 문제의 성격과 대안들마다 다르게 나타나지만 대체적으로 과정 중심적인 것과 과업 중심적인 것, 그리고 과정과 과업이 혼합되어 나타나는 것으로 나눌 수 있다.

(4) 평가와 피드백

실행된 대안과 프로그램의 효과성과 효율성 그리고 영향력 등을 평가하는 과정이다. 이 단계는 이후 지역사회복지 활동의 재조직화와 목표의 달성 여부, 목표의 적합 선정 등에 따른 지역주민의 자신감 향상 등에 큰 영향을 미치기 때문에 반드시 필요하다.

05 지역사회복지사의 역할

지역사회복지 실천에 있어 지역사회복지사의 역할은 매우 중요하다. 이는 각 지역사회마다, 시대마다, 그리고 해결해야 할 문제마다 그 특성과 해결점이 다르고 다양하게 변화하기 때문에 이에 대처하는 지역사회복지사의 역할은 매우 중요하다.

이러한 지역사회복지사의 역할은 위에서 기술한 대로 지역사회마다, 시대마다, 그리고 해결해야 할 문제마다 다르게 나타날 수 있는데 이를 지역사회복지 실천 유형(모델)에 따라 분류하여 살펴보면 다음과 같다.

<표 6-2> 지역사회복지 실천 유형에 따른 지역사회복지사의 역할 분류

지역사회개발		사회계획		사회행동	
Ross	Lippitt	Morris & Binstock	Sanders	Grosser	Grossman
안내자 조력자 전문가 치료자	촉매자 전문가 실천가 조사자	계획가	분석가 계획가 조직가 행정가	조력자 중개자 대변자 행동가	행동조직가

출처 : 최일섭 · 류진석(1999 : 152) 재인용.

위의 분류표에서 나타나는 지역사회복지사의 역할을 조금 더 자세하게 제시하면 다음과 같다.

① 안내자(guider)의 역할 : 지역사회의 문제해결에 따른 올바른 목표를 설정하고, 이것을 해결하는 방도를 강구하도록 도와주는 역할이다. 지역사회복지사는 문제해결을 위한 대안의 선택이 지역사회 자체의 노력이 되도록 해야 한다.

② 조력자(enabler)의 역할 : 지역사회복지 실천과정을 용이하게 하는 역할이다. 지역사회의 문제를 인식하게 해 주고, 그 문제의 인식들을 종합할 수 있도록 해주는 것이다. 지역사회복지사는 지역주민들의 협동적인 상호작용을 하도록 도와주며, 지역사회 문제해결에 참여하여서 만족감을 갖도록 해야 한다.

③ 전문가(expert)의 역할 : 지역사회복지사가 문제해결 과정에서 자신의 전문성을 나타내는 역할이다. 즉, 필요한 자료와 정보를 제공하고, 기술적인 경험, 실천방법상의 권고 등을 하는 것이다.

④ 치료자(therapist)의 역할 : 지역사회 내 긴장을 조성하고 지역사회 구성원들 간의 분리를 가져오는 원인들을 사정하고 이를 치료하는 역할이다. 이를 위해서 지역사회복지사는 지역사회의 역사적 배경과 지역사회의 사회문화, 관습, 집단 경험, 각 구성원 간의 상호 역동성 등을 숙지해야 한다.

⑤ 분석가(analyst)의 역할 : 지역사회의 계획된 변화를 달성하기 위해서는 계획된 변화를 가져오게 하는 요인들, 즉 문제해결방법 등에 대한 면밀하고 정확한 분석이 필요하다.

⑥ 계획가(planner)의 역할 : 지역사회의 문제해결을 위해 누가, 무엇을, 어떻게, 얼만큼 할 것인가를 계획하는 역할이다. 이때 지역사회복지사는 지역사회의 공간적 · 재정적 · 인적 · 물적 · 법적 · 철학적인 측면들에 대한 선 이해가 반드시 필요하다.

⑦ 조직가(organizer)의 역할 : 지역사회의 행동체계의 참여와 지역주민들의 효과적인 역할 수행, 참여의식의 고취 등을 위해 지역 구성원들의 사기와 능력을 북돋아 주어야 한다.

⑧ 행정가(administrator)의 역할 : 지역사회복지의 프로그램을 계획에서 설정한 목표까지 효율적이고 효과적으로 달성하도록 인적 · 물적 · 재정적 측면을 관리하는 역할이다. 이때, 지역사회복지사가 유념해야 할 것은 달성해야 할 목표에 대한 정확한 인식과 이해, 그리고 그 목표를 달성하기 위한 융통성을 지녀야 한다는 것이다.

⑨ 행동가(activist)의 역할 : 지역사회 내 불이익을 당하는 계층(집단)의 입장에서서 그들의 이익을 대변하는 역할이다. 이때 지역사회복지사는 지역사회 내 자원의 불평등적 배분과 서비스 불공평성 등에 대하여 정부나 관련기관에 압력을 가하는 역할을 수행한다.

결론적으로 지역사회복지사는 지역사회의 복지를 증진시키기 위하여 열린 마음과 충분한 교육과 훈련 그리고 해당 지역사회에 대한 심도 깊은 이해가 필요하다.

Chapter 07

사회복지정책

01 사회복지정책의 개념

사회복지정책은 복지이념(신념)을 유형화(실체화)하는 과정 또는 사회복지의 목표를 이루기 위하여 필요한 행동들에 관한 원칙이라고 할 수 있다.

사회복지정책과 관련되는 사회정책에 대하여 알아보면 사회정책이란 권위 있는 공공기관이 사회정책목표를 달성하기 위해 정치적 · 행정적 과정을 거치거나 당위성에 입각하여 공식적 · 의도적으로 선택한 미래의 행동지침이라고 할 수 있다.

이러한 사회정책의 개념은 각 나라마다 약간씩은 차이가 있는데, 우선 영국에서의 사회정책의 개념을 살펴보면 Marshall은 "사회정책이란 그 의미를 기술할 수 있는 용어는 없다고 단정하면서 서비스 혹은 소득을 제공함으로써 사람들의 복지에 직접적인 영향을 미치는 정부의 정책"이라고 하였다. 또한 그는 사회정책의 목표를 빈곤의 제거, 복지의 극대화, 평등의 추구로 보며, 이들 중 사회정책이 추구해야 내용으로 복지의 극대화를 언급하고 있다. 한편 Titmuss는 "사회정책이란 일정의 물질적 · 사회적 욕구, 특히 요구호 욕구에 관하여 시장에서 충족하지 못하거나 충족할 수 없는 특정의 사람(요보호자)에게 일방적 이전(unilateral transfer)이나 선물(gift) 형태로 부여하는 정부의 행위"라고 정의(Gil, 1981)하고 있다.

결국 Marshall과 Titmuss로 대표되는 영국에서 사회정책의 개념은 사회복지정책의 개념과 거의 동일하게 사용하고 있음을 알 수 있다. 다시 말하면 사회복지정책을 사회정책으로 확대하여 보고 있는 것이다. 이는 사회정책의 핵심 프로그램으로서 사회보험, 공공부조, 사회복지서비스를 들고 있음을 볼 때도 그러하다.

그러나 미국과 독일에서는 각각 사회복지정책을 기존의 사회정책의 개념 속에 포함되는 것으로 정의하고 있는데, 먼저 미국에서는 사회복지정책을 사회복지 관련 프로그램과 쟁점에 관하여 의사결정을 위한 지침에서 더 나아가, 제도적 관점에서 사회복지 기능을 하는 개념으로 보고 있으며, 독일에서는 사회복지정책 개념을 전통적인 노동정책 혹은 경제정책의 하나로 파악하는 사회정책 개념으로 보고 있는 것이다. 결국 독일에서는 사회보장적 측면의 성격이 강한 사회복지 개념을 사회정책의 개념 속에 포함시킨다고 볼 수 있는 것이다.

한편 Rein(1970)은 "사회정책은 장기간을 통해 우연히 타협함으로써 발전되어 오는 일련의 해결책을 말하며, 이 해결책은 사회복지 시책, 즉 교육, 의료보호, 소득이전, 주택, 사회사업 등을 포함하고 있다"고 정의하였으며, 어윤배(1996)는 사회정책을 사회적 목적을 지향한 원리, 행동노선, 조치, 그리고 인간의 사회적 관계에 관련되어 있으며, 사회복지 또는 사회복지 시책을 주요한 사회적 통합제도로 간주하고 있다는 것, 자원의 재분배와 관련 있다는 것 등 몇 가지 공통적인 요소로 집약하여 정의하고 있다(박용순, 1999).

이러한 개념 정의들을 종합해 보면 사회정책이란 개인이나 그 집단이 인간다운 생활을 영위하는 데 필요한 사회적 관계의 노선과 사회복지서비스의 확충 및 자원의 형평적 배분에 영향을 주고자 마련된 원리나 행동노선으로 정리할 수 있다. 이것을 볼 때 사회복지정책은 때로는 사회정책과 동일하게 또는 그 개념 속에 포함된 것으로 볼 수 있다.

이렇듯 사회복지정책이라는 개념을 정의하는 것은 각 나라마다, 시대마다, 그리고 정책을 형성하고 실현하는 요인들마다 다양하기 때문에 그것을 구체적이고 정확하게 포괄하는 개념을 정의할 수 없는 것이다. 그러나 사회복지정책을 논할 때, 기억해야 할 사항으로는 다음과 같은 것을 들 수 있다.

첫째, 사회복지정책은 다른 사회정책들보다 개별적인 개념이다. 그 정책의 대상자가 다른 정책의 대상자들보다 좀 더 명확하게 정해진다는 것이다. 예를 들어, 장애인복지를 위한 사회복지정책(예 장애인수당)에서의 대상자는 구체적으로 정해진다는 것을 말한다.

둘째, 사회복지정책은 다른 정책들보다 대부분 국가의 개입으로 이루어진다. 즉, 사회복지정책의 기본 이념 속에는 소득재분배 또는 공정한 기회를 준다는 것이 내포되어 있기 때문에 국가의 개입이 주를 이룰 수밖에 없다고 볼 수 있다.

셋째, 사회복지정책은 효과적인 소비와 관련되어 있다. 즉, 정책 대상자들의 삶의 권리를 보장하는 측면이 강하게 나타나기 때문에 그것을 보장하는 데 관심을 둘 수밖에 없다는 것이다.

결론적으로 현대 자본주의를 추구하는 모든 나라에서 대부분 복지국가를 지향하고 있으며, 이는 국가나 사회가 주체가 되어서 개인(사회 구성원)이 인간답게 살아가게 하는 삶의 질(지역사회의 제반 여건)을 향상시키는 계획과 행동이라는 사회복지정책을 통해서 이루어진다고 할 수 있다.

02 사회복지정책의 영역(범주)

사회복지정책의 고유 영역을 구분하는 것은 사회복지정책에 대한 개념을 어떻게 정의하는가에 따라 조금씩 상이하게 나타난다. Townsend(1970)는 소득보장, 건강, 교육, 주택 그리고 대인(對人)적 사회서비스 등 다섯 가지 항목을,

DiNitto(1995)는 소득보장, 영양, 건강, 사회서비스 등 네 가지 항목을 사회복지정책 영역으로 할 것을 주장한다. 그러나 사회복지정책의 개념을 포괄적으로 해석하는 Titmuss와 Kahn은 위에서 주장하는 항목에 각각 조세정책과 노동시장정책(고용정책)을 포함시키고 있다. 한편 Rodgers(1979)는 사회보장, 고용과 훈련, 보건위생, 교육, 주택정책 등(Gilbert, Specht, & Terrell, 1993)으로, 김태성 · 송근원(1995)은 소득보장정책, 건강, 의료보장정책, 교육정책, 주택정책, 개별 사회서비스 등의 영역을 주장하고 있다.

결국 사회복지정책을 광의의 개념으로 본다면 그 영역에 소득보장, 건강, 주택, 교육, 대인(對人)적 사회서비스, 조세정책, 노동시장정책 등 일곱 가지 영역으로 볼 수 있으며, 협의의 개념으로 정의한다면, 소득보장, 건강, 교육, 주택, 대인(對人)적 사회서비스 등 다섯 가지 영역으로 볼 수 있다.

03 사회복지정책의 형성과정

흔히 사회복지정책은 사회 구성원들이 가지고 있는 문제들이 사회적으로 이슈화된 것을 국가나 공공기관에 의하여 법제화된 산출물로 이해하는 것이 일반적이지만 세부적으로는 각 단계가 있다. 각 세부적인 단계 중 특별히 사회복지정책의 형성과정은 사회 구성원들이 가지고 있는 사회문제가 정책문제로 인식되기 이전 상태에서부터 국가나 공공기관의 사회복지정책 형성자에 의해서 사회복지정책 대상으로 채택되는 단계 등을 포함하는데, 이들 각 단계들은 각 단계마다 명쾌하게 구분되어 있지 않고, 각 단계는 서로 중복되거나 순환적으로 상호 영향을 미치고 있다.

각 단계를 구분하는 방법이 다양하지만 이를 요약하여 보면, 정책의제의 형성–정책의 결정–정책의 집행–정책 평가 등으로 종합하여 볼 수 있다. 각 단계를 구분한 제 학자들 중 DiNitto와 Dye가 분류한 단계가 사회복지학계에서 많이 사용되고 있는데 이를 중심으로 하여 각 단계를 살펴보면 다음과 같다.

<표 7-1> **사회복지정책 단계**

학자 / 단계	Kahn	DiNitto & Dye	Freeman & herwood
사회복지 정책 단계	계획의 시작 ↓ 계획의 탐색 ↓ 구체적인 과업의 정의 ↓ 정책의 형성 ↓ 프로그램 작성 ↓ 평가 및 환류	정책문제의 입증 (Identifying Policy Problems) ↓ 정책대안의 형성 (Formulating Policy Alternatives) ↓ 공공정책의 합법화 (Legitimizing Public Policy) ↓ 공공정책의 시행 (Implementing Public Policy) ↓ 정책 평가(Evaluating Policy)	계획 ↓ 프로그램의 개발과 집행 ↓ 평가

1) 사회복지정책의 의제 확인과 형성 단계

사회복지정책 형성의 원인(原因)은 사회복지문제에 있다. 이는 가장 단적으로 사회복지정책이 추구하는 것이 바로 이 사회복지문제의 해결이기 때문이다. 그러기에 사회의 구성원인 인간으로서 기본적인 생활을 누리지 못하고 고통받고 있는 사람들이 그러한 상황이나 조건을 해결해야 할 문제로 인식하는 것을 사회복지정책 형성의 진정한 출발점이라고 하는 것이다. 이렇게 출발한 사회복지정책 형성은 이러한 사회복지문제 해결을 정부에 요청하는 형태로 나타나게 되는데, 이러한 요청이 성공적으로 받아들여지게 되면 이것들은 정책활동가(policy actor)들의 관심을 받으며 그 해결방법들이 논의되기 시작한다. 이때 정책활동가들의 의해 논의되는 문제나 요구를 의제라고 하며 이러한 의제들의 모음을 어젠다(agenda)[1]라고 한다.

사회복지문제나 요구가 정책 어젠다 위에 오르도록 하기 위해서는 정치적 논점으로 부각시킬 필요가 있다. 이때 정치적 논점으로 부각된 문제나 요구를 이슈(issue)라 부른다.

사회복지정책 문제가 이슈화되기 위해서는 첫째, 공공의 관심을 끌어야 하고, 둘째, 공공정책상의 논점으로 제시되어야 한다. 그렇게 되기 위해서는 클라이언트, 사회복지 전문가, 언론, 정치인들의 노력이 필요하다.

2) 사회복지정책 어젠다의 형성과정

사회복지정책 어젠다의 형성과정을 사회복지문제나 요구의 이슈화 과정이라고도 할 수 있다. 어젠다 형성이란 정부가 정책적 해결을 위하여 사회문제를 정책문제로 채택하는 과정 또는 행위, 즉 사회문제가 정책문제로 전환되는 과정이나 행위를 말한다. 사회복지정책 어젠다 형성과정을 간략하게 표시하면 다음과 같다.

> 문제의 발생(개인, 사회) – 문제의 인식(개인의 인식에서 사회로의) – 사회문제(social problem) – 사회적 이슈(social issue) – 공공으로 인정된 어젠다(public agenda) – 정부 어젠다(governmental agenda)

어젠다 형성에 있어서 영향을 미치는 요인으로서는 첫째, 이슈기업가[2], 이해당사자들, 정책활동가, 대상자, 사회복지 전문가, 일반대중 등으로 이루어지는 사회복지 어젠다 형성에의 참여자, 둘째, 정치체제, 셋째, 다른 이슈들의 존재

1 어젠다(agenda)란 일련의 정치적 논쟁거리로서 특정한 시기에 대중의 관심을 끌 만하다고 인식되는 문제 또는 기존 정부기구의 합법적 관할권에 속하는 문제이며, 정치체계의 구성원들에 의해 간주되는 문제를 말한다(Cobb & Elder, 1984).

2 이슈를 만들려고 노력하고 활동하는 활동가, 참여자

여부, 넷째, 선거 기간, 경제적 상황, 국제 정세의 변화 등의 기타 상황 등을 들 수 있다.

3) 사회복지정책의 대안(정당화) 형성 단계

정책 대안의 형성과정이란 정책문제가 무엇인지를 파악하고 문제를 둘러싼 상황을 파악하여 정책목표를 세우고, 그 목표를 달성할 수 있는 정책수단으로써의 정책대안을 개발하여 어떠한 정책 대안이 가장 바람직한 것인가를 분석하는 과정을 말한다. 이러한 정책결정을 통하여 공공기관(정부)이 문제해결을 위하여 여러 개의 대안 중에서 하나를 의식적으로 선택하게 된다. 정책 대안의 형성과정은 문제의 해결방안에 관한 모색과정이자 정책결정자를 위하여 정보를 제공하는 과정이다. 또한 문제를 해결하는 가장 효과적인 정책대안들을 개발하여 비교, 검토하는 과정이므로 비교적 비정치적 성격을 띠며 합리적 · 기술적 성격을 가진다.

4) 사회복지정책의 결정 단계

정책 결정이란 권위 있는 정책 결정자가 문제해결을 위해 제시된 여러 가지 대안들 가운데 하나를 선택하는 행위 또는 과정을 말한다. 이러한 정책 결정 과정을 설명하기 위해 여러 가지 이론 모형이 있는데 이러한 이론 모형들로 합리 모형, 만족 모형, 점증 모형, 혼합 모형, 최적 모형, 쓰레기통 모형 등을 들 수 있다. 이들 이론 모형 등은 각각의 장 · 단점을 가지고 있기 때문에 각 정책 결정 과정에서 적합한 이론 모형을 적절하게 사용해야 한다. 이러한 이론 모형들이 제시하는 전반적인 정책 결정 과정으로는 첫째, 문제의 인지와 목표 설정, 둘째, 정보의 수집 및 분석, 셋째, 대안의 탐색 및 평가, 넷째, 최선의 정책 대안의 선택 등을 들 수 있다.

정책 결정을 하는 과정에서 영향을 미치는 요인으로는 정책과정에의 참여자,

정책 결정구조, 정책 대안의 존재 여부, 다른 정책과의 관계, 정책 결정 당시의 정치 · 경제 · 사회적 상황 등을 들 수 있다.

5) 사회복지정책의 집행 단계

사회복지정책의 집행이란 의도된 정책목표를 달성하기 위하여 결정된 사항들을 실행하는 활동이다. 따라서 사회복지정책의 집행은 공적 적용에 기인하는 모든 활동을 포함한다. 그러므로 사회복지정책의 집행에 있어 전문직의 중심적인 과업은 프로그램 운영에 있어 결점을 찾아내고 그러한 결점의 요인이 무엇인가를 파악해 내는 것이다.

6) 사회복지정책의 평가

정책의 평가란 국가의 프로그램이 그 목적을 충족함에 있어서의 전반적인 효과의 사정 또는 보편적인 목적의 충족에 있어 둘 혹은 그 이상의 프로그램의 상대적인 효과의 사정인 것이다. 즉, 정책평가란 정책활동에 관한 평가로서 정책 실행 결과에 대한 정보를 수집하고 분석하며 해석함으로써 그 가치를 판단하는 것이다. 요컨대, 평가란 특별한 개입(평가)이 비용과 급여 그리고 목표달성이란 의미에 있어 갖는 성공의 의의와 정도를 결정하는 체계적인 과정인 것이다. 평가는 행정활동의 하나하나와 밀접하게 관련되어 있어 사회복지정책 형성과정의 마지막 단계로 간주될 수 있으나 평가는 그 첫 번째 단계도 될 수 있는 것이다.

04 사회복지정책 내용의 분석 틀

결정된 사회복지정책의 효과적인 집행 또는 전달과정에 대한 분석과 집행된 정책에 대한 효과성과 효율성 등에 대한 분석이 필요하다. 이때 사용되는 분석틀은 각 학자마다 그리고 관점마다 약간의 상이점이 있다.

Gilbert와 Terrell(1988)은 사회복지 정책 내용의 분석틀로서 첫째, 급여로 무엇을 제공해야 하는가, 둘째, 누구에게 급여가 제공되어야 하는가, 셋째, 어떻게 급여가 제공되어야 하는가, 넷째, 어떻게 재정이 충당될 것인가 등을 제시하고 있다.

1) 급여로 무엇(what)을 제공할 것인가

급여의 형태는 크게 현금, 현물, 증서(voucher), 기회 등이 있다. 사회복지 급여의 형태로서 현금으로 제공되는 경우는 국민연금, 공공부조의 생계보장비, 각종 수당 등을 들 수 있고, 증서는 특정 재화나 서비스의 소비를 권장 혹은 억제하고자 하는 경우나 수혜자들을 최대한 통제하려고 할 때 사용된다. 다시 말해서, 일정한 용도 내에서 수급자로 하여금 원하는 재화나 서비스를 자유롭게 선택할 수 있는 방법이다. 증서로서는 상품권, 식품권에서부터 의료보험증 등에 이르기까지 다양하다. 기회는 무형의 급여로 어떤 개인이나 집단에 대해 이전에는 부정되었던 급여에 대해서 접근을 가능하게 만드는 것이다. 예를 들어, 장애인에 대한 운전면허 교부조항을 변경하는 것과 같은 것이다(김영종, 1998).

2) 누구(who)에게 급여를 제공할 것인가

사회복지정책은 의도적인 재분배 문제를 주로 다루는데 그 전형적인 문제는 누가, 무엇을 어떻게 갖게 되는가에 있다. 이와 관련하여 누구를 서비스 대상자로 결정할 것인가의 자격기준에 관한 것이다. 급여에 대한 자격기준의 문제는 자격조건의 형태에 관한 문제이기도 하다. 급여의 수급자격 요건으로는 거주 여부, 거주 기간, 인구학적 조건, 기여의 여부, 근로 조건, 소득 수준 등이 있다.

3) 급여를 어떻게(how) 제공할 것인가

사회복지정책을 통하여 제공되는 재화나 서비스는 그 종류나 영역이 다양하며, 다양한 재화나 서비스를 수급자에게 전달하는 방법 또한 다양하다. 중앙정부에서 급여의 자격, 급여 형태, 재원 등에 관한 모든 결정을 하여 전 국민들을 대상으로 접근하는 경우가 있고, 어떤 경우에는 지방정부가 주체가 되어 제공되기도 하고, 때로는 중앙정부와 지방정부 혹은 정부와 민간 부문 사이에 다양한 형태의 혼합체계로 제공되기도 한다.

이른바 사회복지서비스 전달체계란 '지역사회적 맥락에서 사회복지 급여를 공급하는 자들 간의 조직적인 연계 및 공급자와 소비자들 간의 조직적 연결'에 대해서 다루는 것으로 정의된다. 이 정의에서의 초점은 사회복지서비스 전달이 다수의 조직들과 행위자들 간에 서로 맞물려 있다는 것에 있다. 단일한 조직에 의한 활동이 아니라 조직과 조직들 혹은 조직과 클라이언트들이 상호 연관되어서 서비스가 창출, 공급되는 체계를 이루는 것이 사회복지서비스 전달체계의 속성이다.

4) 어떻게 재원(resources)을 마련할 것인가

사회복지 재정의 주체로는 정부나 지방자치단체와 민간 사회복지단체를 들 수 있다. 따라서 사회복지 재원은 정부나 지방자치단체가 지출하는 공적인 자금과 민간자금으로 나눌 수 있다. 공공부문 재원에는 조세로 구성되는 일반예산, 목적세 형태의 사회보장성 조세 그리고 조세비용이 있다. 민간 부문 재원으로는 사용자가 부담하는 경우의 재원, 자발적 기여에 해당되는 기여금, 기업이 출연하는 재원 등이 있다.

Chapter 08

사회보장

01 사회보장의 개념과 범주

1) 사회보장의 개념

일반적으로 사회보장은 국가의 책임하에 국민들을 각종 사회적 위험, 즉 실업, 질병, 사고, 퇴직, 출산, 사망, 결혼 등으로 인한 소득의 상실이나 결여 혹은 예외적인 지출에 대비하기 위한 수단으로 볼 수 있다. 그러나 구체적인 개념이나 내용은 각 국가나 이데올로기 또는 학자에 따라 상이하다.

우리나라는 사회보장기본법 제3조 제1호에 사회보장은 “질병, 장애, 노령, 실업, 사망 등 각종 사회적 위험으로부터 모든 국민을 보호하고 빈곤을 해소하며 국민생활의 질을 향상시키기 위하여 제공되는 사회보험, 공공부조, 사회복지서비스 및 관련 복지제도를 말한다”라고 규정하고 있다.

2) 사회보장의 범주

일반적으로 사회보장은 크게 ① 사회보험, ② 공공부조, ③ 사회복지서비스의 세 가지 범주로 나뉜다. 학자에 따라서 사회복지서비스를 제외하고 사회보험과 공공부조만으로 구분하기도 한다. 우리나라의 경우 사회보장기본법 제3조에서는 사회보장의 범주를 사회보험과 공공부조 및 사회복지서비스 그리고 관련 복지제도로 규정하고 있다.

<표 8-1> 우리나라의 사회보장체계

구분	제도 및 분야	근거법
사회보험	연금제도	공무원연금법, 군인연금법, 사립학교교직원연금법, 선원보험법, 국민연금법
	산업재해보상보험제도	산업재해보상보험법
	고용보험제도	고용보험법
	의료보험제도	국민건강보험법
	노인요양보장제도	노인장기요양보험법
공공부조	국민기초생활보장제도	국민기초생활 보장법
	의사상자생활보장제도	의사상자예우법
	재해구호제도	재해구호법, 자연재해대책법
	부랑인보호제도	국민기초생활 보장법, 사회복지사업법
	의료보호제도	의료보호법, 국민기초생활 보장법
사회복지 서비스	노인복지	노인복지법
	모자복지	한부모가족지원법
	장애인복지	장애인복지법, 특수교육진흥법
	아동복지	아동복지법, 영유아보육법, 아동특례법, 유아교육진흥법
	교정복지	갱생보호법, 보호관찰법

출처 : 보건복지부(2012).

02 사회보장의 목적

사회보장의 목적에 대한 학자들의 견해는 다양하다. Murphy(1979)는 사회보장 목적이 질병, 장애, 노령, 실업과 같은 사회적 위험에 대처하고, 강제저축으로 각 개인의 위험에 대비하며, 소득재분배로 사회의 불평등을 지양하고, 개인의 손실을 보상하는 데 있다고 했다.

Rejda(1999)는 사회보장의 경제적 목적을 다음 네 가지로 꼽았다.

① 사망, 노령, 질병, 장애, 실업 등의 여러 사회적 위험에 처한 국민들에게 최저한의 경제적 보장을 제공한다.

② 빈곤을 예방한다.

③ 시민들의 소비, 저축, 투자 등에 긍정적인 영향을 미쳐 경제 안정화에 기여(예를 들어, 연금이나 실업보험급여는 경기침체기에 유효수요를 창출)한다.

④ 근로 유인, 솔선수범, 근검절약 등 사회적으로 바람직한 가치들을 진작시킨다.

이와 같이 사회보장의 목적을 일반화하여 정의하면 인간의 최저생활보장, 소득의 재분배, 그리고 사회적 연대감 증대 등으로 집약된다.

1) 인간의 최저생활보장

사회보장제도는 자본주의 발전으로 인해 발생한 각종 사회문제와 사회적 위험으로부터 초래되는 여러 가지 경제적 불안을 해결하면서 국민들의 기본적 생활을 보장하는 것을 중요한 목적으로 한다. 사회보장기본법에 따르면 "사회보장은 모든 국민이 다양한 사회적 위험으로부터 벗어나 행복하고 인간다운 생활을 향유할 수 있도록 자립을 지원하며, 사회참여 · 자아실현에 필요한 제도와 여건을 조성하여 사회통합과 행복한 복지사회를 실현하는 것을 기본이념으로 한다."를 규정하여 사회보장의 일차적 목적이 국민들의 최저생활보장에 있음을 명기하고 있다. 여기서 최저생활이란 인간의 기본적 욕구충족에 의한 기본적 생활보장을 의미한다고 볼 수 있다.

국민들의 기본적 생활을 보장한다는 것은 국민들의 기본적 욕구인 생존권 보장과 인간다운 생활을 보장하는 행복추구권 보장을 의미한다.

2) 소득재분배

소득재분배란 한 개인 또는 한 집단으로부터 다른 개인이나 집단으로 이전되는 소득 또는 소득으로 간주되는 급여를 말한다. 사회보장제도의 중요한 목적 중의 하나는 소득재분배에 있다. 정부의 재정지출 중에서 고소득층에서 저소득층으로의 수직적 재분배 효과가 가장 두드러진 것이 사회보장 지출이다.

소득재분배는 공적 메커니즘과 사적 메커니즘이 있다. 사적 소득이전은 민간부문 안에서 자발적인 동기에 의해 이루어지는 현금의 이전을 말한다. 가족 구성원 간의 소득이전이 가장 중요한 사적 재분배 메커니즘이며, 친인척이나 형제간의 소득이전도 여기에 포함된다. 각종 민간보험이나 기업복지도 민간부문이라는 점에서 사적 소득이전의 한 형태가 된다. 공적 소득이전은 정부의 소득이전 메커니즘을 말하는데, 사회보험, 사회복지서비스, 조세가 이에 속한다(원석조, 2011; Kingson & Berkowitz, 1993).

소득재분배의 유형은 시간이나 세대를 중심으로 세대 내 재분배(intra-generation redistribution), 세대 간 재분배(inter-generation redistribution) 형태가 있을 수 있다. 그리고 횡단적으로 동일세대 내에서 소득과 위험발생 여부별로 수직적 재분배와 수평적 재분배로 분류할 수 있다. 또 시간적으로 단기적인 재분배와 장기적인 재분배로 구분될 수 있다.

수직적 재분배(vertical redistribution)는 소득계층 간의 재분배 형태로서 누진적이거나 역진적인 형태를 취할 수 있다. 대체적으로 수직적 재분배는 소득이 높은 계층으로부터 소득이 낮은 계층으로 재분배되는 유형을 의미한다.

수평적 재분배(horizontal redistribution)는 집단 내에서 위험발생에 따른 재분배 유형이다. 예를 들어, 동일한 소득계층 내에서 건강한 사람으로부터 질병자로, 자녀가 없는 계층으로부터 자녀가 있는 계층으로, 취업자로부터 실업자에게로, 사고를 당하지 않은 사람으로부터 사고를 당한 사람에게로 소득이 재분배되는 형태를 말한다.

다음은 세대 간 재분배이다. 현 근로세대와 노령세대, 또는 현재 세대와 미래

세대 간의 소득을 재분배하는 유형을 의미한다. 이런 유형의 대표적 제도가 공적연금제도인데 재정조달방식이 축적된 기금에 의해 지급되는 것이 아니라, 현재 일하고 있는 세대의 기여금(보험료)으로 운영될 경우에는 세대 간 재분배가 뚜렷하게 발생한다. 즉, 재정 운영방식이 부과방식(pay-as-you-go)인 경우에 현재의 노령세대는 근로세대로부터, 현재의 근로세대는 미래세대로부터 각각 소득재분배되는 메커니즘을 특징으로 한다. 그러나 세대 간 재분배는 상반된 효과를 가져올 수 있다. 왜냐하면 기여와 급여 간의 관계가 세대별로 차이가 날 수 있어 세대 간 형평성 문제가 제기될 수 있기 때문이다. 현재 서구에서 일고 있는 사회보장연금을 둘러싼 논쟁은 바로 이 세대 간 재분배와 세대 내 재분배 중 어떤 것이 중요한가에 초점이 맞춰져 있다.

<표 8-2> 소득재분배의 유형

<table>
<tr><th>구분 기준</th><th colspan="2">유 형</th><th>내 용</th></tr>
<tr><td rowspan="2">공 · 사 기준</td><td colspan="2">사적 재분배</td><td>• 민간부문 안에서 자발적인 동기에 의해 이루어지는 현금의 이전
• 가족 구성원 간의 소득이전, 친인척이나 친지 간의 소득이전, 각종 민간보험이나 기업복지</td></tr>
<tr><td colspan="2">공적 재분배</td><td>• 정부의 소득이전 메커니즘
• 사회보험, 사회복지서비스, 조세</td></tr>
<tr><td rowspan="2">시간 기준</td><td colspan="2">장기적 재분배</td><td>• 생애에 걸쳐 발생하는 재분배
• 적립방식의 연금</td></tr>
<tr><td colspan="2">단기적 재분배</td><td>• 현재 드러난 사회적 욕구의 충족을 위해 현재의 자원을 사용하여 소득재분배를 기하는 것
• 공공부조</td></tr>
<tr><td rowspan="3">세대 기준</td><td rowspan="2">세대 내 재분배</td><td>수직적 재분배</td><td>• 소득이 높은 계층으로부터 소득이 낮은 계층으로 재분배</td></tr>
<tr><td>수평적 재분배</td><td>• 동일 소득계층에서 취업자로부터 실업자로, 건강한 자에서 질병자로, 사고를 당하지 않은 사람으로부터 사고를 당한 사람에게로 재분배</td></tr>
<tr><td colspan="2">세대 간 재분배</td><td>• 청년세대에서 노령세대로의 소득이전(현세대 대 미래세대)
• 부과방식의 연금</td></tr>
</table>

출처 : 이인재 외(2011 : 97); 원석조(2011 : 33-34) 재구성.

3) 사회적 연대감의 증대

사회보장정책은 탈상품화와 연대의 정치 기반을 제공해 주며, 권력자원의 동원화를 가능하게 하는 최소한의 토대를 마련해 준다. Baldwin(1993)에 의하면, 위험발생률 및 자립능력의 정도나 크기가 집단 간의 연대를 결정하는 중요한 요소임과 동시에 이러한 집단 간의 연대는 재분배를 위한 사회적 기반임을 지적하고 있다. 국가의 재분배정책은 위험발생률이 높고 자립능력이 약한 집단 간의 연대를 강화시키는 역할을 수행하는 정치적 의미를 가진다고 볼 수 있다. 다른 한편으로 평등의 퇴조는 자유시장경제 체제의 정당성을 옹호하고 기존의 재분배의 실현을 통해 이루어진 국가의 제도화된 정치적 요소들을 훼손시키는 것이며, 사회연대성을 심각하게 위협한다. 이처럼 사회보장의 목적이 소득 상실의 위험에 노출된 사람들에게 사회적 연대감을 보여주는 제도적 장치를 의미한다는 것이다.

03 공공부조

공공부조는 자본주의 사회의 모순이 심화됨에 따라 그 구조적 산물로서 빈곤이 발생되었다는 역사적 인과관계를 인정하여 국가의 책임하에 일정한 법령에 따라 공공비용으로 경제적 보호를 요구하는 자들에게 개인별 보호의 필요에 따라 제공하는 최저한도의 사회보장을 일컫는데, 이 역시 사회보장의 일환으로 이해되고 있다. 이와 같이 공공부조는 빈곤한 자의 생활보호 기능에서 그 의의를 찾아볼 수 있는데 생활보호는 최저한의 수준에 그쳐야 하며 이를 국가최저(national minimum) 또는 사회최저(social minimum) 원칙이라 한다. 따라서 공공부조는 빈곤계층의 기본적 생활욕구 해결을 돕기 위해 소득보장, 의료보호, 교육, 주택 등 기타 서비스를 제공하기 위한 것이다.

우리나라의 사회보장기본법 제3조 제3호에 의하면, "공공부조라 함은 국가 및 지방자치단체의 책임하에 생활 유지 능력이 없거나 생활이 어려운 국민의 최저생활을 보장하고 자립을 지원하는 제도를 의미한다"라고 정의하고 있다.

공공부조의 기본 원리는 다음과 같다.

① 최저생활보장의 원리

국민 각자는 소득의 고저, 직업의 차이, 가족의 대소 등 차이는 있겠지만 모든 국민은 최저한도의 생활이 객관적으로 보장될 수 있도록, 그리고 이러한 보장을 위협하는 원인을 배제하는 조치를 취하는 원리이다. 최저생활보장 수준은 각 나라의 사회적 · 문화적 · 경제적 상황과 관련되어 변화되며 대개 공식적인 최저생계비 수준의 빈곤선을 결정하여 이를 충족시키고 최저생활을 보장하는 원리이다.

② 생존권 보장의 원리

국민기초생활 보장법 제1조는 "이 법은 생활유지능력이 없거나 생활이 어려운 자에게 필요한 보호를 행하여 이들의 최저생활을 보장하고 자활을 조성하는 것을 목적으로 한다"고 규정하였다. 이 규정 전체가 생존권 보장의 원리를 나타내고 있으며 현대 복지국가의 가장 중요한 요소임을 인정한다. 국가는 모든 국민의 건강하고 문화적인 최저한의 생활을 보호해야 하며, 국민의 입장에서 생존권을 보호받을 수 있는 권리를 보장하는 원리이다. 따라서 국민은 누구나 생활이 빈곤할 때 국가에 대하여 보호를 청구할 권리가 성립하고 국가는 국민의 이러한 권리를 보장해 줄 의무가 있는 것이다.

③ 국가책임의 원리

복지국가의 이념과 공공부조를 통한 생존권 보장을 국가의 책임으로 부여하는 원리로서 국가는 이를 위해 재정적 · 행정적 조직체계를 갖추어야 한다. 국가책임의 원리에 대한 주체로서 국가는 주로 중앙정부를 의미하지만 필요에 따라 주민과 직접적으로 접촉하는 지방자치단체가 행정 및 재정의 일부를 책임지기도 한다. 그러나 국가책임의 범위는 국가가 개인의 빈곤에 대해 무조건 혹은 무제한으로 책임을 지는 것은 아니다.

④ 보충성의 원리

보충성의 원리란 국민기초생활 보장법상의 급여를 받으려고 하는 사람은 그 전제조건으로서 개인적으로 가능한 모든 자원을 동원하여 생활유지에 최대한 노력해야 하고 그렇게 노력한다 하더라도 부족할 경우에, 그 부족한 부분을 제도를 통해 급여하자는 원리인 것이다. 이 원리는 생활의 개인책임 또는 자기책임을 기초로 한 자본주의사회의 최종적 또는 포괄적인 생활보장수단으로서의 공공부조의 본질을 가장 잘 나타낸 것이다. 이는 자본주의 사회에서 빈곤 혹은 생활상의 책임이 일차적으로 개인 및 가족에게 있음을 강조한 것으로, 이에 대한 국가나 사회의 책임을 이차적으로 보충하는 원리이다.

⑤ 평등보장의 원리

평등보장의 원리란 모든 국민은 국민기초생활 보장법상의 요건을 충족하는 한 그 보장은 평등하게 행해져야 하며 태만이나 비행, 개인적 철학 등과 같은 경제적 빈곤의 주관적 원인을 묻지 않고, 생활이 어려운 상태라는 객관적 요건만 있으면 차별 없이 평등하게 기초생활을 보장받는다는 원리이다.

⑥ 자립자활조장의 원리

자립자활조장의 원리란 기초생활보장 수급자가 공공부조를 받지 않고도 스스로 다른 사람에 의존하지 않고 독립된 생활을 할 수 있도록 조장하는 원리이다. 국민기초생활보장제도의 궁극적인 목적은 생활이 어려운 자들을 자립 · 자활시키는 데 있다. 자활기반 여건 조성을 위한 자활급여의 구체적인 사업들은 생업자금을 대여하거나 직업훈련, 공공근로사업, 자활후견기관 운영, 자활공동체 등을 운영하기도 한다.

04 사회보험

사회보험은 사회보장을 위한 보험으로서 국가가 사회정책을 수행하기 위해서 보험의 원리와 방식을 도입하여 만든 경제사회제도이다. 이러한 의미에서 사회보장기본법 제3조 제2호에 의하면, "사회보험이라 함은 국민에게 발생하는 사회적 위험을 보험방식에 의하여 대처함으로써 국민건강과 소득을 보장하는 제도를 의미한다"라고 정의하고 있다. 구체적으로 살펴보면 사회보험은 국민을 대상으로 질병, 사망, 노령, 실업, 기타 신체장애 등으로 인하여 활동 능력의 상실과 소득의 감소가 발생하였을 때에 보험방식에 의하여 그것을 보장하는 제도라고 할 수 있다. 이와 같이 사회보험은 운영과 방법론에서 보험기술과 보험원리를 따르고 있다는 점에서 공공부조와 상이하다.

1) 사회보험의 개념과 특성

(1) 사회보험의 개념

사회보험(social insurance)이란 사회보장제도의 주요 구성요소로서 보험원리를 이용하여 국민의 건강과 소득을 보장하는 제도를 말한다. 구체적으로 사회적 위험인 질병, 노령, 실업, 사망, 기타 신체장애 등으로 인하여 활동능력의 상실과 소득의 감소가 발생하였을 때 보험방식에 의하여 그것을 보장하는 제도이다. 우리나라에서는 국민연금, 건강보험, 고용보험, 산재보험, 노인장기요양보험을 5대 사회보험이라고 한다. 이미 오래전부터 고령화현상을 겪고 있는 선진국은 장기요양보험(long-term care insurance)을 시행 중에 있고 독일에서는 1995년 수발보험을, 일본에서는 2000년도부터 개호보험을 실시하고 있다. 노인환자는 원래 건강보험의 대상이었으나 인구의 급속한 노령화로 건강보험 재정에 심각한 부담을 주자 노인환자 중 장기요양을 필요로 하는 사람을 병원이나 자신의 집 또는 요양시설에서 보호하고 그 비용을 사회보험방식으로 조달하고자 한 것이 장기요양보험이다. 이를 위해 우리나라에서도 2008년 7월 1일부터 노인장기요양보험제도가 사회보험 형태로 시행되고 있다. 또한 현행 퇴직금제도의 문제점을 개선하고 연금수급권을 보장하는 퇴직연금제도가 도입되어 시행되고 있다.

<표 8-3> 우리나라의 사회보험제도 실시현황

구 분	보장위험	보장유형	도입연도	가입자유형	주관부서
국민연금	노령 · 장해 · 사망	소득보장	1988	근로자+자영자	보건복지부
건강보험	질병	의료보장	1977	근로자+자영자	보건복지부
산재보험	업무상 재해	의료 · 소득보장	1964	근로자	고용노동부
고용보험	실업	소득보장	1995. 7.	근로자	고용노동부
노인요양보험	치매 · 중풍 · 요양	의료 · 요양보장	2008. 7.	근로자+자영자	보건복지부

(2) 사회보험의 특성

사회보험은 보험이기 때문에 민간보험과 유사한 점이 많고, 또한 소득보장정책이라는 점에서 공공부조와 동일한 목적을 갖는다. 그러나 사회보험은 민간보험이나 공공부조와는 본질적으로 다른 특성을 지니고 있다.

첫째, 강제적 프로그램이다. 사회적 위험, 즉 사망, 노령, 장애, 질병 등으로부터 사람들을 보호하기 위해 강제적으로 가입시킨 의무적인 제도이다. 이는 불균등한 생활수준의 격차, 소득의 격차, 지역 간 격차를 해소하기 위해 국가가 강제로 가입하게 한다.

둘째, 사회적 위험에 대비하기 위한 소득보장제도이다.

셋째, 개인적 형평성보다는 사회적 충분성을 중시한다. 사회적 충분성이란 모든 가입자에게 최저생계 수준 이상을 유지하도록 급여를 제공하는 것을 말하고, 개인적 형평성이란 자신이 낸 보험료에 비례하여 급여를 받는 것을 말한다.

넷째, 급여는 권리이며 자산조사가 필요없다. 사회보험 수급권은 수급자와 보험자 간의 계약에 의해 규정된 권리이고, 수급자가 수급에 필요한 제반 요건을 모두 충족시켰기 때문에 수급하는 것이며, 사회보장 관련법에 의해 보장된 권리이다.

다섯째, 정부가 피보험자의 급여지급을 위한 재원조달방법은 정부수입에 의한 것이 아니라 사용자나 피용자가 지불하는 기여금(갹출금)을 근거로 한다.

여섯째, 사회보험은 소득재분배 기능을 한다.

일곱째, 사회보험은 정부의 강제 프로그램이므로 사전에 규정된 욕구에 따라 급여가 제공되며 입법을 통해서만 그 규정을 변경할 수 있다.

(3) 사회보험과 민간보험

통상적으로 사회보험이든 민간보험이든 위험의 분산과 이전을 기하기 위해 급여자격과 총액에 대한 정확한 수리적 계산을 근거로 운용된다. 가입대상이나 급여, 재정 등과 관련된 조건들을 규정하여 프로그램 운영에 필요한 경비를 충당하기에 충분한 보험료와 보험금 지급을 전제로 사전에 결정된 급여를 보장하여 가입자의 경제적 보장을 목적으로 하는 데 공통점이 있다.

그러나 양자는 본질적으로 다르다. 사회보험은 영리를 목적으로 하지 않은 반면에 민간보험은 영리를 목적으로 한다. 그리고 민간보험이 특정 개인의 욕구를 충족시키는 반면에 사회보험은 일반복지, 개인의 존엄성, 가족과 사회의 안정과 같은 사회의 요구를 충족시킨다. 또한 민간보험은 보험료와 기대급여 간의 등가성이 있는 반면에 사회보험은 등가성이 없다. 즉, 민간보험의 보험금은 보험회사가 가입자에게 베푸는 은전이나 혜택이 아니라 보험계약에 의해 지급받는 반대급부이나, 사회보험은 소득재분배를 실현하기 위한 강제적 제도이므로 부담은 능력원칙을 따르고 급여는 필요원칙에 근거하여 지급되므로 등가성이 없다.

<표 8-4> 사회보험과 민간보험의 차이점

구 분	사회보험	민간보험
제도의 목적	최저생계보장 또는 의료보장	개인적 필요에 따른 보장
보험가입	강제	임의
부양성	국가 또는 사회부양성	없음
수급권	법적 수급권	계약적 수급권
독점/ 경쟁	정부 및 공공기관의 독점	자유경쟁
공동부담 여부	공동부담의 원칙	본인부담 위주
재원부담	능력비례부담	개인의 선택
보험료부담방식	주로 정율제	주로 소득정율제
보험료 수준	위험율 상당 이하 요율	경험율
보험자의 위험선택	불필요	필요
급여수준	균등급여	기여비례
인플레이션 대책	가능	취약
보험사고대상	인보험	인, 물보험
성격	집단보험	개별보험

출처 : 4대보험 정보연계센터(2020).

2) 연금제도

(1) 연금제도의 의의와 필요성

연금제도란 노후나 불의의 사고 또는 질병으로 인한 장해나 사망 등으로 소득능력이 상실 또는 감소된 경우에 본인이나 그 유족에게 일정액의 금전급부를 행함으로써 안정된 생활을 영위할 수 있도록 해주는 장기적 소득보장제도이다.

연금법의 효시는 1889년 6월 비스마르크에 의해 제정된 노령 · 폐질보험법(시행은 1891년 1월)이나, 각국은 자국의 실정에 맞게 연금법을 다양하게 제정 · 운영하고 있다. 우리나라에서는 1960년대 초부터 사회문제의 해결을 위한 중요

수단으로서 사회보험의 필요성을 인식하고 제반 법률을 단계적으로 제정하였다. 1973년 12월에 국민복지연금법을 제정 · 공포하여 1974년 1월부터 실시할 예정이었으나 실시여건의 미성숙으로 인하여 계속적으로 연기 · 검토되어 오다가 1986년 12월 31일에 동법 개정안이 국민연금법으로 국회 본회의를 통과하여 1988년 7월 1일부터 실시되었다.

연금제도의 필요성은 다음과 같다.

첫째, 근로자의 근시안적 사고(미래 통찰력의 결여)이다. 이는 대부분의 경우 미래의 경제적인 욕구까지 고려하여 퇴직을 대비한 저축을 하기 어렵다는 것을 의미한다. 근로자들이 퇴직할 때 경제적 문제에 직면할 수 있음을 인식할 수는 있으나 그 때는 문제를 해결하기에 너무 늦어 버리게 된다. 정부개입은 사람들이 퇴직했을 때 적절한 소득을 가질 수 있도록 하기 위해서 근로 중에 버는 소득의 일부를 저축하도록 원조할 수 있다. 그러나 퇴직에 대비한 연금보험료 기여를 강제하지 않으면 근시안적인 사고를 가진 근로자는 적절한 퇴직소득을 보장하는 수준의 저축을 하지 않을 것이고 그렇게 되면 빈곤으로 추락할 것이다.

둘째, 성실한 자에 대한 보호이다. 미래를 대비해 저축한 자(성실한 자)를 미래를 대비해 저축하지 않은 자(근시안적이고 불성실한 자)로부터 보호할 필요성이 있다는 것이다. 대부분의 사회는 구성원들에 대해 최저의 소비수준을 설정하고 주로 공공부조를 통해 이를 충족시키고 있다. 이에 어떤 근로자들은 퇴직에 대비하여 추가적인 저축을 하는 대신 여기에 의존해서 최저생계를 보장받으려고 할 수 있다. 그렇게 되면 성실한 소득활동 및 저축을 하는 사람들은 조세를 통해 자신뿐만 아니라 타인의 퇴직비용까지 지불하는 셈이 된다. 정부는 노인소득보장비용을 사회 성원 전체가 고루 부담할 수 있도록 개입해야 한다. 근로기간 동안 일정 소득수준 이상의 자들이 공적 연금 기여를 하도록 강제하여 대부분이 공공부조에 의존하지 않도록 해야 할 것이다.

셋째, 소득재분배이다. 소득재분배는 사회통합을 증진시키고 보다 공정한 사회를 형성하기 위하여 사회가 시장에 의한 소득분배를 변경하려는 집합적 결정을 할 때 발생한다. 생애소득이 낮은 자들에게 유리하도록 설계되어 있는 연금제도는 시장에 의한 소득분배를 변경하는 데 사용되는 주요 수단 중의 하나이다.

3) 국민연금

현재 우리나라에서 시행되고 있는 연금제도는 특수직역연금제도인 공무원연금, 군인연금, 사립학교교직원연금과 국민연금이 있으나 여기서는 전 국민을 대표하는 국민연금제도에 대해 살펴보겠다.

국민연금은 기여와 급여가 획일적으로 법정화되어 있고, 노령 · 폐질 · 사망 등과 같은 사회적 위험에 대비한 사회책임성 · 급여의 적절성이 강조되고 있으며, 기여와 급여의 과정에서 소득재분배의 효과가 발생하고, 가입은 원칙적으로 강제되는 등의 특성이 있는 사회보험적 성격을 가지고 있다. 이와 같은 점에서 민간보험인 사적 연금이나 퇴직연금과 구별된다. 그리고 노령 퇴직 또는 중도 퇴직 시에 근로자의 생활보장에 기여하는 퇴직금제도와도 구별된다.

현행 국민연금제도는 부담과 급여의 수준이 일정 기간 불완전 균형을 이루는 수정적립방식을 채택 · 운용하고 있다. 제도 도입 초기의 낮은 보험료 부담으로 제도의 조기 정착을 도모하면서 자신의 노후소득보장을 스스로 대비하지 못한 현세대의 부담분 중 일부분을 후세대가 부담하도록 함으로써 세대 간 소득재분배가 되도록 설계되었다.

이러한 특성 때문에 모든 가입자는 소득의 고 · 저에 관계없이 부담에 비해 급여수준이 높으므로, 미가입자는 조기에 가입하고 또한 자기의 실제 소득에 맞게 보험료를 부담해야 노후에 적정 수준의 연금을 받을 수 있다.

국민연금은 연금지급액의 실질가치를 보장하고 있다. 연금액의 최초 결정 시에는 공적연금 가입기간 중의 소득을 연금수급 전년도의 가치로 재평가하여 실제 소득수준에 상응하는 급여가 지급되도록 하고 있으며 연금을 받는 동안에도 급여액을 매년 물가변동률에 따라 조정함으로써 급여액의 실질가치를 확실히 유지하도록 하고 있다. 국민연금법은 국민의 노령 · 폐질 또는 사망 등과 같은 사회적 위험이 발생한 경우에 가입자의 기여금과 사용주 또는 국가의 부담금을 주된 재원으로 하여 연금급여의 실시를 통한 장기적 소득보장을 함으로써 국민의 생활안정과 복지증진에 기여함을 목적으로 한다.

4) 건강보험제도

(1) 건강보험제도의 의의와 특성

건강보험제도란 일상생활의 우연한 질병이나 부상으로 인하여 일시에 고액의 진료비가 소비되어 가계가 파탄되는 것을 방지하기 위하여, 보험원리에 의거해 국민들이 평소에 보험료를 내어 기금화하였다가 보험사고가 발생할 경우 보험급여를 해 줌으로써 국민 상호 간에 위험을 분담하고 의료서비스를 제공하는 사회보장제도이다.

건강보험제도의 특징은 다음과 같다.

첫째, 법률에 의한 강제가입의 원칙이다. 일정한 법적 요건이 충족되면 본인의 의사에 관계없이 강제 적용된다. 강제 적용되는 이유는 보험가입을 기피할 경우 국민 상호 간 위험부담을 통하여 의료비를 공동으로 해결하고자 하는 건강보험제도의 목적 실현이 어렵기 때문이다. 질병위험이 큰 사람만 역으로 보험에 가입할 경우 보험재정이 파탄되어 원활한 건강보험 운영이 불가능하게 된다.

둘째, 부담능력에 따른 보험료의 차등부담이다. 민간보험은 급여의 내용, 위험의 정도, 계약의 내용 등에 따라 보험료를 부담하지만 사회보험방식인 건강보험에서는 사회적인 연대를 기초로 의료비 문제를 해결하려는 것이 목적이므로 소득수준 등 보험료부담능력에 따라 차등적으로 부담한다.

셋째, 보험급여의 균등한 수혜이다. 민간보험은 보험료 부과수준, 계약기간 및 내용에 따라 차등급여를 받지만 사회보험은 보험료 부과수준에 관계없이 관계법령에 의하여 균등하게 보험급여가 이루어진다.

넷째, 보험료 납부의 강제성이다. 가입이 강제적이라는 점에서 강제보험제도의 실효성을 확보하기 위하여 피보험자에게는 보험료 납부의 의무가 주어지며, 보험자에게는 보험료 징수의 강제성이 부여된다.

다섯째, 건강보험은 단기보험이다. 연금보험과는 달리 1년 단위의 회계연도를 기준으로 수입과 지출을 예정하여 보험료를 계산하며 지급조건과 지급액도 보험료 납입기간과는 상관이 없고 지급기간이 단기이다.

(2) 건강보험제도의 유형

의료보장제도는 각국의 고유한 문화와 전통을 배경으로 하는 역사적 산물로서 단순 분류에는 어려움이 있으나 일반적으로 OECD 국가들은 3가지로 분류하고 있다. 즉, 사회보험(SHI : Social Health Insurance) 방식, 국민건강보험(NHI : National Health Insurance) 방식, 국민보건서비스(NHS : National Health Service) 방식이다.

사회보험(SHI) 방식은 국가의 의료보장에 대한 책임을 기본으로 하고 있지만 의료비에 대한 국민의 자기 책임의식을 일정부분 인정하는 체계이다. 정부기관이 아닌 보험자가 보험료로써 재원을 마련하여 의료를 보장하는 방식으로, 독일의 비스마르크가 창시하여 비스마르크 방식이라고도 한다.

이는 보험원리에 의해 일차적으로 국민의 보험료에 의해 재원을 조달하고 국가는 이차적 지원과 후견적 지도기능을 수행함에 따라 국민의 일차적 부담의무가 전제된 비용 의식적 제도이며 국민의 정부 의존을 최소화할 수 있다. 또한 관리체계는 정부에 대해 상대적으로 자율성을 지닌 기구를 통한 자치적 운영을 근간으로 하여 의료의 사유화를 전제로 의료공급자가 국민과 보험자 간에서 보험급여를 대행하는 방식이다. 이런 사회보험방식은 독일, 프랑스, 한국 등이 그 대표적인 국가이다.

국민건강보험(NHI) 방식은 국민의 의료문제는 국가가 책임져야 한다는 관점에서 정부가 일반조세로 재원을 마련하여 모든 국민에게 무상으로 의료를 제공(universal type)하는 국가의 직접적인 의료관장 방식으로 일명 조세방식 또는 베버리지 방식이라고 한다. 이 경우 의료기관의 상당 부분이 사회화 또는 국유화되어 있으며, 영국의 베버리지가 제안한 이래 영국, 스웨덴, 이탈리아 등이 그 대표적인 국가이다.

국민보건서비스(NHS) 방식을 채택하고 있는 나라에서는 소득수준에 관계없이 모든 국민에게 포괄적이고 균등한 의료를 보장하며 정부가 관리주체로서 의료공급이 공공화되어 의료비 증가에 대한 통제가 강하게 나타난다. 그리고 조세제도를 통한 재원조달은 비교적 소득재분배 효과가 강하다는 장점이 있으나, 반면에 의료의 사회화가 상대적으로 의료의 질을 저하시키며 조세에 의한 의료비 재원조달에 많은 어려움이 있어 정부의 과다한 복지비용 부담이 문제가 되고 있다. 또한 의료수용자 측의 비용의식 부족과 민간보험의 확대, 그리고 장기간 진료대기 문제 등 부작용이 나타나고 있어 이에 대한 제도개혁의 필요성이 증가되고 있다. 한편 SHI 방식과 NHI 방식을 취하고 있는 나라에서는 조합원이 대표의결기구를 통해 건강보험운영에 관한 의사결정에 참여함으로써 제도운영의 민주성을 기할 수 있고, 국민의 비용의식이 강하게 작용하여 상대적으로 양질의 의료를 제공할 수 있다는 장점은 있으나, 소득 유형 등이 서로 다른 구성원에 대한 단일 보험료 부과기준 적용의 어려움, 의료비 증가에 대한 억제기능이 취약하여 보험재정 안정을 위한 노력이 필요하다.

(3) 건강보험제도의 법적 근거와 발전과정

우리나라 헌법은 제34조 제1항과 제2항에 국민의 인간다운 생활을 할 권리와 동 권리를 실현하기 위한 국가의 사회복지증진의무를 규정하고 있다.

사회보장제도 중 건강보험제도는 국민의 질병, 부상에 대한 예방, 진단, 치료, 재활과 출산, 사망 및 건강증진에 대하여 보험급여를 실시함으로써 국민건강을 향상시키고 사회보장증진을 목적으로 한다. 국민건강보험법을 제정하여 생활

유지 능력이 있는 국민을 대상으로 "건강보험제도"를 실시하고 있고, 의료급여법을 제정하여 생활유지 능력이 없거나 어려운 국민을 대상으로 "의료급여제도"를 실시하고 있다.

(4) 건강보험제도의 역할과 기능

① 건강보험의 사회연대성

건강보험은 국민의 의료비문제를 해결해 줌으로써 국민의 건강과 가계를 보호하는 제도로서 전 국민을 당연적용대상자로 하는 사회보험 방식을 채택하고 있다. 따라서 국가 또는 개인의 책임이 아닌 사회공동의 연대책임을 활용하여 소득재분배 기능과 위험분산의 효과를 거두고, 이를 통하여 사회적 연대를 강화하여 사회통합을 이루고 있는 것이다.

② 소득재분배 기능의 수행

질병은 개인의 경제생활에 지장을 주어 소득을 떨어뜨리고 다시 건강을 악화시키는 악순환을 초래한다. 따라서 건강보험은 각 개인의 경제적 능력에 따른 일정한 부담으로 재원을 조성하고 개별부담과 관계없이 필요에 따라 균등한 급여를 받음으로써 질병 발생 시 가계에 지워지는 경제적 부담을 경감시켜 주는 소득재분배 기능을 수행한다.

③ 형평한 비용부담과 적정한 보험급여

비용(보험료)부담은 형편에 따라 공평하게 부담하는 것으로 주로 소득이나 능력에 비례하여 부담하게 되며, 집단 구성원 상호 간의 사회적 연대성에 의하여 그 기능이 발휘된다. 또한 보험급여 측면에서는 피보험대상자 모두에게 필요한 기본적 의료를 적정한 수준까지 보장함으로써 그들의 의료문제를 해결하고 누구에게나 균등하게 적정수준의 급여를 제공한다.

(5) 진료비 지불방법

의료보장조직(기관)이 의료 공급자에게 진료비를 지불하는 방법은 행위별수가제(fee for service), 봉급제(salary system), 인두제(capitation), 포괄수가제(case payment system), 총액예산제(global budget system) 등이 있다. 이 중 어느 방법을 채택하는가에 따라 의료제공자의 진료행태가 크게 달라진다.

① 행위별수가제

행위별수가제는 진료에 소요되는 약제 또는 재료비를 별도로 산정하고, 의료인이 제공한 진료행위 하나하나마다 항목별로 가격을 책정하여 진료비를 지급하도록 하는 제도이다. 가장 보편적이고 시장접근적인 방법으로서 대부분의 자본주의 경제체제를 가진 국가에서는 이 행위별수가제를 많이 채택하고 있으며, 의료인이 제공한 시술내용에 따라 값을 정하여 의료비를 지급하는 것이다.

② 포괄수가제

포괄수가제는 한 가지 치료행위가 기준이 아니고 환자가 어떤 질병의 진료를 위해 입원했는가에 따라 DRG라는 질병군(또는 환자군)별로 미리 책정된 일정액의 진료비를 지급하는 제도이다. 미국은 의료비의 상승 억제책으로 DRG를 개발하여 질환별로 진료비를 지불하는 방식을 활용하고 있다. 우리나라는 2012년 7월 1일부터 포괄수가제가 적용되는 질병군으로 백내장수술, 편도수술, 맹장수술, 항문수술, 탈장수술, 자궁수술, 제왕절개분만을 의무적으로 지정하여 시행하고 있다.

③ 총액예산제

총액예산제는 환자 수 또는 진료건수를 기초로 1년간의 진료비 총액을 산출하여 보험자와 의사단체 간에 협의한 후 그 총액을 의료보수로 지급한다. 의사단체협회는 행위별수가표와 같은 의사보수평가 기준표에 의해 개업의에게 그 총액 진료비를 배분한다. 장점은 보험자와 의사단체 간에 계약에 의해 진료비 총액이 사전에 지불되기 때문에 과잉진료 및 청구에 대한 논란의 소지가 적다는 데 있다. 뿐만 아니라 진료비 총액은 지역 인구수에 의해 결정되기 때문에 의사들 간의 자율적인 의사결정으로 지역 사수의 편중도 조정된다.

<표 8-5> 주요 국가별 진료비 지불방법

행위별수가제	포괄수가제	총액예산제
한국, 일본 미국(의원급) 프랑스(의원급)	한국(확대예정) 미국(병원급)	독일 대만(확대예정) 프랑스(병원급)

5) 고용보험제도

고용보험이란 근로자(임금의 0.45%)와 사업주(임금총액의 0.7~1.3%)가 공동부담하는 기금으로 실업의 예방, 고용의 촉진 및 근로자의 직업능력 개발, 향상은 물론 근로자의 생활에 필요한 급여를 지급하여 실직 근로자의 생활안정 및 재취업을 지원하는 사회보험제도이다. 따라서 실업보험은 단순하게 실직자의 생계를 지원하는 사후적 · 소극적 사회보장제도에 그치는 반면, 고용보험은 실직자에 대한 생계지원은 물론 재취업을 촉진하고 더 나아가 실업의 예방 및 고용안정, 노동시장의 구조 개편, 직업능력 개발을 강화하기 위한 사전적 · 적극적 차원의 종합적인 노동시장정책의 수단이라고 할 수 있다. 우리나라는 1993년 12월에 근로자복지와 노동시장의 효율성 제고라는 목표로 고용보험법이 제정되어 1995년 7월부터 상시근로자 30인 이상 사업장부터 시행되었으며, 1998년 10월 1일부터는 1인 이상의 근로자가 있는 모든 사업주는 의무적으로 고용보험에 가입하여야 하며 사업주 또는 근로자의 의사와 관계없이 자동적으로 고용보험 관계가 성립한다.

고용보험제도의 기본구조와 사업내용은 다음과 같다. 고용안정사업은 근로자를 감원하지 않고 고용을 유지하거나 실직자를 채용하여 고용을 늘리는 사업주를 지원하여 근로자의 고용안정 및 취업 취약계층의 고용촉진을 담당한다.

직업능력개발사업은 근로자에게 직업훈련을 실시하거나 근로자가 자기개발을 위해 훈련을 받을 경우 사업주 및 근로자를 지원하는 사업이다. 또한 실업급여에서는 근로자가 실직하였을 경우 일정 기간 동안 실직자와 그 가족의 생활 안정 그리고 원활한 구직활동을 위하여 지급한다.

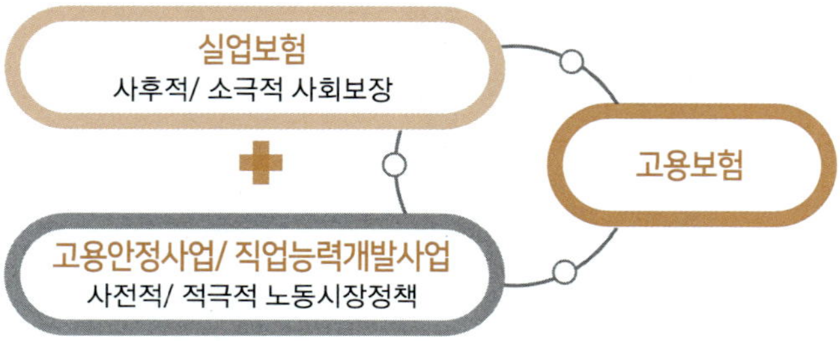

출처 : 고용보험관리공단(2020).

[그림 8-1] 고용보험제도의 의의

출처 : 고용보험관리공단(2020).

[그림 8-2] 고용보험제도의 사업내용

6) 산재보험제도

산재보험은 공업화가 진전되면서 급격히 증가하는 산업재해 근로자를 보호하기 위해 1964년에 도입된 우리나라 최초의 사회보험제도이다. 산업재해로부터 근로자를 보호하기 위해서는 산업재해 자체를 예방하는 것이 가장 바람직한 것이나, 이미 발생한 산업재해로 인해 부상 또는 사망한 경우는 그 피해 근로자나 가족을 보호 또는 보상해 주기 위해서는 산재보험이 중요한 의미를 지닌다고 할 것이다. 산재보험은 산재 근로자와 그 가족의 생활을 보장하기 위해 국가가 책임을 지는 의무보험으로 원래 사용자의 근로기준법상 재해보상책임을 보장하기 위해 국가가 사업주로부터 소정의 보험료를 징수하여 그 기금(재원)으로 사업주를 대신해 산재 근로자에게 보상을 해 주는 제도이다. 산재보험은 다음과 같은 특성이 있다.

① 근로자의 업무상의 재해에 대하여 사용자에게는 고의 · 과실의 유무를 불문하는 무과실 책임주의이다.
② 보험사업에 소요되는 재원인 보험료는 원칙적으로 사업주가 전액 부담한다.
③ 산재보험급여는 재해 발생에 따른 손해 전체를 보상하는 것이 아니라 평균임금을 기초로 하는 정률보상방식으로 행한다.
④ 자진신고 및 자진납부를 원칙으로 하고 있다.
⑤ 재해보상과 관련되는 이의신청을 신속히 하기 위하여 심사 및 재심사청구제도를 운영한다.
⑥ 타 사회보험과는 달리 산재보험은 사업장 중심의 관리가 이루어진다.

산재보험요율은 매년 9월 30일, 과거 3년간의 임금총액에 대한 보험급여총액의 비율을 기초로 하고, 연금 등 보험급여에 소요금액, 재해예방 및 재해근로자의 복지증진 등에 소요비용 등을 고려하여 사업종류별로 결정하는데, 순보험요율과 부가보험요율로 구성된다.

Chapter

사회복지행정 09

01 사회복지행정의 개념과 특성

1) 사회복지행정의 개념

사회복지행정은 사회복지와 행정의 합성어로서 사회복지를 행정 · 관리한다는 뜻으로 사회복지영역에 있어서 정책과 실천을 이어주는 가교 역할을 한다. 사회복지행정에 대한 개념은 매우 다양하며 사회복지의 행정으로 접근방법, 시대에 따라 학자마다 다양하게 정의되고 있다. Trecker(1971)는 사회복지행정을 "사회복지기관에서 목표를 달성하기 위해 지역사회 내 인적 · 물적 자원을 동원하여 협동적인 체계를 확립하고 유지하기 위한 인간 상호 간의 공동활동의 과정이며 사회복지조직의 총체적인 활동"이라고 정의했다.

Skidmore(1983)은 사회복지행정을 "사회복지정책을 구체적인 사회복지서비스로 전환시키는 과정이며, 서비스 전달에서 발생하는 경험은 정책의 수정을 위한 건의로 활용하는 쌍방의 과정"이라고 하였다. 황성철 등(2020)은 사회복지행정을 "사회복지정책을 서비스로 전환시키는 사회복지조직의 목표달성을 위한 조직 구성원의 협력적인 활동의 체계와 과정"으로 정의하였다. 이러한 사회복지행정의 개념 정의는 다음과 같은 독특한 의미를 내포하고 있다.

① 사회복지조직을 중심으로 정책이 서비스로 전환되는 과정이다.
② 사회복지조직의 목표를 달성하기 위해서 인적 · 물적 자원을 관리하는 과정이다.
③ 관리자를 포함한 모든 조직 구성원의 역동적인 협력활동이다.
④ 조직을 변화시키고 발전시키는 사회복지실천의 개입방법이다.

2) 사회복지행정의 필요성

사회복지의 궁극적인 목적인 클라이언트의 삶의 질 향상이라는 목적을 달성하기 위해서는 목표가 구체화되어 개인, 가족, 집단 등에게 실질적인 서비스가 전달이 되어야 한다. 이처럼 클라이언트에게 서비스가 전달되기까지 복잡한 과정이 있는데 이에 대응하는 것이 사회복지행정이다. 최근 각종의 사회복지조직이 늘어나면서 조직을 유지 · 발전시켜 나가기 위한 행정의 중요성이 강조되고 있다. 특히 사회복지조직의 책임성에 대한 요구가 더욱 높아지면서 책임성과 관련된 행정지식과 기술이 절실하게 요구되고 있다. 사회복지행정은 책임성을 향상시켜 주고 시행착오를 줄여주기 때문에 조직 운영의 효과성을 높여준다.

3) 사회복지행정의 특성

사회복지행정과 일반 행정은 둘 다 행정적 속성을 지닌다는 점에서 유사하지만 사회복지행정은 휴먼서비스에서 출발한다는 특징이 있다. 즉, 사회복지행정은 인간을 대상으로 직접적인 서비스를 제공하는 모든 부분을 포괄하는 개념이다. 따라서 사회복지행정에서는 인간의 고유한 가치와 특성을 이해하는 것이 중요하며, 각자에게 적합한 개별화된 서비스를 제공하기 위한 지식과 기술에 근거해야 한다. 이처럼 사회복지행정은 일반 행정과 비교했을 때 다른 특성이 있는데 이를 정리해 보면 다음과 같다.

첫째, 사회복지행정은 국가의 이념, 개발방향, 정책 등의 내용에 따라 결정되는 성격이 강하다. 따라서 국가 책임에 의한 거시적 · 정책적 가치 지향을 목표로 한다. 즉, 헌법 제34조 제1항에 규정하고 있는 "모든 국민은 인간다운 생활을 할 권리를 가진다"를 보장하기 위하여, 헌법 제34조 제2항에는 "국가는 사회보장 · 사회복지의 증진에 노력할 의무를 진다"라는 국가의 사회복지에 대한 책임을 사회복지행정을 통해 구현해 가는 것이다.

둘째, 사회적으로 인지된 욕구(needs)를 충족시키기 위해 지역사회와 밀접한 관계를 통해 사회적 자원을 동원하여 욕구 충족을 위한 방법으로서 적용한다.

셋째, 사회복지행정은 이윤추구를 목적으로 하지 않으며, 다양한 복합적 욕구충족의 우선순위 및 그 선택에 관련되는 클라이언트 및 지역주민의 존엄성에 관련된 행동을 규제하는 윤리, 공적 책임, 전문인력 관리 등에 주안점을 둔다.

넷째, 사회복지행정은 복지정책으로 설정된 목표를 달성하는 이행수단 · 방법과 그것의 선택, 사회복지서비스를 준비하고 운영하는 특정의 조직과 기구에 관심을 둔다(남일재 외, 2015).

4) 사회복지행정의 가치

사회복지행정의 가치는 사회복지활동에 있어서 사회복지행정가를 지배하는 가치이다. 사회복지정책을 사회복지서비스로 전환되는 행정과정의 기준이 되고 목표가 되며 실천적 방향을 제시한다. 사회복지행정가들이 자신이 맡은 업무를 수행하고 해결해 나가는 데 있어서 올바른 방향으로 이끌어 주며 활동 업무에 대해 분석하고 평가하는 기준이 된다. 일반적으로 사회복지행정의 핵심적인 가치는 효과성, 효율성, 공평성(형평성), 접근성(편익성)이다.

(1) 효과성

효과성은 목표의 달성 정도를 의미한다. 즉, 욕구의 충족 또는 해결에 있어서 조직과 서비스가 어느 정도 유효한가를 의미하는 것이다. 그러므로 효과성은 클라이언트의 욕구충족을 위해 제공된 서비스나 프로그램이 의도된 대로 클라이언트의 변화를 가져왔는가를 판단하는 준거가 된다. 효과성은 사회복지 조직의 목표가 명확하게 설정이 되어 있어야 그 달성 여부를 평가할 수 있다.

(2) 효율성

효율성은 효과성에 능률성을 결합한 개념으로, 최소의 자원으로서 최대의 효과를 어떻게 거둘 것인가라는 점이다. 사회복지행정도 현실적으로 자원이 제한될 수밖에 없기 때문에 효율성의 전제하에서 집행하여야 한다. 그러나 사회복지의 특성상 이 효율성의 이념은 현장에서 추구되기가 어려운 것도 사실이다. 이는 보통 효율성을 경영의 개념과 함께 인식함으로써 비용, 시간, 인력 등의 자원을 극소화시키려는 것으로 파악하고 있기 때문이다. 따라서 사회복지행정에 있어서 효율성은 자원의 극소화라는 시각을 넘어서서 동일한 자원으로 보다 최적의 서비스와 최대한의 만족을 클라이언트에게 주어야 한다는 것으로 이해하는 것이 좋을 것이다.

(3) 공평성(형평성)

공평성 이념은 언제나 사회적 · 경제적 환경이 열악한 계층에게 보다 많은 양질의 복지서비스를 제공해야 한다는 관점에서 출발했으며, 더욱이 오늘날 사회 전반에 걸쳐서 문제로 부각되고 있는 빈곤, 질병, 실업 등을 해결하는 과정에서 소수집단이나 불리한 입장에 있는 계층의 이익을 고려하지 않으면 그것은 윤리적으로나 도덕적으로 용납되기 힘들다는 것을 내포하고 있다. 또한 공평성은 형평성과 유사한 의미를 가지고 있는데, 누구나 동등한 서비스를 제공받아야 한다는 이념으로 동일한 욕구를 가진 대상자는 동일한 혜택을 받아야 한다는 것이다.

(4) 접근성(편익성)

접근성은 편익성이라고도 하는데, 이것은 서비스를 받고자 하는 사람이 서비스를 쉽게 이용할 수 있도록 되어야 한다는 것이다. 접근성은 물질적, 심리적으로 서비스 이용에 접근하기 쉬워야 한다는 것이다. 사회복지행정에서 접근 가능성을 높일 때 많은 사람이 서비스를 이용할 수 있고, 기대한 효과를 이끌어 낼 가능성이 높아진다. 예를 들어, 교통이 불편한 곳에 기관이 위치해 있거나 서비스 이용절차가 까다롭거나 정보가 부족한 경우 등은 접근성을 떨어뜨리는 요인이다.

5) 사회복지행정의 과정

사회복지행정은 조직을 통해 실천되는 과정으로서 조직을 유지하는 기술인 기획, 조직, 인사, 지시, 조정, 보고, 재정, 평가가 있고, 영어 알파벳 첫 자를 따서 'POSDCoRBE'로 표현된다(Gulick & Urwick, 1966).

(1) 기획(Planning)

기획은 조직의 목적과 목표를 달성하기 위한 과업 및 수행방법을 결정하는 단계를 말한다.

(2) 조직(Organizing)

조직은 인간의 집합체로서 특정한 목적을 추구하기 위하여 조직구조를 설정하는 과정으로 과업이 할당되거나 또는 조정된다.

(3) 인사(Staffing)

인사는 직원을 채용하고 능력을 개발하여 근무의욕을 갖고 조직에 헌신할 수 있도록 동기를 부여하는 관리활동으로 사회복지행정 책임자는 직원의 임명뿐만 아니라 교육, 훈련, 직원의 적절한 활동환경의 유지에 대해서도 책임을 진다.

(4) 지시(Directing)

행정책임자는 합리적인 결정, 능동적인 관심, 헌신적인 태도, 직원의 공헌을 칭찬하고 책임과 권한을 효과적으로 위임하며 개인과 집단의 창의성을 고려하여 지시하는 지도자가 되어야 한다.

(5) 조정(Coordinating)

조정은 사회복지행정가가 부서 간, 직원들 간의 효과적인 의사소통을 유지하고 조율하는 것을 의미한다. 이를 위한 방법으로는 위원회의 조직 등이 있는데, 위원회에서는 프로그램, 인사, 재정 및 긴급한 문제 상황, 임시적인 활동 등을 다루게 된다.

(6) 보고(Reporting)

보고는 사회복지행정가가 직원, 이사회, 지역사회, 행정기관, 후원자 등에게 조직에서 일어나는 상황을 알려주는 과정으로 주요 활동은 기록, 정기감사, 조사연구가 있다.

(7) 재정(Budgeting)

재정은 재정자원을 합리적이고 계획적으로 동원, 배분하고 효율적으로 사용하고 관리하는 과정을 의미한다. 사회복지행정가는 재정을 투명하게 사용할 수 있어야 하며 조직의 행정가는 정기적인 재정계획을 수립해야 하고 회계 규정에 따라 재정 운영에 대한 책임을 진다.

(8) 평가(Evaluating)

평가는 크게 효과성 평가와 능률성 평가의 두 가지 척도를 적용할 수 있는데 클라이언트의 욕구나 문제의 해결에 적절했는지에 대한 서비스의 효과성과 자원의 투입과 산출과 관련된 효율성을 평가한다.

02 사회복지서비스 전달체계

1) 사회복지서비스 전달체계의 개념

사회복지서비스 전달체계(delivery system)란 사회복지서비스의 공급자와 소비자(client : 고객, 수혜자)를 연결시키는 조직적 장치(organizational arrangement)이다. 즉, 사회복지서비스의 공급자 사이를 연결시키거나 공급자와 소비자 사이를 연결시키는 조직적인 체계(organizational system)라 할 수 있다(최성재 · 남기민, 2016).

2) 사회복지서비스 전달체계의 원칙

사회복지행정은 추상적인 사회복지정책을 사회복지서비스로 구체화시켜 서비스를 필요로 하는 사람에게 전달하는 일련의 활동이라고 볼 때, 사회복지서비스 전달체계는 복지행정의 목적을 수행하는 수단과 같은 기능을 하게 되므로, 전달체계의 구축은 행정의 필수적인 부분이라 볼 수 있다. 사회복지서비스 전달체계 구축을 위한 중요한 원칙들은 다음과 같다(최성재 · 남기민, 2016).

(1) 전문성 원칙(professionalization)

복지서비스의 주요 핵심 업무는 전문적인 서비스이므로 반드시 전문가가 담당해야 한다. 사회복지 분야에는 사회복지사, 의사, 간호사, 보육사, 물리치료사, 영양사 등 여러 전문가가 있으나 가장 보편적인 전문가는 사회복지사이다.

(2) 적절성 원칙(comprehensiveness)

복지서비스는 소비자(클라이언트)의 욕구 충족이나 문제해결 및 서비스 목표(자활 및 재활)를 달성하는 데 있어서 그 양(quantity)과 질(quality), 제공하는 기간이 충분하게 제공되어야 한다는 의미이다.

(3) 포괄성 원칙(inclusiveness)

소비자의 다양한 요구나 문제를 해결하기 위해서는 다양한 서비스를 포괄적으로 지원해야 한다는 것이다. 예를 들면, 노인의 소득 증대 문제는 노인을 위한 직업훈련이나 직업알선 문제, 질병치료 문제, 가족문제 등과 연관이 있으므로 소득 증대를 위해서는 이같이 다양한 서비스 프로그램이 필요하다.

(4) 지속성 원칙(continuity)

전달체계 내의 모든 기관과 프로그램들이 일정기간 동안 서로 얼마나 밀접하게 연결되어 있는가를 나타내는 것이다. 노인의 소득 증대를 위한 직업훈련 프로그램은 있는데 직업알선 프로그램이 없거나, 있어도 직업훈련 프로그램과 연계되어 있지 않으면 서비스 전달체계의 불연속성(discontinuity)이 발생한다. 따라서 소득 증대를 위해서는 직업훈련 프로그램 시행 후에는 즉시 직업알선 프로그램과 연결되도록 해야 한다.

(5) 통합성 원칙(unification)

소비자(클라이언트)의 문제는 한 가지일 수도 있지만 대부분 다양한 문제를 포함하고 있는 경우가 많다. 따라서 이러한 다양한 문제를 해결하기 위해서 필요한 서비스 프로그램들은 서로 연관되어야 한다는 것이 통합성 원칙이다.

(6) 평등성 원칙(equity)

평등성 원칙은 성별 · 연령 · 소득 · 종교 · 지역에 관계없이 모든 국민에게 복지서비스를 제공하여야 한다는 절대적 평등과 소득 수준(국민기초생활보장의 경우)이나 연령(의무교육제한, 국민연금의 가입연령을 18~60세로 규정), 직업에 의한 제한(산재 · 고용보험 경우 사업장의 근로자만 가입)이 있는 상대적 평등의 두 가지가 있다.

(7) 책임성 원칙(accountability)

사회복지조직은 국민의 권리로 인정한 사회복지서비스를 소비자에게 전달하도록 위임받은 조직이므로 서비스 전달에 책임을 져야 한다는 것이 책임성 원칙이다. 소비자(클라이언트) 관점에서 보면 책임의 내용은 소비자 욕구에 따른 적절한 서비스 여부, 서비스 전달 절차의 적합성, 효과적이고 효율적인 서비스 여부, 서비스 과정에서의 소비자 요구와 불만 수렴 장치 마련 여부를 들 수 있다.

(8) 접근성 원칙(accessibility)

이 원칙은 사회복지서비스는 필요한 사람이면 누구나 쉽게 받아야 한다는 것을 의미한다. 즉, 사람들이 서비스를 이용하는 데 아무런 장애가 없어야 한다는 것이다.

3) 사회복지서비스 전달체계의 문제점 및 개선방안

사회복지서비스 전달체계의 운영주체는 공공과 민간으로 나뉜다. 현대사회에서 사회복지서비스는 공식적으로 조직된 조직을 통해서 전달되도록 법률에 의하여 규정되어 있다. 공공 사회복지서비스 전달체계는 국가 또는 지방자치단체가 운영 주체가 된다. 각종 사회보험은 중앙정부 차원에서 전달되고 있으며, 공공부조와 사회복지서비스 전달체계는 중앙 및 지방자치단체에서 분담하는 형태를 취하고 있다. 민간 사회복지조직이란 영리를 목적으로 하지 않는 주민조직과 사회복지법인, 재단법인 및 사단법인, 종교단체, 법정단체 및 기타 특수법인, 등록단체나 그 법인 또는 단체가 사회복지사업을 목적으로 운영하는 시설과 기관을 말한다(신복기 외, 2005).

공공 사회복지서비스 전달체계 및 민간 사회복지서비스 전달체계의 문제점 및 개선방안은 다음과 같다.

(1) 공공 사회복지서비스 전달체계

공공 사회복지서비스 전달체계의 문제점은 다음과 같다(전해황 외, 2016).

① 대부분의 사회복지서비스가 중앙정부에서 정책과 계획을 수립하고 하부기관은 그 지침에 따라 업무를 수행하는 상의하달식으로 전달되고 있다.

② 사회복지서비스 업무가 행정안전부의 지방행정체계에 편입되어 수행되므로 사회복지서비스의 특성과 전문성을 살리지 못한다.

③ 사회복지 전문가인 사회복지전담공무원의 수가 부족하여 취약계층의 자립, 자활, 재활을 위한 상담 등의 전문적 대인서비스가 제대로 이루어지지 않으며 업무과중으로 소진 현상이 일어난다.

④ 지도 · 감독하는 상급자가 사회복지 분야에 대한 이해가 부족한 일반 행정공무원이므로 전문적 지도 · 감독을 하기 어렵고, 동료 간의 전문적 사례연구회의 등을 통한 업무의 질 향상을 기대하기 어렵다.

공공 사회복지서비스 전달체계의 개선방안은 다음과 같다.

① 사회복지서비스 전달체계를 지시적 · 감독적 · 후견적인 수직적 관계에서 상호 보완적 · 수평적 · 협동적 관계로 전환한다.

② 과다한 계층 수를 줄여서, 보고 · 지시 · 감독 · 통제 등을 완화하여 신속하게 서비스를 전달할 수 있도록 한다.

③ 사회복지전담공무원을 충원하여 서비스를 효율적이고 효과적으로 제공한다.

(2) 민간 사회복지서비스 전달체계

민간 사회복지서비스 전달체계의 문제점은 다음과 같다(신복기 외, 2005).

① 조직구조상의 문제점을 들 수 있다. 대부분의 사회복지기관이나 시설은 그 운영에 필요한 재정의 상당 부분을 정부의 보조에 크게 의존하고 있다. 그리고 그 운영에 있어서 지도 · 감독을 받아야 한다. 그 결과 민간부분의 장점인 자율성과 창의성이 크게 제약을 받고 있다.

② 관리운영상의 문제점을 들 수 있다. 사회복지조직의 협의기구들이 조정자로서의 역할과 기능이 미약하다는 것이다. 생활시설협의회의 경우 생활시설이 재정적으로 정부보조금에 의존하기 있기 때문에 사회복지시설의 문제에 대하여 이슈화시키는 데는 한계가 있다. 생활시설은 대부분 만성적 재정난에 봉착되어 있으며, 특히 단순 수용보호사업만으로는 클라이언트의 복지목표를 기대하기는 어려운 실정이다.

③ 전달인력상의 문제점이다. 생활시설의 경우 대부분의 시설이 빈약한 운영비 때문에 적합한 전문인력을 고용할 수 없는 실정이다. 취업공고를 내어도 근무여건의 열악성으로 인하여 전문 사회복지사가 취업을 기피하고 있다.

민간 사회복지서비스 전달체계의 개선방안은 다음과 같다(최성재 · 남기민, 2016).

① 기존 사회복지협의체인 한국사회복지협의회의 기능을 강화시키며, 새롭고 순수한 민간기관의 협의체를 결성하는 것이 바람직하다.

② 생활시설의 개선이다. 생활시설의 전문적 수준을 높여야 하고 이를 위해서는 사회복지시설 종사자에 대한 처우가 크게 개선되어야 한다.

③ 이용시설의 개선이다. 우선 이용시설에서도 생활시설에서와 마찬가지로 전문적 수준을 높여야 한다. 그리고 많은 경우 한 시설에서 다양한 서비스를 제공하려는 경향이 있는데, 서비스의 통합점이라는 부분에서는 바람직한 면도 있으나 서비스의 수준이 전반적으로 낮은 상황에서는 많은 종류의 서비스를 제공하면 모든 서비스의 질이 낮아질 가능성이 높다. 그러므로 지역주민의 욕구에 부합하는 이용기관의 특화된 서비스를 제공하여

전문성 확보를 위해 노력해야 할 것이다.

03 사회복지조직의 운영관리

1) 리더십

일반적으로 리더십이란 주어진 상황에서 목적의 달성을 위해 개인이나 집단의 행동에 영향을 미치는 과정 혹은 동기부여하는 능력이라고 한다. Katz와 Kahn(1978)은 리더십이란 조직 구성원이 업무를 수행함에 있어 요구되는 수준을 초월하는 수준의 성과를 불러일으키는 영향력이라고 정의하였다. 사회복지기관 리더의 리더십으로 가장 바람직한 것은 아마도 서번트 리더십(servant leadership)일 것이다. 서번트 리더십은 타인을 위한 봉사를 가장 중시하고, 종업원, 고객 및 공동체를 최우선시하며, 이들의 욕구 충족을 위해 헌신하는 리더십이다(원석조, 2020).

사회복지 조직은 대부분 법령과 규칙, 절차에 의해 민주적으로 리더십을 부여한다. 사회복지 조직의 리더십 수준을 살펴보면 최고 관리층은 조직을 이끌어 나갈 전반적인 책임을 지고 있는 사람으로 기관장의 경우 조직 외부의 다양한 이해관계자나 지역사회와 상호작용하면서 조직 내 · 외부의 환경 변화에도 적절히 적응하며 조직을 이끌어 가야 한다.

중간 관리층의 경우 주요한 프로그램 부서를 책임지고 있는 부장, 국장 등은 최고 관리층에서 내려오는 지시를 구체적인 프로그램 목표로 전환한 후 그 목표를 달성하기 위해 프로그램 전략을 선택해야 한다. 프로그램을 성공적으로 수행하기 위해 인적 · 물적 자원을 확보하고 프로그램 활동을 감독 · 조정 · 평가한다.

하위 관리층은 일선 사회복지사와 매일 접촉하는 팀장으로 실질적인 지침을 내리고 부족한 지식과 기술을 지적해 주며 개인이 업무를 잘 수행해 나갈 수 있도록 개인의 성과를 평가한다.

2) 인적자원 관리

사회복지조직에서의 인사관리란 사회복지기관이나 복지시설 등 사회복지조직에서 해당 조직의 목적과 프로그램 목표를 효과적 · 능률적으로 달성하기 위하여 사회복지사를 비롯한 사회복지조직 구성원의 능력을 최대한으로 활용하기 위한 모든 인사와 관련된 관리활동을 의미한다. 인사관리의 궁극적 목적은 조직 인력에 대한 모집, 훈련 및 개발을 통해 조직 인력의 기능과 창조성을 극대화하여 조직 목표를 보다 효율적으로 달성하는 데 있다. 인사관리의 개괄적 과정은 다음과 같다.

(1) 인사계획

인사계획은 기관목적의 달성을 위해 어떤 기능을 갖춘 인력이 얼마나 필요하며, 또 언제 선발할 것인가 등 인사 충원에 대한 전반적 계획을 의미한다.

(2) 모집 및 선발

모집의 목적은 질적으로 우수한 인적자원을 조직에 필요한 시기에 선발할 수 있도록 충분한 지원자를 확보하는 데 있다. 선발은 모집활동에 의해 응모한 지원자 중에서 조직이 필요로 하는 직무에 가장 적합한 자질을 갖추었다고 판단되는 인적자원을 선택하는 과정이다.

(3) 교육훈련

조직에서 구성원에 대한 교육훈련계획을 수립하여 실행하는 목적은 조직에 참여한 모든 구성원의 지식 · 기술 · 태도를 교육훈련에 의하여 향상시킴으로써 조직을 발전시키는 데 있다.

(4) 인사고과(근무평정)

인사고과란 일정 직무를 수행하고 있는 구성원에 대하여 그 직무의 수행능력, 업무실적, 업무수행태도, 적성, 자격, 성격, 습관, 개발 정도, 장래성 등의 가치를 사실에 입각하여 체계적 · 정기적 · 객관적으로 평가 측정하는 제도라고 할 수 있다.

(5) 인력유지관리

승진 및 이직관리를 통해 기관목표의 달성을 위한 효율적 인력유지가 중요하다. 승진은 조직 구성원의 입장에서는 자아발전의 욕구를 충족시키며 조직 입장에서는 효율적 인적자원 개발의 토대가 된다. 이직은 고용관계의 단절을 의미하며, 즉 조직 구성원이 조직을 떠나는 것이다. 이러한 이직은 적절히 운영될 때, 다른 환경에서 잠재능력을 발휘하도록 하여 개인의 이익을 보장해 줄 수도 있고, 조직의 효과적인 관리를 보장할 수도 있으나, 잘못하여 악용될 경우에는 개인 및 조직의 피해는 물론 사회문제로까지 확산될 수 있다.

3) 재정관리

재정관리란 조직이 목표관리를 위해 필요한 재정자원을 합리적이고 계획적으로 동원 및 배분하고, 효율적으로 사용 · 관리하는 과정을 의미한다. 사회복지조직의 예산은 대부분 정부보조금, 민간 후원금, 기부금으로 편성이 되기 때문에 투명하고 책임성 있게 예산관리가 이루어져야 한다. 비영리조직인 사회복지조직에서의 재정관리는 조직특성상 일반 행정기관이나 기업과는 다른 독특한 성격을 지니고 있다. 특히 무형의 서비스를 제공하면서 공공성과 동시에 약간의 수익성을 추구해야 하기 때문에 예산수립 및 운영, 회계 절차 등에 대한 지식과 기술에 대한 중요성은 더욱 강조되고 있다. 또한 사회복지조직에 있어서 정부보조금의 경우 대부분 인건비, 운영비가 차지하고 있어 사업비의 경우 후원금 확보를 통해 실행이 되므로 후원금을 투명하게 관리하고 기부목적에 맞게 사용할 책임감과 사용후 보고도 중요해졌다.

일반적으로 사회복지조직의 재정관리 과정은 예산을 편성한 후 사회복지조직은 운영위원회 보고를 거쳐 법인 이사회의 의결을 거쳐 확정하여 시 · 군 · 구 보고를 하고 집행을 한다. 특히 사회복지조직은 사회복지법인 및 사회복지시설의 재무 · 회계규칙에 의거하여 예산을 편성하고 집행하여 명확성, 공정성, 투명성을 높여 조직의 합리적인 운영을 하고 있다.

4) 마케팅 관리

마케팅은 제품이나 서비스를 소비자에게 먼저 선택받기 위해 실시하는 제반 활동을 의미한다. 사회복지조직의 서비스는 눈에 보이지 않는 무형의 서비스로 마케팅을 해야 하기 때문에 영리조직과의 마케팅과는 다르게 접근해야 한다. 클라이언트의 욕구는 복합적이고 다양하게 나타나고 있으며, 이에 따라 사회복지조직에서도 클라이언트의 복합적인 욕구를 충족시키기 위해 다양한 자원 확보를 통한 서비스를 제공하기 위해 노력하고 있다. 특히 오늘날 사회복지 서비스 제공에 있어서 공급자 중심이 아닌 이용자 중심의 서비스로 전환이 되어 본인이 원하는 서비스를 받고자 하며, 서비스를 제공하는 기관이 증가하면서 조직 간의 경쟁으로 이어지고 있다. 이처럼 클라이언트의 복합적인 욕구를 충족시키기 위해서는 다양한 인적 · 물적 자원의 확보가 중요한 부분이며, 또한 이용자가 원하는 서비스를 제공하여 경쟁기관보다 먼저 우위를 확보하기 위해서는 마케팅이 점점 중요해질 수밖에 없다. 최근 사회복지기관의 책임성 확보와 비용효과성의 강조는 마케팅을 중요한 관리활동의 하나로 부각시켰다. 사회복지기관에서 주로 활용되는 마케팅 기법에는 연중모금, 이벤트모금, 프로포절 제출을 통한 지원금 확보 등이 있다.

5) 정보 관리

사회복지조직에서 업무를 수행함에 있어서 정보가 충분히 공유되지 않으면 각자 정보를 생성해야 하는 어려움이 발생한다. 따라서 업무를 수행하는 데 있어서 의사결정을 하는 데 실질적인 도움을 줄 수 있는 정보를 공유하고 제공하는 시스템이 필요한 것이다. 정보관리체계를 갖추게 되면 자료입력을 통해 보고서 작성이 용이해지고 문서작성에 소요되는 시간을 단축시킬 수 있다. 사회복지 영역에서 정보화는 서비스에 정보기술을 접목하여 클라이언트에게 적절하고 효과적인 서비스를 효율적으로 전달해 주는 것을 목적으로 하고 있다. 축적된 자료를 통해 클라이언트의 욕구에 기반한 서비스를 제공할 수 있고 불필요한 서비스의 중복이나 누락을 방지할 수 있다. 또한 사회복지사가 수행한 사업내용을 전산망을 통해 관리를 하기 때문에 조직 내 구성원들이 사업내용을 볼 수 있어서 보다 책임성을 가지고 사업을 진행할 수 있으며 타 조직 간의 정보공유가 가능하여 서비스의 연계가 보다 용이하다. 사회복지조직에서 정보관리를 하는데 고려해야 하는 사항은 수요자 중심의 정보화, 온라인과 오프라인 상에서 사회복지서비스 연계, 개인정보 보호에 대한 고려, 사회복지서비스 영역별 정보화 연계, 정보의 접근성 강화 원칙이 고려되어야 한다.

04 사회복지 프로그램 개발과 평가

1) 사회복지 프로그램의 개념

프로그램은 일정한 목적을 달성하기 위해 계획된 활동들의 구조화된 집합체를 말한다(이봉주 · 김기덕, 2016). 프로그램은 특정 목표를 달성하기 위한 활동들로 구성되며 사회복지 프로그램도 마찬가지로 사회복지의 목적을 달성하기 위해 설계되고 계획된 조직적인 활동으로 사회복지와 프로그램의 합성어이다. 궁극적으로 사회복지의 목적은 클라이언트의 삶의 질 향상이라는 목적을 가지고 있기 때문에 사회복지 프로그램이란 클라이언트의 삶의 질 향상을 위해 계획되고 실행되는 활동이라고 할 수 있다. 다시 말해서 사회복지 프로그램이란 사회복지가 추구하는 특정한 목적과 목표를 성취하기 위해 설계된 조직적인 활동으로 사회복지사와 사회복지조직의 사명을 실현하는 수단이자(김상곤 외, 2012), 사회복지의 목적을 달성하기 위한 프로그램으로 정의할 수 있다(이봉주 · 김기덕, 2014). 따라서 사회복지 프로그램은 사회복지실천의 목적이나 목표를 달성하기 위해 설계된 조직적인 활동으로 사회복지기관이나 시설이 프로그램을 통해 사회 구성원들의 사회적 욕구를 충족시키기 위해 서비스를 제공하기 위한 실천계획이라고 할 수 있다.

2) 사회복지 프로그램의 개발과정

(1) 프로그램 기획

프로그램 기획(planning)이란 사회복지의 목적을 효과적으로 달성할 수 있도록 하며 클라이언트의 삶의 질을 향상시키는 목적을 효과적으로 달성할 수 있도록 그 내용과 과정을 개발하는 과정을 의미한다. 프로그램의 기획과정은 목적을 달성하기 위한 자원을 가장 적절하게 배치하는 것으로 그 과정을 살펴보면 다음과 같다(이봉주 · 김기덕, 2014; 정무성 · 정진모, 2001).

(2) 프로그램 기획단계

① 문제분석

사회복지 프로그램 개발에 있어서 문제를 발견하고 분석하여 우선순위를 정하고 기본적인 프로그램의 기본 방향을 설정하는 단계이다. 사회복지 프로그램을 통해 클라이언트의 다양한 욕구를 충족시키고, 개인 · 집단 · 지역사회가 가지고 있는 사회문제를 해결할 수 있다. 프로그램이 성공적으로 실행되기 위해서는 사회문제에 대한 이해와 프로그램 개발 단계인 초기단계에서 문제 확인 및 분석에 대한 정확한 이해가 필요하다.

② 목표설정

프로그램의 목적 및 목표를 설정하는 것은 클라이언트의 문제를 해결하고 욕구를 충족해 줄 프로그램에서 달성하고자 하는 구체적인 방향을 설정하는 것이다. 프로그램의 구체적인 내용은 목표를 달성하기 위한 적절한 방법과 내용으로 구성되며, 목표는 프로그램을 개발하는 데 있어서 명확한 기준이 되며, 방향성을 제시한다.

목적은 목표로 세분화되고 목표는 하위목표로 다시 세분화할 수 있다. 하위목표성취를 통해 목표를 달성하게 되고 궁극적으로 목적이 실현되는 것이다. 목표는 목적을 성취하기 위한 것으로 실현 가능하고 측정 가능해야 한다(정무성, 2008).

③ 프로그램 설계 및 구현

사회복지 프로그램을 설계하는 것은 프로그램의 목적 및 목표를 달성하기 위해 주어진 여러 가지 대안 중 가장 적절한 대안을 선택하여 구체화해 나가는 과정이다. 전체적인 맥락에서 프로그램 목적과 목표 달성에 가장 부합하고 클라이언트에게 가장 도움이 되는 활동 내용을 결정하는 것이다. 프로그램의 활동내용을 구성할 때에는 구성요소별로 계획을 수립하여 구체적으로 작성해야 한다. 이처럼 프로그램의 목표를 달성하기 위해 여러 가지 대안 중 가장 적절한 대안이 설정되면 구체적인 실행계획이 수립되어야 한다. 가장 적절한 대안서비스에 대해 목적, 목표, 서비스의 양과 질, 수행방법, 시간, 장소, 예산, 담당인력, 참여인원 등을 구체적으로 작성한다. 좋은 프로그램이라 할지라도 실질적으로 투입할 수 있는 재정이 확보되어 있지 않다면 의미가 없다.

프로그램이 구현되기 위해 실행계획 수립을 할 때 반드시 구체적인 예산계획과 재원조달계획이 수립되어야 한다. 프로그램을 실행함에 있어서 적절한 계획을 수립하고 계획 수립에 있어서 필요한 요소들이 포함되었는지 점검하고 확인하는 것은 중요하다. 프로그램 실행이 계획대로 실시되기 위해서는 준비 단계에서 점검 및 확인이 필요하다. 프로그램에 필요한 항목과 사전 체크리스트를 작성하여 프로그램 실시 전 최종 점검이 이루어져야 한다. 점검 결과를 바탕으로 프로그램의 목표 달성을 위해 수정 · 보완될 수도 있다. 사전점검이 완료되면 프로그램이 실시되는데, 성공적인 프로그램 진행을 위해서는 오리엔테이션을 통해 역할분담, 프로그램 구성내용 등 활동 전반에 대한 내용을 숙지해야 한다. 프로그램 참여자가 전반적인 프로그램에 대해 이해하고 관계를 형성할 수 있도록 분위기를 조성함으로써 프로그램이 성공적으로 실행될 수 있도록 한다. 프로그램은 목적과 목표를 달성하기 위해 실행되지만 진행과정에 따라 수정해야 할 필요가 발생할 시 담당자는 충분히 검토를 하고 수정 · 보완해서 실시해 나가야 한다.

④ 프로그램 평가

프로그램의 평가는 프로그램 체계에 대한 평가로 이루어진다. 즉, '문제상황 → 투입 → 활동 → 산출 → 성과'로 이루어진 단계에서 과업들이 제대로 작용하고 결과물로 제시되었는가를 검사하는 것이다. 이러한 평가는 효율성과 효과성을 확인하는 것으로 향후에는 성패의 이유에 대한 확인 및 피드백을 제공하기 위해 실시한다.

3) 사회복지 프로그램의 평가

프로그램을 기획하고 개발하는 목적은 설정된 목표를 달성하여 개인 · 집단 · 지역사회 문제를 해결하고 개개인의 욕구를 충족시켜 삶의 질 향상과 더불어 바람직한 상태의 변화를 이끌어냈는가의 여부이다. 이를 위해서는 계획했던 목표를 달성하고 적절한 성과를 냈는가의 여부를 객관적으로 평가해야 한다. 사회복지 프로그램의 평가는 목표대로 잘 계획하고 실행했는가의 여부를 파악하여 향후 프로그램의 확대, 지속, 축소 등의 정책을 결정하는 데 있어서도 영향을 미치기 때문에 필요하다(황성철 외, 2020). 프로그램 목표는 평가에서도 중요한 역할을 하며, 평가의 기준이 된다. 성공적인 프로그램은 당초 계획했던 프로그램의 목표를 달성하여 만족스러운 결과가 나타났다는 것을 의미한다. 따라서 프로그램 평가는 과학적이고 논리적인 방법으로 이루어져야 한다. 프로그램 평가는 프로그램 실행의 과정을 평가하는 과정평가와 프로그램이 종료된 후 최종 결과를 평가하는 결과평가로 구분된다. 프로그램 평가는 평가대상, 평가시기, 평가방법, 평가도구 등을 수립하고 구체적으로 이루어져야 한다. 평가내용에는 프로그램의 효과성, 효율성, 클라이언트의 변화 정도, 프로그램 참여 만족도 등이 포함된다.

(1) 평가의 기준

프로그램 평가 기준은 프로그램 평가를 위한 척도를 말하는데, 평가의 기준은 목표 달성의 수준, 기대하는 변화의 정도, 성과 또는 변화를 나타내는 점수, 원하는 가치가 산출되는 정도 또는 범위, 이용자의 만족도를 나타내는 특정 지표, 특정 행동 또는 태도의 변화 등이 있다(정무성 · 정진모, 2001). 여러 학자들이 대체적으로 제시하는 프로그램 평가의 기준에는 노력성, 효과성, 효율성, 서비스의 질(quality), 영향(impact) 등이 있다(황성철, 2011).

① 노력성

프로그램 평가의 기준으로 '노력성'은 프로그램 운영에 투입된 자원의 정도와 활동의 양(투입된 인력, 예산 그리고 수행을 위하여 전개된 활동량 등)을 말한다. 노력성을 평가하기 위한 자료의 예시는 다음과 같다.

- 인적 자원 투입 정도 : 사회복지사의 수, 참여 전문가의 수, 자원봉사자의 수 등
- 참여한 클라이언트의 수 : 상담의 건수, 의뢰 건수, 집단활동 참여자의 수 등
- 물적 자원 투입 정도 : 기자재 및 장비투입 횟수, 예산 지출액 등
- 업무수행활동 : 면접횟수, 치료 건수, 집단활동 횟수, 가정방문 횟수, 출장횟수 등

② 효과성

프로그램 평가의 기준으로 '효과성'은 프로그램의 목표 달성 정도를 측정하는 기준이 된다. 평가기준 가운데 '노력성'이라는 기준에 의해 측정된 '노력'으로 어떠한 '성과'가 발생하였는가를 살펴보는 것이다. 어떠한 결과가 발생하였는가에 있어서 특히 클라이언트의 변화된 정도를 검토한다.

③ 효율성

프로그램 평가의 기준으로 '효율성'은 투입(input)에 대비한 산출(output) 또는 성과(outcome)의 정도를 말한다. 다시 말해서 해당 프로그램의 산출이나 성과가 해당 프로그램에 투입된 비용에 비해 얼마나 큰가를 판단하는 것이다. '효율성'은 해당 프로그램의 산출이나 성과에 비해 해당 프로그램에 투입된 비용이 정당화될 수 있는가를 판단하는 기준이 되며, 투입된 비용/ 자원이 얼마나 효율적으로 사용되었는지, 얼마나 경제적인지를 확인하는 기준이 된다.

④ 서비스의 질

프로그램 평가의 기준으로 '서비스의 질(quality)'은 프로그램 제공자의 전문성을 말한다. 즉, 서비스 제공자의 자격요건 또는 서비스 제공방법이 전문적 기준에 적합한지와 관련된다(자격증 소지자 비율, 전문교육을 받은 횟수, 외부 전문가의 자문 정도 등).

⑤ 영향

프로그램 평가의 기준으로 '영향'은 해당 프로그램이 지역사회에 어떤 영향을 주었는가와 관련되는 것이다. 예를 들어, 해당하는 지역사회의 문제해결에 대한 해당 프로그램의 영향을 말한다. '영향'을 측정하기 위해서 해당 문제나 욕구를 갖고 있는 집단 가운데 해당 프로그램을 통해 효과가 나타난 인원의 비율을 계산하여 판단한다.

4) 프로그램 평가의 모델

사회복지 프로그램 평가의 대표적인 모델은 논리모델(logic model)로 가장 많이 활용되는 모델이다. 논리모델은 투입, 전환(활동), 산출, 성과, 영향의 관계를 논리적으로 설명하는 도식을 활용하여 프로그램 성과를 체계적으로 평가하는 모형이다.

(1) 투입(Input)

프로그램에 투여되거나 프로그램에 의해 소비된 자원을 의미하는 것으로 인적 · 물적 자원을 의미한다. 프로그램에 작용하는 기제로 법, 규정, 규칙 등도 포함된다. 예를 들어, 이용자, 직원, 봉사자, 자금, 예산, 시설, 장비, 소모품 등이 해당된다.

(2) 전환(Throughput)

프로그램의 목적을 성취하기 위하여 이루어지는 활동이다. 자원 투입을 통해 활동이 일어나기 때문에 전환이라고도 하며 주로 구체적인 프로그램 전략, 기술, 치료 등으로 기술된다. 예를 들어 상담, 직업훈련, 치료 및 교육, 보호, 청소년 대인관계 지도, 사회적응훈련, 재가서비스, 정보제공 및 의뢰 등이 해당된다.

(3) 산출(Output)

프로그램을 통해 얻은 양적인 최종 실적이다. 프로그램 활동의 직접적인 산물로 주로 서비스의 양적 측면을 평가한다. 예를 들어 상담 수, 서비스에 참여한 참여자 수, 취업인원, 서비스 시간, 분배된 교육자료의 수, 지도한 집단 수 등이 해당된다.

(4) 성과(Outcome)

프로그램 활동 중, 활동 이후의 참여자들이 얻은 이익으로 클라이언트에게 나타난 변화를 의미한다. 이때 성과는 산출에 의해 영향을 받기 때문에 산출 다음에 기술하며 주로 질적 측면을 평가한다고 볼 수 있다. 예를 들어, 새로운 지식, 향상된 기술, 태도 및 가치의 변화 등이 해당된다.

(5) 영향(Impact)

프로그램이 당초 의도했던 사회문제 해결에 미친 정도와 지역사회 파급효과를 의미한다. 주로 장기적이고 거시적인 성과에 해당한다. 예를 들어, 지역사회의 취업률 증가, 실업률 감소, 사교육비 감소 등이 해당된다.

문제상황(Situations) → 투입(Inputs) → 활동(Activities) → 산출(Outputs) → 성과(Outcomes)

상황 (Situations)	투입 (Inputs)	활동 (Activities)	산출 (Outputs)	성과 (Outcomes)
–프로그램을 기획해야 할 이유로 지역사회의 문제나 욕구	–프로그램에 투여되거나 프로그램에 의해 소비된 자원	–임무를 수행하기 위해 프로그램에서 투입으로 활동하는 것	–프로그램 활동의 직접적인 산물(량)	–프로그램 활동 중과 활동 이후의 참여자들이 얻은 이익이나 변화
• 이슈화된 지역사회 문제 • 해결되지 않은 개인의 욕구 • 서비스, 프로그램 자원의 부족	• 직원, 봉사자 • 자금/ 예산 • 시설 • 장비, 소모품 –프로그램에 작용하는 기제물 • 법, 규정, 규칙	• 상담 • 직업훈련 • 치료 및 교육 • 보호 • 대인관계 지도 • 사회적응훈련 • 캠프 • 자조모임	• 상담 수 • 서비스에 참여한 참여자 수 • 취업 인원 • 서비스 시간 • 분배된 교육적 자료의 수 • 지도한 집단 수	• 초기 –새로운 지식 –향상된 기술 –태도 및 가치의 변화 • 중기 –행동의 변화 • 장기 –조건과 지위의 변화

|그림 9-1| 로직 모델의 구성요소

5) 사회복지 프로포절 작성방법

(1) 사업명 짓기

사회복지 프로그램에서 사업명을 짓는 것은 매우 중요한 요소이다. 사업명은 프로그램의 성격을 명확하고 함축적으로 표현할 수 있어야 한다. 사업명은 프로그램의 대상, 실천방법, 사업의 목적 세 가지를 섞어서 순서에 구애 없이 가장 자연스러운 조합을 만드는 것이다. 공식적인 사업명과 함께 부제를 활용할 때에는 프로그램의 이미지를 연상할 수 있는 단어를 사용하는 것이 좋다. 예를 들면, 아동 학대 고위험 가정의 심리사회적 임파워먼트를 위한 연극치료 프로젝트 "무대 애(愛)서"와 같이 사업명을 기재하면 된다.

(2) 사업의 필요성

사업을 수행해야 하는 이유에 해당되는 것으로 어떤 사회 문제와 그 문제를 가진 집단의 욕구 등을 기술해야 한다. 프로그램이 해결하고자 하는 문제와 그 원인을 정확하게 파악하는 것은 추후 프로그램의 목적과 목표를 분명히 하는 데 기초가 된다. 정의된 문제는 신청 프로그램이 궁극적으로 해결하고자 하는 목적과 연관되고 문제의 원인은 신청 프로그램이 달성해야 할 목표와 연관되기 때문에 원인을 정확하게 파악할 경우 구체적인 목표를 제시할 수 있다. 문제의 정의와 욕구 기술방법은 경험적 근거가 기본이 되지만 선행연구, 이론적 근거, 통계자료, 욕구조사, 언론보도내용 등을 통해 이를 보다 논리적이고 객관화시켜 기술해야 한다.

(3) 사업대상

이 단계에서 해야 할 일은 누가 프로그램에 참여할 것인지를 선택하는 것이다. 일반적으로 사회복지 프로그램에서 대상자 선정은 사전에 표적집단의 개념을 정하고 분포와 규모를 추정하며 좁혀가는 표적집단 사전계산법을 활용한다.

〈표 9-1〉처럼 일반집단, 위기집단, 표적집단, 클라이언트 집단의 네 가지 집단으로 구분하여 표현하며, 〈표 9-2〉는 사회복지공동모금회 프로포절 대상자 선정방법이다(정무성, 2008; Taber & Finnegan, 1980).

<표 9-1> 사업대상

대상구분	서비스 대상자 산출근거	단위수(명)
① 일반대상	서울시에 거주하는 1, 2학년 초등학생	11,597명
② 위기대상	일반대상 중 동작구지역 내 1, 2학년 초등학생	1,450명
③ 표적대상	위기대상 중 맞벌이 저소득층 부모를 둔 초등학생	290명
④ 클라이언트 수	표적대상 중 본 P/G에 참여하고자 하는 아동	20명

<표 9-2> 사업대상자 선정방법

핵심 참여자	ㅇㅇ구, △△구, XX구 내 아동 학대 고위험 가정 피해 아동 20명 ㅇㅇ구, △△구, XX구 내 아동 학대 고위험 학대 행위자 20명
주변 참여자	ㅇㅇ구 내 핵심 참여자 가족 구성원 60명

출처 : 사회복지공동모금회(2020).

(4) 사업목적 및 목표

① 사업목적

프로그램의 사명에 대한 의도적인 표현으로 추구하고자 하는 사업의 방향이다. 목적(goal)은 거시적 · 포괄적 · 추상적 · 장기적으로 바람직한 미래의 상태를 의미하며 목적은 목표로 세분화되고 목표는 하위목표로 다시 세분화할 수 있다(정무성, 2008). 하위목표성취를 통해 목표를 달성하게 되고 궁극적으로 목적이 실현되는 것이다.

② 사업목표 및 평가

프로그램을 통해 구체적으로 달성하고자 하는 것으로, 가급적 계량화(수치 이용)시켜 표현하며, 계량화할 수 없는 경우 사업성과를 측정할 수 있는 기준(프로그램 만족도, 변화 상태)으로 서술한다. 보통 사업의 목표는 성과목표와 산출목표로 구분된다. 평가는 사업의 세부내용을 계획대로 수행했는지를 확인하는 형성평가 또는 과정평가와 사업의 목표를 제대로 달성했는지를 확인하는 총괄평가로 구분된다. 평가방법에는 양적 방법과 질적 방법이 있다. 양적 평가방법에는 수치 세기, 표준화된 척도, 기능수준 척도, 만족도 조사 등을 통해 대상자의 참여나 변화를 확인할 수 있다. 질적 평가방법에는 심층면접, 참여적 관찰, 비참여적 관찰, 영상매체기록 등을 통한 대상자의 변화를 체크할 수 있다.

<표 9-3> **산출목표**

세부 사업명	산출목표	모니터링 방법
맞춤형 서비스 지원	20가정 일반상담 5회, 총 100회 실시	방문 일자별 상담기록 작성
	20가정 심리 치료 1회, 총 120회 실시	검사 결과/ 치료 일지 확인
	서비스 통합 사례 회의 5회 실시	사례회의록 작성
	일상생활 지원 가정별 1회, 총 20회 실시	자원연계 내역 기록
양육교육 프로그램	전문가 상담 및 교육 가정별 2회, 총 20회 진행	교육 일지 및 상담기록 작성

출처 : 사회복지공동모금회(2020).

<표 9-4> **성과 목표 및 평가방법**

성과목표	평가 도구 및 방법	측정 시기
아동학대 행위자의 학대 위험요인 감소	• 성과지표 : 학대 위험 20% 감소 • 평가도구 : 학대위험도 평가척도 • 평가방법 : 학대행위자 20가정 대상 사전 사후 설문조사	사전(2월), 사후(12월)
아동학대 행위자의 부모양육태도 향상	• 성과지표 : 부모 양육 태도 20% 향상 • 평가도구 : 부모양육태도검사(PAT) 척도 • 평가방법 : 부모, 가족 구성원 사전 사후 설문조사	사전(4월), 사후(12월)
아동학대 피해가정 가족 기능 강화	• 평가주체 : 본 기관 담당자 • 평가방법 : 참여자 20가정을 대상으로 구조화된 질문지를 통해 인터뷰 실시	사업종료 후 (12월)

출처 : 사회복지공동모금회(2020).

(5) 사업내용

① 세부 사업내용

프로그램의 목표를 달성하기 위해 여러 가지 대안 중 가장 적절한 대안이 설정되면 구체적인 실천계획이 수립되어야 한다. 프로그램이 실제로 가능하도록 제시해야 하는 단계이므로 프로그램을 실행하기 위한 활동으로 프로그램명, 시행시기, 서비스의 양과 질, 수행방법, 시간, 장소, 담당인력, 참여인원 등 구체적인 작성을 해야 한다. 사회복지공동모금회의 경우 세부 사업내용 작성 시 자유롭게 작성을 하되, 사업을 어떻게 추진할 것인지에 대하여 세부 사업별 시행방법, 시행 시기 및 횟수, 사업 진행 일정 등 구체적인 작성을 요구하고 있다. 즉, 사업내용을 작성 시에는 프로그램 목표를 달성하기 위한 구체적인 내용을 포함하여 프로그램 간 상호 관련성 있게 작성해야 수행하고자 하는 사업이 무엇인지를 명확하게 알 수 있다는 것이다. 〈표 9-5〉는 사회복지공동모금회 배분사업 안내에서 제시하고 있는 '아동학대 고위험 가정의 재학대 예방을 위한 심리정서지원 프로그램' 사업내용이다.

<표 9-5> **세부 사업내용**

세부사업명	활동(수행방법)
맞춤형 서비스 지원	○ 상담/ 심리치료 : 담당자의 가정 방문을 통한 문제 파악 및 해결방안 모색/ 가정별 5회 전문 심리 검사/ 가정별 1회, 심리치료/ 가정별 6회 ○ 일상생활 지원 : 주거환경 개선, 긴급생계지원, 학습지원 등 서비스 연계/ 가정별 1회 ○ 사례 회의 : 참여자 및 사업 담당자 대상 사례별 진행상황 점검 및 상호 피드백 실시/ 1회 ○ 정신 건강 지원: 정신의학 전문가 진단에 따라 치료 정신과 진료 지원/ 10가정 선정, 가정별 1회
양육교육 프로그램	○ 담당자 상담을 통해 양육교육이 필요한 10가정 선정 ○ 전문기관 연계를 통한 양육기술 상담 교육 • 행위자 초기 상담, 종합심리평가, 양육태도검사 각 1회 실시 • 양육태도 및 감정코칭 등 전문가를 통한 교육 2회 실시

출처 : 사회복지공동모금회(2020).

② 사업 진행일정

프로그램 주요 활동내용을 구성하고 프로그램을 효과적으로 진행하기 위해 프로그램 내용과 수행방법을 프로그램 진행일정에 따라 계획해야 한다. 프로그램 활동에 대한 관리기법으로 일반적으로 활용되고 있는 것은 월별 활동별 시간계획표(Gantt Chart)이다. 월별 활동별 시간계획표는 프로그램 시작에서부터 종료까지 수행될 세부 사업내용별로 진행일정을 일목요연하게 나타낼 수 있다. 프로그램 세부 목표와 수행해야 할 과업을 세로축에 작성하고 프로그램 전체 시간을 가로축에 작성하여 해당 프로그램의 진행 시기와 일정을 도표로 나타낸 것이다. 〈표 9-6〉은 사회복지공동모금회 배분사업 안내에서 제시하고 있는 프로그램 활동별 시간계획표이다.

<표 9-6> 사업 진행일정

주요 내용 \ 기간		1월	2월	3월	4월	5월	6월	7월	8월	9월	10월	11월	12월
참여자 선정		■	■	■									
맞춤형 서비스 지원	상담/ 심리치료			■	■	■	■	■	■	■	■	■	
	일상/ 정신건강 지원				■	■	■	■	■	■	■	■	■
	사례회의					■		■		■		■	
양육 교육 프로그램	초기상담/ 검사					■	■						
	교육 진행							■	■	■	■	■	

출처 : 사회복지공동모금회(2020).

③ 자원활용 계획

사회복지기관은 외부자원 의존도가 높은 특성을 가지고 있기 때문에 지역사회 내 네트워크 구축을 통한 기관 연계협력이나 자원 확보는 프로그램을 수행함에 있어서 중요한 부분이다. 따라서 사회복지사는 프로그램 수행 시 기관 연계협력 전략과 자원 확보방안에 대해서 체계적인 계획을 수립하고 구체적으로 작성해야 한다. 사회복지공동모금회 배분사업 안내서에서 제시하고 있는 기관 연계협력 전략 예시이다.

<표 9-7> 기관 연계협력 전략

협력 기관명	세부 사업명	협력 계획	비고
☆☆장애인 종합사회복지관	재가장애인 영양교육	본 기관 : 참여자 발굴 협조 요청, 사업수행관련 자문 요청 협력 기관 : 참여자 의뢰 및 정보제공 사업수행관련 자문 제공 본 기관과 공동모니터링	
☆☆구 복지행정팀	긴급지원 기금 모금	본 기관 : 사업 홍보 컨텐츠 제공 기금 및 후원자 관리 협력 기관 : 본 기관과 공동모금행사 주관 ○○단지 입주기업 대상 사업홍보	MOU 체결예정

(6) 예산 계획

프로그램 계획이 잘 수립되었어도 프로그램을 수행할 예산이 확보되지 않으면 프로그램은 실행될 수 없다. 따라서 프로그램 목표를 달성하기 위해서는 예산확보가 필수적이며, 이를 위해 사회복지사는 필요한 자원이 얼마인가, 어떻게 확보할 것인가에 대해 구체적인 활동을 하게 된다. 다음 프로그램 예산구성의 사례는 사회복지공동모금회 배분사업안내서에 성과중심형 사업계획서로 제출된 '아동학대 고위험 가정의 재학대 예방을 위한 심리정서지원 프로그램' 예산서이다. 예산서는 항목별 예산수립방식을 이용해 작성되었으며, 프로그램을 수행함에 있어서 필요한 모든 자원을 한 눈에 볼 수 있도록 일목요연하게 정리하였다. 산출항목은 인건비, 사업, 관리운영비 항목으로 구분되어 있으며 각 목을 세목과 세세목으로 분류한 다음 해당하는 비용에 대한 산출근거를 명확하게 제시하고 있다. 예산조달 계획에 있어서도 외부기관에서 신청하는 금액과 기관 자체적으로 해결할 수 있는 자부담재원으로 구분하여 작성한다.

<표 9-8> 예산 계획

(단위 : 원)

목	세목	세세목	계	산출근거	예산조달 계획				
					신청금액	비율(%)	자부담	비율(%)	자부담 재원
총 계			52,150,000		48,900,000	100	3,250,000	100	
인건비	전담인력	급여	16,000,000	1,600,000원×10월×1명	16,000,000				
		사회보험	1,750,000	175,000원×10월×1명			1,750,000		자체예산
	소 계		17,750,000		16,000,000	32.7	1,750,000	53.8	
사업비	맞춤형 서비스 지원	상담/심리	17,500,000	가정 방문 다과10,000원×20가정×5회			1,000,000		자체예산
				심리 검사 200,000원×20가정×1회	4,000,000				
				심리 치료비 100,000원×20가정×6회	12,000,000				
				사례회의 자문 및 진행비 100,000원×5회			500,000		자체예산
		심화 프로그램	4,000,000	전문상담 100,000원×10가정×1회	1,000,000				
				정신과 진료 지원 300,000원×10가정×1회	3,000,000				
		양육기술 상담교육	12,000,000	강사비(특별강사,2시간) 400,000원×20회	8,000,000				
				교재,교구 200,000원×10회	2,000,000				
				교육진행비 100,000원×20회	2,000,000				
	소 계		33,500,000		32,000,000	65.4	1,500,000	46.2	
관리 운영비	관리 운영비	교통비	600,000	50,000원×12월×1명	600,000				
		사무용품비	300,000	100,000원×3회	300,000				
	소 계		900,000		900,000	1.9			

출처 : 사회복지공동모금회(2020).

05 사회복지조직의 책임성과 평가

1) 사회복지조직의 책임성

(1) 사회복지조직 책임성의 의의

사회복지조직의 책임성은 사회복지사의 윤리강령과 사회복지원칙을 토대로 제공된 사회복지서비스에 대한 사회복지조직인 기관의 책임성이다. 사회복지조직은 그 조직이 수행하는 사업과 재정에 있어서의 책임성을 담보할 수 있는 형식과 내용으로 구성되어야 하며, 이것이 미흡할 경우에는 중앙정부와 지방정부 및 민간재정 후원자의 구성원들로부터 엄격한 감시와 규제를 받아야 한다 (한동우, 2008).

(2) 사회복지조직의 책임성에 영향을 주는 요인

사회복지조직의 책임성에 영향을 주는 요인을 내 · 외부적 요인으로 나누어 볼 수 있다.

먼저 내부적 요인은 다음과 같다.

① 서비스의 다양성 : 사회복지조직은 현실적으로 다양한 서비스를 제공하게 되는데, 결과적으로 기관에서 제공하는 서비스에 대한 효과성, 효율성을 측정하기가 쉽지 않다.

② 기술의 복잡성 : 제공하는 기술도 복잡해져서 투입과 성과에 대한 효과성과 효율성을 측정하기가 더욱 어려워지게 된다.

③ 목표의 불확실성 : 사회복지조직에서의 투입과 산출 간의 인과관계는 불확실하게 진행된다. 이는 사회복지조직의 특성상 인간이 조직의 원료이면서 산출물이기 때문에 인간의 능동성으로 인한 결과는 사회복지조직의 불확실성을 키워 책임을 측정하기 어렵게 하는 요인이 된다는 것이다.

그리고 외부적 요인은 다음과 같다.

① 공급주체의 다원화 : 공급주체의 다원화는 사회복지 공급 기관의 책임성의 문제로 비민주적 운영사례, 후원금 관리의 투명성 의혹, 모금에 대한 행정비 과잉지출 등이 지적받게 되었다.

② 민영화 경향 : 시장과 시민사회의 역할이 증대하면서 사회복지조직도 민간의 위탁운영이 많아졌다. 이때 위탁운영체가 지역주민의 욕구를 반영하기보다는 정부의 결정에 더 많은 영향을 받는 경향이 있어 비체계적이고 비효율적이라는 지적을 받고 있다.

③ 법률적 보완 : 우리나라 사회복지사업법에 따라 비영리 민간조직과 시설은 3년에 1회 이상 평가를 통해 책임을 입증하도록 제도화되어 있다.

2) 사회복지시설의 평가

정부는 1998년 사회복지사업법을 개정하여 1999년부터 사회복지시설평가가 이루어졌다. 사회복지시설의 평가는 사회복지 윤리강령을 기반으로 시설의 이용자의 인권을 보호하고 지역사회와의 긴밀한 연계 속에서 사회복지시설의 운영이 이루어질 수 있는 기반을 마련하는 데 의미가 있다. 즉, 평가를 통하여 시설운영의 효율성을 향상시키며 또한 사회복지시설 서비스의 수준을 향상시키는 데 가장 큰 목적이 있다(박주월 · 우혜숙, 2018).

06 한국사회복지행정의 과제

한국 사회복지환경의 급격한 변화에 대응하기 위해 사회복지조직이 해결해야 할 과제는 다음과 같다(황성철 외, 2020).

첫째, 사회복지서비스 공급조직의 확대에 따라 조직 경쟁력이 강화되어야 한다. 기존의 사회복지서비스 조직은 새로운 조직의 증가로 한정된 지역사회 자원을 놓고 경쟁하거나 갈등하는 상황이 더욱 심화될 것이다. 따라서 사회복지서비스 조직은 관리 및 행정체계를 정비하여 경쟁우위를 확보해야 한다. 사회복지조직은 그 특성상 외부자원에 크게 의존할 수밖에 없기 때문에 적극적인 환경관리가 요구된다. 이러한 관점에서 사회복지조직의 행정가와 관리자는 외부 지향적이며 변혁적인 리더십을 발휘하여 사회복지조직의 환경변화에 능동적으로 대응해 나가야 할 것이다.

둘째, 책임성의 요구 증대에 따른 사회복지조직관리 및 행정의 과학화가 필요하다. 사회복지조직에 대한 평가는 이미 법제화되어 평가가 진행되고 있으며, 이는 사회 전반에 걸쳐 피할 수 없는 흐름으로 자리를 잡아가고 있다. 사회복지조직을 비롯한 공공 영역의 평가의 핵심은 책임성 요구이고 이는 앞으로도 더욱 강화될 것이다. 따라서 사회복지조직은 올바른 책임의 이행을 위해 시설 및 기관의 전반적인 운영과 프로그램, 재정, 클라이언트와의 관계에서도 합리성과 전문성을 향상시켜야 한다. 따라서 사회복지조직에서는 행정체계의 과학화를 위해 경영정보 시스템 도입, 욕구조사방법의 체계화와 다양화, 각종 프로그램의 과학적인 관리기법 등이 요구되고 있다.

셋째, 노동환경의 변화에 따른 조직의 근로환경 개선과 새로운 사회복지서비스 조직의 문화 창달이 요구된다. 사회복지서비스의 질은 전문성을 갖는 직원들의 사기와 노력에 의해 크게 좌우된다. 따라서 서비스의 효과성을 향상시키기 위해서는 직원들의 동기부여 및 역량강화, 참여확대 등 발전적인 조직문화를 형성하고 유지해야 할 것이다. 특히 「사회복지사 등의 처우 및 지위 향상을 위한 법률안」이 2011년 3월 30일 국회 본회의를 통과하고, 2012년 5월 23일 일부 개정법률안이 국회 본회의를 통과함에 따라 사회복지공제회의 안정적인 운영을 통해 사회복지사들의 처우개선을 위한 법적 근거를 마련했다. 지속적으로 사회복지사 등의 처우개선에 대한 논의를 바탕으로 단일임금체계 마련을 위해 보다 적극적인 노력이 필요하다.

PART
3

사회복지의 분야

Chapter 10

아동복지

01 아동복지의 개념

1) 아동의 개념

아동복지를 알고 학습하기 전에 아동의 개념에 대해 이해해야 할 것이다. 아동은 시대의 흐름에 따라 다양하게 변화하여 왔으며, 오늘날에는 아동을 하나의 독립된 인격체로 존중하고 있다. 아동의 대한 정의는 일관성 있게 통일되어 사용되지 않고 시대와 문화적 배경에 따라 국가마다 법률 규정에 따라 다양하게 정의되어 사용되고 있다. 우리나라도 역시 〈표 10-1〉에서와 같이 법률에 따라 아동에 대한 연령이 다르게 규정하고 있다. 일반적으로 아동의 개념을 아동복지법에서 정의하고 있는 18세 미만의 자로 정의하고자 한다.

<표 10-1> 법률 규정에 따른 아동연령

법령	개념	연령
영유아보육법	영유아	6세 미만
아동복지법	아동	18세 미만
청소년기본법	청소년	9세 이상 24세 이하

청소년보호법	청소년	만 19세 미만
한부모가족지원법	아동	18세 미만
입양특례법	아동	18세 미만
국민기초생활보장법	아동	18세 미만
실종아동 등의 보호 및 지원에 관한 법률	아동 등	14세 미만
민법	미성년	20세 미만
소년법	소년	19세 미만

출처 : 국가법령정보센터(2020).

2) 아동복지의 개념

인간이 성장하는 데 있어서 많은 영향을 미치는 것은 가정의 환경이라고 할 수 있다. 특히 아동은 정신적, 신체적으로 성숙하게 발달하지 않은 상태에서 현대사회에서 실질적으로 가장 많은 영향을 미친다는 것은 누구도 부인할 수 없을 것이다. 그러나 시대적으로 가정은 다른 환경에 비해 그 중요성을 인정받지 못했고, 산업화 이후 그 중요성에 대해 점차 인식이 되기 시작되었다.

산업화 이후 가족의 구조는 다양하게 변화되었으며, 산업화 이전 대가족과 핵가족 형태의 가족구조는 부모자녀로 이루어진 핵가족을 중심으로 부부가족, 한부모가족, 조손가족 등 다양한 형태의 모습으로 변화되었다. 또한 경제적 양극화, 맞벌이 증가, 저출산 고령화, 결혼에 대한 가치관의 변화 등 사회 환경의 변화는 가족구조가 변화하는 데 영향을 미쳤다. 특히 IMF 이후 사회경제적 위기는 빈곤을 증가시켰고 이는 가족의 해체로 이어지고 다양한 사회 문제가 나타났다. 특히 가족의 해체는 부모의 실직, 이혼 등 단순히 부부만의 문제가 아니라 아동에게 부정적인 영향을 미치게 되고 이는 아동을 위한 복지서비스 제공이 필요하게 되었다. 아동복지는 사회복지의 한 분야로서 아동이 가지고 있는 복합적인 문제를 해결하고 욕구를 충족시켜 주기 위해 이루어지는 전반적인 활동이다. 즉, 아동이 건전하게 성장하고 발달할 수 있도록 살아가는 데 있어서 최소한의 생활을 영위하도록 그들의 삶의 질 향상을 위해 이루어지는 다양한 활동을 말한다.

아동복지에 대한 개념은 매우 다양하며 시대적 흐름에 따라 기관과 학자마다 강조하는 부분이 조금씩 다르다.

Kadushin(1980)은 모든 아동과 그 가족을 대상으로 복지서비스를 제공하는 보편적인 관점의 넓은 의미와 문제를 가지고 있는 아동과 그 가족을 대상으로 복지서비스를 제공하는 선별적인 관점의 좁은 의미로 아동복지를 구분하였다.

Gil(1985)은 가족이 아동을 정상적으로 보호하지 못하고 기능을 수행하지 못할 때 국가와 사회가 직접 개입하여 실천하는 정책과 서비스의 총체라고 정의했다.

Costin(1987)은 가족을 보완하는 아동복지 활동이나 가족이 불안정한 문제를 해결하는 데 도움을 주는 것, 공교육을 많이 제공하거나 아동노동을 반대하는 등 사회개혁 활동이 포함한 넓은 의미로 개념을 정의하고 있다.

Cohen(1994)은 모든 아동과 가족에게 원칙적으로 관심을 갖는 사회복지 서비스 분야로 아동과 가족에게 최저 수준의 생활을 누릴 수 있도록 기회를 제공하는 정책, 프로그램, 대인 서비스로 구성되어 있다.

Barker(1995)는 아동의 건전한 발달, 양육, 보호를 지향하는 인간 서비스와 사회복지 프로그램 및 이데올로기의 한 부분으로 정의하였다.

전미사회복지사협회는 아동을 보호하고 아동을 보살피고 아동이 건전하게 발달하는 것을 추구하는 프로그램과 정책이라고 정의하고 있다.

장인협(2001)은 모든 아동들이 사회 구성원으로서 신체적 · 정신적으로 건전하게 성장하고 발달할 수 있도록 필요한 공적 방법과 절차라고 규정하고 아동과 관련된 체계적인 계획과 실천방법이라고 하였다.

우리나라 아동복지법은 아동이 행복한 삶을 누릴 수 있는 기본적인 여건을 조성하고 조화롭게 성장, 발달할 수 있도록 하기 위한 경제적 · 사회적 · 정서적 지원이라고 정의하고 있다.

이상의 내용을 정리해보면 아동복지의 개념은 특수한 문제를 가진 아동과 그 가족의 문제해결과 욕구충족을 위해 필요한 서비스를 제공하는 협의의 개념과 모든 아동의 건전한 성장과 발달을 위해 경제, 교육, 노동, 보건 등 다양한 분야에 걸쳐 아동과 관련된 정부와 민간 기관, 개인이 행하는 모든 활동을 포함하는 광의의 개념으로 구분할 수 있다.

3) 아동복지의 조건

아동복지의 목적인 모든 아동들의 건전한 성장과 발달을 도모하기 위해서는 아동복지의 기본적인 조건을 갖추어야 한다. 아동복지의 실현에 있어서 전제가 되어야 하는 가정과 부모, 경제적 안정, 보건 및 의료, 교육, 놀이 · 문화활동, 아동의 노동의 보호, 특별 욕구를 가진 아동의 보호 등 기본적인 조건에 대해 살펴보면 다음과 같다(공계순 외, 2013).

(1) 가정과 부모

아동은 가정에서 한 인격체로서 성장을 하며 사회로 나가기 전까지 기본적인 욕구를 충족하며 모든 것들을 배우며 학습한다. 아동이 건전한 성장과 발달을 하기 위해서는 아동에게 안정되고 건강한 가정생활을 제공하고 부모로서의 역할을 해야 한다. 가족의 형태는 산업화, 물질 추구의 변화 등 사회의 변화로 인해 지속적으로 변화해 왔다. 오늘날 가족은 대가족의 형태를 거의 찾아볼 수 없으며, 핵가족의 형태로 부부가족, 한부모가족, 조손가족, 독신가족 등 매우 다양하게 나타나고 있다. 또한 IMF 이후 경제적인 어려움으로 인한 이혼율은 증가하였으며, 이로 인해 가족의 해체 등 위기가정이 증가하였다. 더불어 경제활동에 참여하는 여성이 증가하였고, 이로 인해 가정 내에서 자녀양육과 가사노동에 대한 역할분담에 대한 부담은 저출산에 영향을 미치게 되었다. 이러한 다양한 변화는 결혼과 가정에 대한 가치관의 변화를 보이게 되었으며, 전통사회에서 가정이 담당했던 가족의 기능이 축소되고, 약화되면서 가정의 건강성과 안정성이 위협을 받고 있다. 이는 아동이 성장하는 데 있어서도 많은 영향을 미치고 있으며, 아동의 양육체계가 역시 약화되고 있으며 위기가정의 경우 아동의 양육에 있어서 사회적 지원체계가 부족해서 더 어려움을 겪고 있다. 따라서 아동이 건전한 성장과 발달을 위해서는 가족기능 강화를 통해 건강하고 안정된 가정환경을 만들어 주는 것이다. 이를 위해서는 다양한 가족의 형태에 따른 문제해결과 욕구에 부합하는 정책, 가족기능 강화를 위한 현실적인 실천적 방안들이 제공되어야 한다. 가정을 이루기 전 부부로서 역할을 배울 수 있는 예비부모교육 프로그램을 제공하고 부모가 되기 전 자녀를 양육하는 방법과 기술을 배울 수 있는 예비부모교육 프로그램을 제공하여 건강한 가정을 이룰 수 있도록 지원해야 한다. 이렇듯 가족 구성원이 사회적 역할을 제대로 수행할 수 있도록 가족 구성원을 보호하고 지지하는 서비스가 제공되어야 한다. 특히 문제해동을 보이는 아동의 문제에 개입하여 도움을 줄 수 있는 가족상담, 가족치료 등이 제공되어야 한다.

(2) 경제적 안정

가정의 경제적인 어려움은 아동의 신체적, 심리적, 사회적 발달 등에 광범위하게 영향을 미치며, 부모-자녀와의 관계에서 있어서 역기능적인 상호작용으로 나타나고, 아동을 양육하는 데 있어서도 부정적인 영향을 미친다. 빈곤가정에서 성장하는 아동의 경우 일반가정의 아동에 비해 최소한의 물질적 욕구가 충족되지 못하고 다양한 환경적 위험에 노출되기 쉽다. 이로 인해 가출, 비행, 공격행동, 문제행동 등 전반적으로 부적응 행동이 높게 나타나며, 이는 사회적 문제로 대두되고 있다. 빈곤가정에 경제적 안정을 위해 자녀양육에 도움을 줄 수 있도록 보육시설, 방과 후 보호 프로그램을 제공하여 부모가 안정적으로 경제활동에 참여할 수 있도록 해야 한다. 또한 경제적인 안정에 현실적인 도움을 줄 수 있는 공적부조제도, 아동수당제도 등을 통해 지원해야 한다. 더불어 빈곤가정의 부모에게 경제적인 활동을 지원하고 자립할 수 있도록 도움을 주는 상담, 실제로 취업이 가능한 직업교육 및 훈련, 취업알선 및 일자리 연계가 이루어져야 한다.

(3) 영양, 보건 및 의료

아동이 신체적 · 정신적으로 건강하게 성장하고 발달하기 위해서는 영양, 보건 및 의료서비스를 적절한 시기에 제공받아야 한다. 우리나라 아동복지법 제1조에서는 "아동이 건강하게 출생하여 행복하고 안전하게 자랄 수 있도록 아동의 복지를 보장함을 목적으로 한다"고 명시하여 아동의 건강 보호를 강조하고 있다. 또한 모자보건법 제1조에서는 "모성 및 영유아의 생명과 건강을 보호하고 건전한 자녀의 출산과 양육을 도모함으로써 국민보건 향상에 이바지함을 목적으로 한다"고 명시하여 임산부의 건강 보호를 강조하고 있다. 이렇듯 아동의 건강상태는 어머니의 건강과 밀접한 관련이 있다. 아동의 건강은 태아기부터 모의 신체적, 심리적 상태에 따라 영향을 받기 때문에 어머니에 대한 건강관리, 아동에 대한 건강관리, 보건서비스 등 모자보건의 실천적 방안 마련을 위해 힘써야 한다. 특히 취약계층의 아동의 경우 영양 · 건강상태가 양호하지 못하고 의료서비스의 혜택을 제대로 받지 못하는 상황을 고려할 때 지역사회 복지기관과의 연계를 통해 건강검진 및 건강교육을 실시하여 제 시기에 아동이 건강관리를 할 수 있도록 하고, 아동의 건강 상담을 진행하여 도움을 주어야 한다.

(4) 교육

교육을 받을 권리는 누구에게나 동등하게 주어진다. 모든 아동이 교육을 통해 지식과 기술, 태도를 습득하여 바람직한 한 인격체로서 성장하여 전인적인 발달을 할 수 있도록 똑같이 기회를 주어야 한다. 헌법 제27조 "모든 국민은 능력에 따라 균등하게 교육을 받을 권리를 지닌다"라고 명시하고 있으며, 초 · 중등교육법 제13조에서는 "초등학교와 중등학교를 의무교육으로 한다"고 명시하고 있다. 또한 유아교육법 제24조에서는 "초등학교 취학 전 1년의 유아교육을 무상으로 한다"고 명시하고 있다. 이렇듯 국가는 모든 아동에게 교육의 기회를 제공해야 하며 소외되는 아동이 없도록 해야 한다. 우리나라의 경우 전 세계적으로 가장 높은 교육열을 보이고 있으며 이는 공교육보다는 사교육의 열

풍으로 이어졌다. 지나치게 과열된 사교육은 경쟁 · 입시 위주의 교육으로 이어졌고 모든 교육이 대학입시에 초점을 맞추고 있다. 결국 이러한 현상은 학업스트레스로 이어지고 다양한 사회문제를 초래하고 있다. 또한 취약계층의 가정에서 성장하는 빈곤아동, 특수장애아동 등의 경우 각각 개개인의 환경과 특성에 맞는 교육을 받을 수 있도록 동등한 교육의 기회를 제공해야 한다. 따라서 국가는 아동이 올바르게 성장하고 전인적인 인격체로서 발달할 수 있도록 교육환경을 제공하고, 핵가족화, 여성의 사회진출의 증가 등으로 자녀를 교육함에 있어서 어려움을 겪고 있는 가정에 공교육을 보완할 수 있는 방과 후 교실, 특수학급 운영 확대, 문화활동 등 다양한 프로그램을 확대시켜 서비스를 제공해야 한다.

(5) 놀이와 문화활동

아동이 건전하게 성장하는 데 있어서 놀이와 문화활동은 중요한 역할을 한다. 유엔 아동권리에 관한 국제협약 제31조를 보면 아동이 휴식과 여가를 즐기고 자신의 연령에 적합한 놀이와 오락활동에 참여하며, 문화생활과 예술활동에 자유롭게 참여하는 등의 놀이와 관련된 권리를 인정하고 장려하고 있다. 우리나라도 어린이헌장과 청소년헌장에 아동의 놀이 및 오락의 권리와 문화 · 예술활동의 권리를 명시하고 있다. 그러나 아동을 위한 다양한 놀이와 문화활동에 대한 실질적인 정책, 시설 등은 부족한 것이 현실이다. 놀이는 아동들에게 있어서 자신들의 에너지를 발산할 수 있는 쉼과 즐거움을 제공해 준다. 아동은 놀이를 통해서 건강한 체력을 기르고, 협동심을 배우며 사회성을 키울 수 있다. 따라서 아동이 각 연령대의 특성에 맞는 다양한 놀이와 문화활동에 참여함으로써 건전한 성장과 발달을 할 수 있도록 적극적으로 지원해야 하며 아동이 다양한 놀이와 문화활동을 할 수 있는 안전한 놀이시설을 확대해야 한다.

(6) 아동의 노동의 보호

모든 아동들은 노동으로부터 보호되어야 한다. 근로기준법 제64조를 보면 "15세 미만인 자는 근로자로 사용하지 못한다", 제65조 "임산부와 18세 미만인 자를 도덕상 또는 보건상 유해 · 위험한 사업에 사용하지 못한다", 제67조 "친권자 또는 후견인은 미성년자의 근로계약을 대리할 수 없다", 제69조 "15세 이상 18세 미만 자의 근로시간은 1일 7시간, 일주일 40시간을 초과하지 못한다"라고 명시되어 있다. 그럼에도 불구하고 우리나라 아동은 저임금, 초과시간 근무, 과도한 업무 등으로 인해 어려움을 겪고 있다. 아동에게 있어서 노동은 신체적 · 정신적 · 사회적 발달에 부정적인 영향을 미친다. 따라서 모든 아동이 연소 노동과 유해 노동에서 보호될 수 있도록 가족뿐만 아니라 국가는 법적 규정을 반드시 준수할 수 있도록 해야 한다.

(7) 특별 욕구를 가진 아동을 위한 보호

아동복지는 모든 아동의 욕구를 충족하고 그들에게 필요한 복지서비스를 제공해야 할 뿐만 아니라 특수한 문제나 욕구가 있는 아동에게 필요한 복지서비스를 제공해야 한다. 특히 신체적 · 정신적 · 심리적 장애가 있는 아동에게는 특수교육, 치료, 보호를 제공해야 하며, 빈곤아동에게는 교육 · 보건 및 의료 · 놀이 및 문화생활 등이 제공되어야 한다. 또한 학대아동, 문제행동을 보이는 아동, 이혼가정아동, 다문화가정 아동 등 복합적이고 특별한 욕구를 가진 아동의 문제를 해결하고 아동의 욕구를 충족하기 위해서 각각 아동의 특성에 부합하는 전문적인 프로그램과 서비스가 제공되어야 한다.

(8) 종교와 도덕

아동권리에 관한 국제협약 제14조에 "아동이 사상 · 양심 및 종교에 대한 권리를 존중하여야 한다"고 명시되어 있으며, 제27조에는 모든 아동이 신체적 · 지적 · 정신적 · 도덕적 · 사회적 발달에 적합한 생활 수준을 누릴 권리를 강조하고 있다. 아동이 건전한 종교에 대한 올바른 인식을 가지고 옳고 그름에 대한 도덕에 대한 태도가 확립될 수 있도록 도움을 주어야 한다.

4) 아동복지의 원칙

(1) 권리와 책임의 원칙

아동이 사회 구성원으로서 건전하게 성장하고 발달하기 위해서 아동, 부모, 사회 각각 권리와 책임을 다해야 한다. 아동, 부모, 사회의 권리와 책임에 있어서 갈등은 아동이 성장하는 데 있어서 어려움을 야기하므로 기능적인 상호작용의 관계를 유지하고 균형관계를 형성해야 한다(윤매자 외, 2017).

첫째, 아동의 권리와 책임으로 아동은 태어나면서부터 독립적이고 주체적인 권리를 가지고 있다. 아동이 태어나서 건강하게 성장 · 발달하기 위해서 보호 · 교육 · 문화 등 기본적인 권리를 가지게 된다. 이러한 아동의 기본적인 권리는 유엔 아동헌장, 아동복지법, 청소년기본법 등 법적으로도 명확하게 명시하고 있다. 아동은 성인에 보호를 받는 수동적이고 의존적인 존재가 아니라 하나의 독립된 인격체로서 존중받아야 하는 능동적인 주체적인 존재로 자신의 발달을 위해 노력하는 책임도 가진다. 아동은 성인의 합리적인 기대에 부응하고 자신의 발전을 위해 책임 있게 행동하고 노력해야 한다.

둘째, 아동을 보호 · 양육하는 주된 권리와 책임은 부모에게 있다. 부모는 아동이 태어나 성장하면서 형성하는 아동의 성격발달에 있어서 생활방식, 태도와 행동 수준을 결정한다. 또한 아동이 사회 환경에 적응해 나가며 바른 인간으로 성장하고 사회적 행동을 할 수 있도록 재정적 지원, 신체적 · 정서적 보호 등 양육의 의무와 책임을 가진다. 부모가 양육의 의무를 다하지 못했을 때는 아동의 건전한 성장과 발달을 위해 부모의 권리가 제한당할 수 있으며, 이러한 상황에서는 정부가 아동의 권리를 보호하고 다양한 서비스를 제공하게 된다.

셋째, 사회와 국가의 권리와 책임으로 아동의 복지를 증진시키기 위해서 사회와 국가는 통제의 권한, 입법의 권한을 행사한다. 아동, 부모가 권리와 책임을 다하지 못해 아동이 제대로 보호 · 양육되지 못할 때, 사회와 국가는 적극적으로 개입하여 권리와 책임을 다해야 한다. 부모의 경제적 위기, 사망, 별거, 이혼 등으로 보호받지 못하는 아동, 학대 아동, 비행, 가출 아동 등에 대한 보호와 책임을 져야 한다. 이를 위한 아동복지정책의 개발과 입법을 통한 제도와 규정을 정비하고 근거 마련을 위해 적극적으로 노력해야 한다.

(2) 예방과 치료의 원칙

아동문제의 발생을 사전에 방지하는 것은 아동복지에 있어서 가장 바람직한 방향이다. 아동문제가 발생하기 전 예방을 통해 미리 방지를 하는 것은 치료보다 시간의 절약, 효과성에 있어서 아동문제를 감소시킬 수 있다. 아동을 위한 모든 복지사업에 적용이 되는 원칙이다.

아동문제 발생 후 사후에 조치되는 것은 치료의 원칙이다. 예방을 통해 아동문제가 해결되지 않으면 문제 상황과 시기에 맞는 치료를 제공함으로써 아동문제를 해결해야 한다. 아동문제에 있어서 갑자기 사고로 인해 발생하는 장애나 회복 불가한 상황이 되는 것을 방지할 수 있도록 치료의 원칙이 적용되어야 한다.

(3) 보편성과 선별성의 원칙

보편성의 원칙은 모든 아동을 대상으로 어떤 조건이나 상황에 상관없이 균등하게 급여나 서비스를 제공하는 것이다. 평등의 원칙에 입각하여 모든 아동이 건강하게 성장할 수 있도록 아동문제를 예방하고 도움을 주고자 하는 것이다. 보편성의 원칙에 의해 제공되는 서비스는 무상의무교육, 가족수당 등이 있다.

선별성의 원칙은 특수한 문제나 욕구가 있는 아동에게 급여나 서비스를 제공하는 것이다. 대부분은 부모가 아동을 보호하지 못하거나 양육할 능력이 되지 않는 상황에 있는 아동 등에게 제공되는 일시적이며, 보충적인 성격이 강하다. 열등처우의 원칙이 불가피하며, 급여나 서비스를 제공받는 아동에게 낙인감을 줄 수 있다. 선별성의 원칙에 의해 제공되는 서비스는 저소득층을 위한 지원사업, 장애 아동의 특수교육 등이 해당된다.

(4) 개발성의 원칙

아동이 가지고 있는 능력을 최대한 발휘할 있도록 하는 것이 개발성의 원칙이다. 모든 아동이 적용 대상이 되며, 특히 발달상 차이가 있는 장애아동, 가정의 해체로 인해 결손된 환경에서 성장하는 고아, 빈곤가정의 아동이 주 대상이 된다. 장애아동을 대상으로 실시되는 직업재활, 빈곤가정의 아동보호를 위한 보육서비스 등이다. 과거에는 특수한 상황의 아동을 대상으로 하는 서비스가 주를 이루었지만, 현재에는 사회 환경의 변화로 인해 아동보호를 위한 서비스가 폭넓게 제공되고 있다. 특히 보육서비스, 돌봄서비스 등의 경우 맞벌이 가정의 증가로 이에 대한 욕구도 증가하고 있다. 이러한 사회환경의 변화와 전체적인 욕구에 부합하는 것까지 포함시켜 개발이 이루어져야 할 것이다.

(5) 개별성과 종합성의 원칙

아동복지를 실천하는 모든 과정에 있어서 개인적인 특성이 고려되어야 한다는 것이 개별성의 원칙이다. 아동 개개인이 가지고 있는 욕구나 특성이 다르기 때문에 아동을 독립된 하나의 인격체로 보고 있는 그대로의 아동을 수용해야 한다는 것이다. 아동의 신체적 · 정신적 발달수준, 문제 발생원인, 생활사, 현재의 상태 등 아동이 처한 모든 상황이 고려되어야 한다.

아동문제에 대처할 때 다양한 여러 가지 서비스를 함께 고려해야 효과적이라는 것이 종합성의 원칙이다. 아동의 발달은 제각기 따로따로 이루어지는 것이 아니라 유기적 연관관계를 갖고 전개된다. 한 영역의 발달손상은 다른 영역에 영향을 미치며, 아동이 건강하게 성장하고 발달할 수 있도록 한다. 예를 들면, 장애아동이 전인적으로 성장할 수 있도록 하기 위해서는 단순히 하나의 서비스만을 제공하는 것이 아니라 의료재활, 교육재활, 심리재활 등 종합적으로 서비스가 제공이 되어야 한다.

(6) 전문성의 원칙

아동이 건전하게 성장 · 발달하고, 아동문제를 해결하기 위해서는 전문기관과 전문가가 개입을 해야 한다는 것이 전문성의 원칙이다. 아동복지 실천과정에서는 서비스 제공뿐만 아니라 아동복지정책 과정에 참여 등 전문성을 가지고 접근해야 한다. 사회복지 실천영역은 개별, 집단, 조직사회사업실천에서 정신건강, 의료, 학교 등을 다루는 영역으로 점차 세분화되어 가고 있으며, 전문기관과 전문가에 의해서 실천이 이루어지고 있다.

02 아동권리의 이해

1) 아동권리의 개념

아동은 독립적인 주체로 성인에 의존하는 수동적인 존재가 아니라 능동적인 하나의 인격체이다. 그럼에도 불구하고 예로부터 아동은 성인의 소유물로 인식되었고 노동력이라는 인식이 강했다. 따라서 아동의 권리에는 거의 관심을 기울이지 않았다. 예를 들어, 미국은 아동권리를 1900년대 초부터 주장하였지만, 미국에서 아동권리를 실제로 강조하기 시작한 것은 1960년대에 들어서였다. 그 후 1967년에 미국 대법원이 형사법정에서 성인에게 주는 대부분의 권리를 소년법정과 관련된 아동에게도 주어야 한다고 판결하면서 미국의 헌법에서 아동을 독립적인 인간으로 인정하는 계기가 되었다(Mather & Lager, 2000; Freeman, 1983). 또한 세계적으로 1989년 아동의 권리에 관한 협약이 국제연합에서 만장일치로 채택이 되면서 아동이 주체적인 인간으로 인식되기 시작했다.

우리나라는 헌법 제10조에 "모든 국민은 인간으로서의 존엄과 가치를 가지며, 행복을 추구할 권리를 가진다. 국가는 개인이 가지는 불가침의 기본적 인권을 확인하고 이를 보장할 의무를 가진다"라고 명시되어 있다. 이처럼 아동도 태어나면서 자유롭고 평등한 존엄성을 가진 독립된 주체로서 권리를 가진다.

우리 사회의 가장 시급한 문제는 저출산 · 고령화에 따른 인구사회학적 변화라고 할 수 있다. 이는 사회복지 영역에 있어서 아동복지 영역에도 많은 부분 영향을 미치고 있다. 실질적으로 아동에 대한 복지서비스가 소극적이었던 부분이 오늘날에는 아동의 권리실현을 위한 다양한 서비스가 실시되고 있으며, 아동권리를 중요하게 인식하는 방향으로 나아가고 있다.

2) 우리나라의 아동의 권리

우리나라의 경우 아동의 권리에 관한 내용은 어린이헌장과 청소년헌장에 명시되어 있다. 어린이헌장은 최초의 헌장은 1957년 2월에 발표했으며, 이를 바탕으로 전문과 9개 항으로 같은 해 어린이날 공포하였다. 그 후 보건복지부가 피상적인 내용을 전면 개정하여 1988년 어린이날을 기하여 다시 공포하였다. 제2의 어린이헌장은 관련 전문과 11개 항으로 되어 있다. 어린이 헌장에는 건전한 가정에서 보호, 영양, 교육, 문화, 놀이 및 오락, 학대와 노동으로부터 보호 등에 대한 아동의 권리를 잘 표현하고 있다. 또한 아동이 건강하고 씩씩하게 성장하고 행복할 권리를 보장하고자 5월 5일을 어린이날로 정하고 5월 1일부터 5월 7일까지를 어린이주간으로 정하고 있다.

청소년 헌장은 1990년 5월 처음으로 청소년 헌장을 제정하여 선포하였으며, 1998년 10월 시대의 변화에 발맞추어 청소년의 권익을 신장한 내용으로 개정 · 선포하였다. 청소년의 건전한 가치관을 정립하고 건전한 육성을 위한 국민적인 공감대를 형성하기 위해 제정되었으며 청소년의 사상과 포부, 권리와 의무, 청소년을 위한 국가의 역할과 의무 등의 내용으로 구성되어 있다. 오늘날에는 아동을 독립된 인격체로 존중하고 가치 있는 존재로 인식하는 방향으로 나아가고 있으며, 아동권리에 대한 관심도 커지고 있다(노병일, 2020).

3) 유엔아동권리협약의 이해

(1) 유엔아동권리협약의 기본권리

유엔아동권리협약(UN Convention on the Rights of the Child)은 18세 미만 아동의 모든 권리를 담은 국제적인 약속으로 1989년 11월 20일에 유엔 총회에서 만장일치로 채택하였다. 유엔아동권리협약은 1989년 11월 20일에 미국 뉴욕에서 만들어졌으며, 1990년 9월 2일에 법적으로 효력을 지니게 되었다. 우리나라의 경우 유엔 아동권리협약을 1991년 12월 20일부터 정식으로 적용하고 있으며, 2016년 기준 전 세계 196개국 비준하여 가장 많은 국가의 비준을 받은 국제법이 되었다.

<표 10-2> **아동권리 연대표**

연 도	내 용
1789	• 인권선언 발표
1924	• 국제연맹(League of Nations)에서 아동의 권리에 관한 선언 채택 • '인류는 가장 좋은 것을 어린이에게 주어야 할 의무가 있다'고 선언문에 명시
1946	• 2차 세계대전 후 전쟁으로 피해 입은 어린이들에게 음식과 옷, 보건 서비스를 지원하기 위해 유니세프 (유엔아동기금) 창설
1948	• 유엔이 '세계인권선언' 채택 • 제25조 '어머니와 어린이는 특별한 보살핌과 도움을 받아야 한다'
1959	• 유엔에서 '아동권리선언' 채택(10개 조항)
1979	• 세계 아동의 해(아동권리선언 채택 20주년 기념)
1989	• 11월 20일 유엔에서 만장일치로 아동권리협약 채택(1990년 9월 2일부터 국제인권법으로 효력 발효)
1990	• 각국 대표들이 뉴욕에 모여 세계아동정상회담을 열고 어린이의 보건과 영양, 교육에 관한 10개년 계획에 합의
1995	• 11월 20일을 '세계어린이날'로 지정

2000	• 아동권리협약을 보완하는 선택의정서 2개 채택 • 아동의 무력 충돌 참여에 관한 아동권리협약 선택의정서 • 아동의 매매 · 성매매 및 아동 음란물에 관한 아동권리 협약 선택의정서
2002	• 유엔아동특별총회 개최 (아동문제에 관한 최초의 유엔특별총회)
2011	• 아동의 개인청원권에 관한 아동권리협약 선택의정서 채택
2014	• 현재 195개 국가가 아동권리협약 비준
2016	• 현재 196개 국가가 아동권리협약 비준

출처 : 유니세프(2020).

유엔아동권리협약에는 아동에 대한 생존, 발달, 보호에 관한 기본권리를 명시하고 있으며, 아동은 생명을 유지하고 최상의 건강과 의료혜택을 받고 생존할 권리, 차별로부터의 보호, 학대와 방임으로부터의 보호, 고아들과 난민 아동의 보호받을 권리, 응급상황으로부터의 보호받을 권리, 정규직 · 비정규직인 교육을 포함하여 모든 종류의 교육을 받을 권리와 아동이 신체적 · 정서적 · 도덕적으로 성장하는 데 필요한 평균수준의 생활을 누릴 발달권, 아동이 자신과 관련된 모든 일에 대해 알고 자신의 의사를 자유롭게 표현할 권리의 참여권의 네 가지 기본권리를 누릴 수 있어야 함을 명시하고 있으며, 구체적인 내용은 〈표 10-3〉과 같다.

<표 10-3> 유엔아동권리협약에 나타난 아동의 기본권리

종류	내용 및 관련조항
생존권	• 적절한 생활수준을 누릴 권리, 안전한 주거지에서 살아갈 권리, 충분한 영양을 섭취하고 기본적인 보건서비스를 받을 권리 등, 기본적인 삶을 누리는 데 필요한 권리 • 17개 조항(제6, 7, 8, 9, 19, 20, 21, 23, 24, 26, 27, 30, 32, 33, 34, 35, 38조)
보호권	• 모든 형태의 학대와 방임, 차별, 폭력, 고문, 징집, 부당한 형사처벌, 과도한 노동, 약물과 성폭력 등 어린이에게 유해한 것으로부터 보호받을 권리 • 18개 조항(제2, 7, 10, 11, 16, 19, 20, 21, 23, 25, 32, 33, 34, 35, 36, 37, 39, 40조)

발달권	• 잠재능력을 최대한 발휘하는 데 필요한 권리. 교육받을 권리, 여가를 즐길 권리, 문화생활을 하고 정보를 얻을 권리, 생각과 양심과 종교의 자유를 누릴 수 있는 권리 등 • 13개 조항(제5, 6, 10, 11, 12, 13, 14, 15, 17, 24, 28, 29, 31조)
참여권	• 자신의 생활에 영향을 주는 일에 대해 의견을 말하고 존중받을 권리. 표현의 자유, 양심과 종교의 자유, 평화로운 방법으로 모임을 자유롭게 열 수 있는 권리, 사생활을 보호받을 권리, 유익한 정보를 얻을 권리 등 • 5개 조항(제12, 13, 15, 17, 18조)

출처 : 유니세프(2020).

(2) 유엔아동권리협약의 일반원칙

유엔아동권리협약은 아동 차별금지의 원칙, 아동이익 최우선의 원칙, 아동의 생존 · 보호 · 발달권 보장의 원칙, 아동참여권 보장의 4대 원칙을 명시하였다.

① 아동 차별금지의 원칙

유엔아동권리협약 제2조는 차별금지의 원칙으로 아동 또는 그의 부모나 후견인의 인종, 피부색, 성별, 언어, 종교, 정치적 또는 기타의 의견, 민족적, 인종적, 신분 등에 따라 어떤 차별도 받지 않아야 한다고 명시하고 있다.

② 아동이익 최우선의 원칙

유엔아동권리협약 제3조는 아동이익 최우선의 원칙으로 공공 또는 민간 사회복지기관, 법원, 행정당국 또는 입법기관 등은 모든 활동에 있어서 아동의 최선의 이익이 최우선적으로 고려되어야 함을 명시하고 있다.

③ 아동의 생존 · 보호 · 발달의 원칙

유엔아동권리협약 제6조는 아동의 생존 · 보호 · 발달의 원칙으로 국가는 모든 아동이 생명에 관한 권유의 권리를 가지고 있음을 인정하고, 가능한 한 최대 한도로 아동의 생존과 발전을 보장하여야 한다고 명시하고 있다.

④ 아동참여권 보장의 원칙

유엔아동권리협약 제12조는 아동참여권 보장의 원칙으로 아동이 본인에게 영향을 미치는 모든 문제에 있어서 자신의 견해를 자유롭게 표현할 수 있는 권리를 보장해야 함을 명시하고 있다.

(3) 유엔아동권리협약의 아동권리의 내용

유엔아동권리협약의 아동권리의 내용을 살펴보면 자유권적 권리와 자유, 가정환경 및 대리보호, 기초 보건 및 복지교육, 여가 및 문화적 활동, 특별보호 조치에 대한 권리에 대해 명시되어 있다. 아동이 건전하게 성장하고 인간답게 살아갈 수 있도록 국가에 요구할 수 있는 권리이다.

자유권적 권리에는 이름과 국적, 신분의 유지, 표현의 자유, 사상, 양심 및 종교의 자유, 결사 및 집회의 자유, 사생활의 보호, 정보 접근권, 고문 및 기타 비인도적 취급을 받지 않을 권리의 내용이 포함되어 있으며, 제7, 8, 13, 14, 15, 16, 17, 37조 제1항의 내용이다.

아동권리협약의 아동 기본권은 가정환경 및 대리보호, 기초 보건 및 복지, 교육 · 여가 및 문화적 활동에 대한 권리로 명시되어 있다. 구체적인 내용은 〈표 10-4〉에 명시되어 있다.

<표 10-4> 유엔아동권리에 관한 국제협약상의 아동권리

(1) 자유권적 권리와 자유
- ① 이름과 국적(제7조)
- ② 신분의 유지(제8조)
- ③ 표현의 자유(제13조)
- ④ 사상, 양심 및 종교의 자유(제14조)
- ⑤ 결사 및 집회의 자유(제15조)
- ⑥ 사생활의 보호(제16조)
- ⑦ 정보접근권(제17조)
- ⑧ 고문 및 기타 비인도적 취급을 받지 않을 권리(제37조 제1항)

(2) 가정환경 및 대리보호
① 부모의 지도와 책임(제5조, 제18조 제1항 및 제2항)
② 부모로부터의 분리(제9조)
③ 가족의 재결합(제10조)
④ 아동을 위한 양육비 회수(제27조 제4항)
⑤ 가정의 보호를 받지 못하는 아동(제20조)
⑥ 입양(제21조)
⑦ 불법 해외 이송 및 미귀환(제11조)
⑧ 아동학대, 유기 및 신체적 · 심리적 회복과 사회복귀(제19조 및 제39조)
⑨ 양육 및 보호기관에 대한 심사(제25조)

(3) 기초 보건 및 복지
① 보건서비스(제24조)
② 장애아동(제23조)
③ 사회보장 및 아동보호시설(제26조 및 제18조 제3항)
④ 생활수준(제27조 제1, 2, 3항)

(4) 교육, 여가 및 문화적 활동
① 교육(제28조)
② 교육의 목표(제29조)
③ 여가, 오락 활동 및 문화적 활동(제31조)

(5) 특별보호 조치
① 법적 분쟁상의 아동 : 소년형사행정(제40조), 자유 박탈된 아동(제37조 제2, 3, 4항), 아동에 대한 사형 및 종신형 금지(제37조 제1항), 사회복귀 지원(제39조)
② 착취 상황하의 아동 : 경제적 착취(제32조), 마약(제33조), 성적 착취와 학대(제34조)

출처 : 유니세프(2020).

03 아동복지의 대상과 실천방법

1) 아동복지의 대상

우리나라의 인구추이의 변화를 볼 때 아동의 인구수는 계속 감소추세를 보이고 있다(통계청, 2020) 또한 가족의 경제적 위기, 부모의 이혼, 별거 등의 이유로 가정이 해체되고 가족의 기능은 계속 약화되고 있으며 아동학대 등으로 인해 다양한 사회문제로 대두되고 있다. 이러한 상황으로 인해 가정으로부터 보호를 받지 못하는 아동이 증가하고 있으며, 아동이 성장하는 데 있어서 신체적 · 정서적으로 부정적인 영향을 미친다. 따라서 아동이 건전하게 성장하기 위해서는 가정에서 성장했던 것처럼 양육환경을 조성해 주어야 하며 전문적인 서비스를 제공해야 한다. 따라서 아동복지의 대상은 아동과 그 부모 및 가정이다.

아동복지의 대상은 모든 아동을 대상으로 건강하게 성장할 수 있도록 아동문제를 예방하고 도움을 주는 것(보편주의)과 특수한 문제나 욕구가 있는 요보호아동에게 급여나 서비스를 제공하는 것(선별주의)으로 구분할 수 있다. 또한 아동복지법에서는 아동을 18세 미만의 자로 규정하고 모든 아동, 보호대상아동, 지원대상아동으로 구분하고 있다. 아동의 욕구와 문제 상황을 파악하고 그들의 욕구에 부합하는 서비스를 제공하기 때문에 일반아동과 도움이 필요한 보호아동으로 구분한다.

(1) 일반아동

일반아동은 특수한 문제나 욕구가 있는 아동과 구분되는 의미로 사용되었으며, 도움이 필요하지 않은 모든 아동을 의미한다. 1981년 아동복지법의 전면 개정 이후 일반아동에 대한 관심은 점차 증가되고 있다. 평등의 원칙에 입각하여 모든 아동이 건강하게 성장 · 발달할 수 있도록 아동문제를 예방하고 도움을 주어야 한다.

(2) 요보호 아동

요보호아동이란 특수한 문제나 욕구가 있는 아동, 대부분은 부모가 아동을 보호하지 못하거나 양육할 능력이 되지 않는 상황에 있는 아동을 의미한다. 선별적 원칙에 따라 미혼모, 학대아동, 부모의 빈곤, 실직 아동, 부모의 이혼 등으로 보호자가 없어 사회복지 서비스를 제공받거나 보호된 아동이다.

아동복지법 제3조 제4항에 의하면 "보호대상아동"이란 보호자가 없거나 보호자로부터 이탈된 아동 또는 보호자가 아동을 학대하는 경우 등 그 보호자가 아동을 양육하기에 적당하지 아니하거나 양육할 능력이 없는 경우의 아동을 말한다.

(3) 욕구와 문제의 분류에 따른 아동복지대상

김영모(1984)는 욕구와 문제의 차원에서 요보호아동을 욕구결핍아동과 사회적 문제아동으로 구분하였다. 욕구결핍아동은 소득욕구(빈곤아동, 실업아동), 건강욕구(영양실조아동, 질병아동, 장애아동), 교육욕구(미취학아동, 재수생, 학교중퇴자), 주거욕구(시설아동, 가출아동, 부랑아동, 무직청소년)으로 구분하였으며 사회적 문제행동은 구조적 문제(빈곤아동, 근로아동), 해체적 문제(결손아동, 영세민촌아동, 기아 · 가출아동, 학대아동), 탈선적 문제(비행청소년, 성격결함아동 · 청소년, 약물남용 청소년)로 구분하고 있다.

2) 아동복지서비스의 분류

1) 서비스 제공과 장소에 의한 분류

아동복지를 서비스 제공과 장소에 의한 분류는 일반적으로 가장 보편적으로 사용하는 방법이다(아영아 외, 2017).

(1) 가정 내 서비스(in-home service)

아동이 건강하게 성장하는 데 있어서 가장 중요한 부분은 가정이다. 가정 내에서 가족 구성원들과 함께 상호작용하면서 성장에 필요한 양육과 서비스를 제공받는 것이다. 재가서비스라고도 불리며, 가정이 아동을 보호 · 양육하는 데 있어서 결핍된 부분을 보충하고 지지해 줌으로써 아동이 건강하게 성장할 수 있도록 한다.

(2) 가정 외 서비스(out-of-home service)

가정 외 서비스는 아동의 가정과 가정 외의 장소에서 제공받는 모든 서비스를 말한다. 아동이 원가정에서 보호 · 양육되는 것이 기본적인 원칙이지만 가정의 해체로 인해 그렇지 못하는 아동에게 최선의 대안서비스가 될 수 있도록 해야 한다. 시설, 위탁가정, 취업모의 직장생활동안 잠시 보육시설에서 보호서비스를 제공받는 것 등이 포함된다.

2) 서비스 기능에 따는 분류

아동복지 서비스는 서비스 기능에 따라 지지적 서비스, 보충적 서비스, 대리적 서비스로 분류하고 있다(Kadushin, 1988). 세 가지로 분류된 서비스는 아동과 가족을 중심으로 각각의 서비스로 제공되는 것이 아니라 서로 상호 보완적인 관계를 유지하며 제공된다.

(1) 지지적 서비스

지지적 서비스(supportive service)는 가정에서 생활하면서 부모-자녀 간의 관계에 역기능적인 상호작용으로 인해 나타나는 갈등상황이 해결될 수 있도록 지지해 줌으로써 가족관계의 개선 및 기능을 강화시켜 주는 역할을 한다.

부모가 자녀를 양육하는 데 있어서 양육방법을 잘 몰라 힘들어하거나, 부모-자녀 간의 의사소통이 되지 않거나, 자녀가 문제행동을 보여 학교생활에 부적응을 하거나, 가족 구성원 간에 문제 상황으로 어려움을 경험하고 있는 경우 지지적 서비스를 통해 가족 구성원들 가지고 있는 문제해결을 도와 대처해 나갈 수 있도록 한다. 지지적 서비스는 가족 간의 문제해결에 있어서 일차적 방어선의 역할을 하며, 가족 기능이 원활하게 수행될 수 있도록 하는 데 초점을 두고 있다. 지지적 서비스는 가족의 문제해결에 도움을 주는 가족치료 및 상담, 아동 상담소, 지역사회복지관, 센터에서 제공하는 집단 프로그램, 상담 등이 있으며, 가족체계 외부에서 제공되는 것이다.

(2) 보충적 서비스

보충적 서비스(supplementary service)는 부모의 경제적 위기, 사망, 별거, 이혼, 질병, 직업상의 이유 등으로 영구적이나 일시적으로 부모가 아동 보호 · 양육의 의무를 다하지 못했을 때 아동의 건전한 성장과 발달을 위해 보충할 수 있도록 제공되는 다양한 서비스를 의미한다. 가정이 역할을 다하지 못할 때 부모의 역할을 보완해 줌으로써 아동이 가정 내에서 건강하게 성장할 수 있도록 하며, 행복한 가정생활을 유지할 수 있도록 하는 것이다. 부모의 경제적 어려움을 보충하기 위한 사회보험제도, 공적부조와 같은 소득보충 프로그램, 부모가 취업, 신체적 · 정신적인 어려움으로 인해 자녀를 돌보지 못하는 경우 제공하는 집으로 방문하여 제공하는 신생아 돌봄, 아이돌보미 파견 서비스, 아동을 가정에서 돌보지 못할 때 일정시간 제공하는 보육서비스 등이 있으며, 가족체계 안에서 제공되는 것이다.

(3) 대리적 서비스

대리적 서비스(substitute service)는 가정이 해체되어 기능을 상실하거나 부모가 아동을 보호 · 양육하는 데 전혀 역할을 다하지 못할 때 전적으로 대신하여 제공하는 서비스를 의미한다. 대리적 서비스는 원가정이 아닌 다른 장소에 제공되는 서비스로 가정의 역할을 대신하는 가정위탁보호, 입양, 시설보호 서비스 등이 대리적 서비스에 해당된다.

가정위탁보호는 보호가 필요한 아동을 보호 · 양육하기를 희망하는 가정에 위탁 양육함으로써 가정적인 분위기에서 성장할 수 있도록 하는 대리보호 서비스가 가능하다. 입양은 아동의 권익과 복지를 증진하기 위한 가정을 영구적으로 제공하여 타인과 양육의 권리가 법적으로 이양되는 것이다. 시설보호는 아동복지 전문가가 도움이 필요한 아동에게 시설에서 집단적으로 서비스를 제공하는 것이라고 할 수 있다.

3) 방어선 개념에 따른 분류

Zuckerman(1983)이 제시한 방어선 개념에 따른 분류는 제1차 방어선, 제2차 방어선, 제3차 방어선으로 분류되며, Kadushin(1988)이 분류한 개념과 중복이 되는 부분이 많이 있다.

제1차 방어선은 아동이 성장하는 데 있어서 발달상의 문제를 막아주고 기본적인 욕구를 충족시킬 수 있도록 가정의 기능을 강화시키기 위한 서비스를 제공하는 것으로, 지지적 서비스와 중복이 많이 된다. 제2차 방어선은 가정이 역할을 다하지 못할 때 원가정과 비슷한 환경을 제공함으로써 아동을 보호 · 양육하는 데 역할을 다해야 하는 것으로 보육서비스, 가정위탁보호, 입양 등이 있다. 제3차 방어선은 가정이 해체되어 기능을 상실하여 원가정에서 보호되지 못하고 대리가정을 통해서도 보호 · 양육이 되지 않을 때 도움이 필요한 아동에게 시설에서 집단적으로 서비스를 제공하는 것이다.

04 아동복지의 실천방법

아동복지실천은 아동 개개인의 욕구충족과 문제해결을 통해 아동의 삶의 질 향상을 위해 수행하는 전문적이고 체계적인 활동이다. 아동복지실천 역시 사회복지실천의 기본적인 이념을 바탕으로 아동의 문제해결을 위해 아동 개인과 환경과의 기능적인 상호작용을 돕고 사회 환경을 변화시키기 위해 노력하는 일련의 과정이다. 아동복지 실천을 통해 아동이 안정적인 환경에서 건전하게 보호 · 양육될 수 있도록 지역사회 내 다양한 인적, 물적 자원 연계를 통해 서비스를 제공하여 문제해결을 돕는 과정이다(아영아 외, 2017).

1) 접수 및 자료수집 단계

아동 및 가족과 처음 접하는 단계로 문제해결에 도움을 받고자 하는 자발적인 클라이언트, 비자발적인 클라이언트를 만나게 된다. 대부분의 아동은 다른 기관이나 가족, 학교, 주민센터 등에서 의뢰를 받아 찾아오는 비자발적인 클라이언트이다.

이 단계에서는 아동 및 가족과의 관계형성이 중요하며 언어적 요소, 비언어적 요소 등을 파악하여 질문을 통해 아동의 모든 정보를 수집하는 단계이다. 정보를 수집하는 과정에 있어서 아동이 편안하게 상담에 임할 수 있는 환경을 만들어 주어야 한다. 편안한 분위기에서 아동의 신상정보, 가족과의 상태, 소득, 건강상태, 기타 사항 등 현재 상황과 일반적인 사회 · 심리적 정보 등 객관적인 자료를 파악하고 기록을 한다.

아동 및 가족의 기본적인 정보를 바탕으로 제시된 문제를 명확히 파악하고 욕구를 확인한다. 아동 및 가족의 문제를 해결하기 위해 기관에서 서비스 제공의 적합성을 판단하고, 아동에게 실천과정에 대한 설명과 모든 과정에 있어서 사생활 보호와 비밀보장이 된다는 것을 설명한다. 기관에서 서비스를 제공하지 못할 때는 이유에 대해서 설명을 해주고 다른 기관으로 의뢰를 한다. 의뢰하는 기관에 대한 구체적인 정보를 제공해 주면 아동이 서비스를 제공받는 데 도움이 된다.

2) 사정단계

사정단계에서는 초기 및 자료수집 단계에서 파악한 문제에 대해 보다 구체적이고 종합적으로 분석하고 평가를 한다. 환경 속의 인간의 관점에서 아동 개인의 발달과 아동이 속한 환경에 대한 사정이 이루어져야 한다. 아동이 가지고 있는 욕구, 문제에 영향을 미치는 요인들, 문제해결을 위한 노력의 정도와 형태, 강점 등에 대한 평가가 함께 이루어져야 한다. 뿐만 아니라 아동 개인의 발달과 관련한 요소들, 아동이 속해 있는 가정환경과 학교환경 등에 대해서도 포괄적으로 이루어져야 한다.

사정단계에서 가장 많이 활용하는 도구는 가계도와 생태도이다. 가계도는 1 · 3세대를 약식의 부호로 표시한 것으로 아동이 속한 가족 구성원들이 상호작용하는 방식을 파악할 수 있으며, 접수 및 자료수집단계에서 모든 정보들이 파악이 되지만 새로운 정보를 알게 되었을 때는 추가를 해야 한다. 생태도는 아동이 속한 가족 구성원의 공식적, 비공식적 자원을 파악하여 에너지의 흐름방향, 관계의 방향성 등을 파악하여 문제해결에 필요한 자원을 파악하고 활용할 수 있도록 해야 한다. 지역 사회 내 다양한 인적 · 물적 자원의 연계를 통해 아동의 욕구 및 문제해결에 실질적인 도움이 될 수 있도록 해야 한다. 즉, 아동 및 가족의 복합적인 욕구와 문제해결을 위해 수집한 자료를 바탕으로 종합적인 분석이 이루어진다고 볼 수 있다.

3) 계획수립단계

계획수립단계에서는 사정에 기초하여 아동의 욕구와 특성에 부합하는 계획을 수립해야 한다. 아동이 가지고 있는 문제에 대한 우선순위를 결정하고 아동이 가지고 있는 문제해결을 위한 목표달성에 대한 계획을 수립해야 한다. 목표설정은 아동 및 가족의 스스로 선택에 의한 긍정적인 목표 설정으로 현실적으로 가능한 범위 안에서 설정해야 한다. 계획수립은 사정을 통해서 얻은 자료나 목표설정을 바탕으로 기관의 일방적인 계획이 아닌 아동 및 가족의 욕구에 부합하는 계획이어야 한다. 계획수립 단계에서는 목표, 서비스의 양과 질, 보호에 필요한 시간, 적용 프로그램 우선순위 등의 내용이 포함되어 이루어져야 한다.

4) 개입단계

개입단계는 계획수립단계에서 설정한 목표를 달성하기 위해 아동 및 가족에게 필요한 서비스를 직접적으로 연결하고 서비스를 제공하는 실천과정이다. 아동의 문제를 해결하기 위해 지역 사회 내의 유용한 공식적 · 비공식적인 인적 · 물적 자원을 연계하고 개입계획에 따라 서비스를 제공한다. 개입방법에는 아동의 문제증상을 해결하기 위한 미술, 음악, 놀이치료, 복합적인 욕구와 문제해결을 위한 사례관리, 가족상담 등의 서비스를 제공한다. 개입을 통해 아동 및 가족의 문제가 해결이 되고 욕구충족이 극대화될 수 있도록 서비스가 지속적으로 이루어져 서비스의 연속성이 보장되어야 한다.

5) 평가 및 종결단계

아동 및 가정의 욕구를 충족시키기 위해 제공된 서비스가 적합하게 제공되었는지, 목표달성이 어느 정도 되었는지, 개입계획은 달성되었는지, 서비스 제공이 효과적이었는지, 자원투입에 비해 효율적이었는지, 아동 및 가족이 만족하는지 등 전반적인 모든 것을 평가하는 단계이다. 평가는 과정과 결과를 평가한다. 평가방법에는 직접 면접, 전화면접, 기록에 대한 검토, 만족도 조사 등이 있다. 종결은 서비스의 중단을 의미한다. 목표가 달성되었거나 더 이상 서비스가 필요하지 않을 경우, 사망, 이사, 기관의 폐쇄 등으로 종결되는 경우가 있다. 아동은 서비스 종결을 쉽게 받아들이지 못하는 경우가 있다. 이를 위해 서비스가 종결되기 전 아동에게 미리 알려주고 종결에 대한 준비를 하는 것이 좋다. 종결이 된다고 해서 끝이 아니라 언제든지 다시 도움을 줄 수 있다는 것을 인식시켜 주어야 한다. 종결 이후에도 사후관리는 지속적으로 이루어져야 한다.

05 우리나라의 아동복지 현황

우리나라 아동복지정책은 주로 보건복지부에서 담당하고 있으며, 일부 여성가족부에서도 담당하고 있다. 보건복지부 아동복지정책과에서는 아동복지법상 규정된 18세 미만인 아동을 정책대상으로 하여 기아, 미아 등 요보호아동 보호 및 자립지원, 국내입양 활성화, 아동학대예방, 실종아동 찾기, 방과 후 돌봄, 아동통합서비스(드림스타트센터) 지원 등의 사업을 수행하고 있다. 여성가족부에서는 청소년을 대상으로 정책개발을 수행하고 있는데 청소년정책의 대상이 9~24세 미만으로 보건복지부의 아동정책과 일부 연령대가 중복되는 사업을 수행하고 있다. 이 장에서는 우리나라 아동복지 현황으로 아동복지시설 유형과 보건복지부의 주요 정책사업을 살펴보겠다.

1) 아동복지시설의 유형

아동복지시설은 보호대상아동을 건전한 사회인으로 자랄 수 있도록 일시보호하거나 가정복귀, 입양, 가정위탁이 어려운 아동을 보호 및 양육하는 시설이다. 또한 아동복지시설을 퇴소한 사람에게 취업준비기간 또는 취업 후 일정 기간 동안 보호하는 시설이다(보건복지부, 2020). 우리나라 아동복지시설의 종류는 아동복지법 제52조에 명시되어 있으며, 2020년 12월에 개정되어 2021년 12월 시행된 아동복지법 제52조를 보면 아동복지시설의 종류와 기능은 〈표 10-5〉와 같다.

<표 10-5> 아동복지시설의 종류 및 기능

종 류	시설의 기능
아동양육시설	보호대상아동을 입소시켜 보호, 양육 및 취업훈련, 자립지원 서비스 등을 제공하는 것을 목적으로 하는 시설

아동일시 보호시설	보호대상아동을 일시보호하고 아동에 대한 향후의 양육대책수립 및 보호조치를 목적으로 하는 시설
아동보호 치료시설	아동에게 보호 및 치료 서비스를 제공하는 다음 각 목의 시설 가. 불량행위를 하거나 불량행위를 할 우려가 있는 아동으로서 보호자가 없거나 친권자나 후견인이 입소를 신청한 아동 또는 가정법원, 지방법원소년부지원에서 보호위탁된 19세 미만인 사람을 입소시켜 치료와 선도를 통하여 건전한 사회인으로 육성하는 것을 목적으로 하는 시설 나. 정서적 · 행동적 장애로 인하여 어려움을 겪고 있는 아동 또는 학대로 인하여 부모로부터 일시 격리되어 치료받을 필요가 있는 아동을 보호 · 치료하는 시설
공동생활가정	보호대상아동에게 가정과 같은 주거여건과 보호, 양육, 자립지원 서비스를 제공하는 것을 목적으로 하는 시설
자립지원시설	아동복지시설에서 퇴소한 사람에게 취업준비기간 또는 취업 후 일정 기간 동안 보호함으로써 자립을 지원하는 것을 목적으로 하는 시설
아동상담소	아동과 그 가족의 문제에 관한 상담, 치료, 예방 및 연구 등을 목적으로 하는 시설
아동전용시설	어린이공원, 어린이놀이터, 아동회관, 체육 · 연극 · 영화 · 과학실험전시 시설, 아동휴게숙박시설, 야영장 등 아동에게 건전한 놀이 · 오락, 그 밖의 각종 편의를 제공하여 심신의 건강유지와 복지증진에 필요한 서비스를 제공하는 것을 목적으로 하는 시설
지역아동센터	지역사회 아동의 보호 · 교육, 건전한 놀이와 오락의 제공, 보호자와 지역사회의 연계 등 아동의 건전육성을 위하여 종합적인 아동복지서비스를 제공하는 시설
아동보호전문기관	학대받은 아동의 치료, 아동학대의 재발 방지 등 사례관리 및 아동학대예방을 목적으로 시 · 도 및 시 · 군 · 구에 1개소 이상 설치한 시설
가정위탁지원센터	보호대상아동의 보호를 위하여 성범죄, 가정폭력, 아동학대, 정신질환 등의 전력이 없으며 법이 정하는 기준에 적합한 가정에 보호대상아동을 일정 기간 위탁하는 것을 목적으로 시 · 도 및 시 · 군 · 구에 설치한 시설
아동권리보장원	아동정책에 대한 종합적인 수행과 아동복지 관련 사업의 효과적인 추진을 위하여 필요한 정책의 수립을 지원하고 사업평가 등의 업무를 수행

출처 : 아동복지법(2020).

2) 주요 정책사업

① 빈곤아동지원

가. 디딤씨앗통장(CDA : Child Development Account)

아동복지법 제42조(자산형성지원사업), 제43조(자산형성지원사업 관련 업무), 제44조(자산형성지원사업 관련 업무의 위탁)에 근거하여 저소득층 아동의 사회진출 시 학자금 · 취업 · 창업 · 주거마련 등에 소요되는 초기비용 마련을 위한 자산형성을 적극적 · 장기적으로 지원하고 있다. 2007년 4월부터 미래 성장 동력인 아동에 대한 사회투자로 빈곤의 대물림을 방지하고 건전한 사회인 육성을 위해 아동발달지원계좌를 추진하고 있다. 만 18세 미만의 아동복지시설(아동양육시설, 공동생활가정) 보호아동, 가정위탁 보호아동, 장애인생활시설 아동, 소년소녀가정 아동과 기초생활수급가구 아동, 가정복귀 및 탈수급가구 아동이 지원대상이다. 서울시 희망플러스, 꿈나래통장 등 자산형성지원사업과 중복 지원이 불가하다. 보호대상아동 및 기초생활수급가구 아동은 가입 시부터 만 18세 미만까지 지원하며, 아동계좌는 만 24세까지 저축 가능하다. 아동이 후원자 또는 보호자의 도움 등으로 적립 시 국가(지방자치단체)가 월 5만 원 내에서 1:1 매칭 지원하여 적립 가능하며 20년부터 정부 지원 금액이 4만 원에서 5만 원으로 확대되었다. 기본 정부지원 최고한도 5만 원을 적립한 아동(보호자, 후원자 등)은 월 45만 원(연간 540만 원) 내에서 추가 적립 가능하며, 추가 적립액에 대한 국가 매칭은 불가하다. 만 18세(만기) 이후 학자금, 기술자격 및 취업훈련비용, 창업지원금, 주거마련 지원 등 자립을 위한 용도에 한하여 사용 가능하며, 만 24세까지 학자금 · 기술자격 취득 · 주거마련 등 자립사용용도가 발생하지 않은 경우, 만 24세 도달 시 사용 용도 제한 없이 아동 적립금 및 정부매칭지원금의 지급이 가능하다(보건복지부, 2020).

나. 드림스타트

드림스타트 사업은 취약계층 아동에게 맞춤형 통합서비스를 제공하여 아동의 건강한 성장과 발달을 도모하고 공평한 출발기회를 보장함으로써 건강하고 행복한 사회 구성원으로 성장할 수 있도록 지원하는 사업이다. 가족해체, 사회 양극화 등에 따라 아동빈곤 문제의 심각성이 대두되고, 아동과 가족에 초점을 둔 통합사례관리를 통해 모든 아동에게 공평한 출발기회를 보장하기 위해 아동복지법 제37조(취약계층 아동에 대한 통합서비스지원), 아동복지법 시행령 제37조(취약계층 아동에 대한 통합서비스지원)에 근거하여 사업을 추진하고 있다.

사업대상은 0세 이상 만 12세 이하(초등학생 이하) 취약계층 아동 및 가족을 대상으로 실시하고 있으며, 만 13세 이상의 초등학교 재학 아동, 연령도래 종결심사(만 12세 이후)의 위기개입, 집중사례관리 아동 중 지속 사례관리 필요아동(사례회의 및 지방자치단체장의 승인 하에 최대 만 15세까지 연장 가능), 보호대상아동은 원칙적으로 제외하나, 해당 지역 내 적절한 전달체계가 없는 경우도 가능하다.

지원과정은 가정방문을 통해 파악한 대상 아동과 가족의 기초정보 및 아동의 양육환경과 발달 정보를 기준으로 지역자원과 연계한 맞춤형 통합 서비스를 제공하고 있다. 지원내용은 신체 · 건강, 인지 · 언어, 정서 · 행동, 부모 · 가족으로 서비스를 구분하여 건강검진, 예방접종, 건강교육, 영양교육, 기초학력검사, 기초학력배양, 경제교육, 독서지도, 사회성 발달 프로그램, 아동학대예방, 심리상담 및 치료, 돌봄기관 연계, 부모교육, 가족상담 및 치료, 부모취업지원, 산전산후관리 등 다양한 서비스를 제공하고 있다.

다. 아동급식

아동급식은 아동이 빈곤, 가족해체, 부모(보호자)의 실직 · 질병 · 가출 및 직업적 특성, 아동 학대 · 방임 · 유기 · 부양기피 및 거부, 가정위탁 아동, 소년소녀가정, 그 밖에 여러 가지 사유 등의 가정 사정으로 제대로 보살핌을 받지 못해 끼니를 거르거나 먹는다 해도 필요한 영양을 충분히 공급받지 못하는 경우에 건강한 성장을 위하여 식사를 제공하거나 식사를 할 수 있도록 관련 식품 등을 지원하는 일체의 행위이다. 아동급식은 2000년 10월부터 저소득 가정의 아동들에게 제공되어 왔다.

라. 지역아동센터 운영

지역아동센터는 아동복지법 제52조 제8항에 근거하여 지역사회 아동의 보호 · 교육, 건전한 놀이와 오락의 제공, 보호자와 지역사회의 연계 등 아동의 건전육성을 위한 종합적인 복지서비스를 제공하는 시설이다. 대상은 지역사회의 보호를 필요로 하는 만 18세 미만의 아동으로 선정기준에 따른 소득기준, 가구특성기준, 연령기준을 모두 만족하는 경우의 아동 또는 돌봄특례에 해당하는 돌봄취약아동이 시설별 60% 이상이어야 하며, 일반아동(3명 이상 다자녀 가족의 아동 및 맞벌이 가정의 아동)은 40% 범위 내에서 이용이 가능하다. 기본 프로그램과 특화 프로그램으로 서비스를 제공하고 있으며, 아동보호(안전한 보호, 급식 등), 교육 기능(일상생활 지도, 학습능력 제고 등), 정서적 지원(상담, 가족지원), 문화서비스(체험활동, 공연)등으로 지역사회 내 아동돌봄에 대한 사전 예방적 기능 및 사후연계를 통한 다양한 프로그램을 진행하고 있다(보건복지부, 2021).

② 가정보호 및 시설보호

가. 가정입양지원

현대사회에서 가정은 경제적 빈곤, 별거, 이혼 등 다양한 이유로 가정이 해체가 되면서 가정의 기능이 약화되고, 미혼모, 아동학대, 방임 등으로 인해 보호받지 못하는 아동이 증가하고 있다. 증가하는 요보호 아동이 가정에서 건강하게 성장하고 보호할 수 있는 지원체계가 필요한 부분이며, 입양을 통해 아동이 가정에서 보호서비스를 받을 수 있도록 해야 한다. 입양이란 혈연관계가 아닌 아동과 양부모가 신분법상의 계약으로 부모-자녀 관계를 형성하는 것을 말한다. 입양은 보호자가 없거나 보호자로부터 이탈된 아동 등의 권익과 복지를 증진하기 위한 가정을 영구적으로 제공하여 신체적 · 정서적 · 사회적으로 건강하게 성장할 수 있도록 지원하는 것으로 그 의의가 있다고 볼 수 있다(보건복지부, 2020). 1950년대 초 · 중반에는 입양에 관한 법정규정이 없었으며 입양이 증가하면서 1961년 「보호시설에 있는 고아의 후견인 직무에 관한 법률」, 고아입양특례법이 제정되어 입양에 대한 법적 근거가 마련이 되었다. 이후 1976년 입양특례법이 제정이 되었고 1995년 「입양촉진 및 절차에 관한 특례법」으로 전부 개정이 되고 1999년 일부개정이 되었다. 국내입양을 활성화하기 위하여 2011년 「입양촉진 및 절차에 관한 특례법」을 입양특례법으로 제명을 변경하였고, 2015년 입양특례법에 국외입양 사후관리에 관한 내용을 일부 개정하였다. 2017년 9월 입양특례법 일부개정 및 같은 법 시행령을 2017년 5월 개정하였으며, 시행규칙은 2017년 10월 개정하였다. 입양은 양부모와의 사이의 가족관계 여부에 따라 친족입양과 비친족입양, 입양의 주최가 개인인가 기관인가에 따라 독립입양과 기관입양, 입양사실의 공개 여부에 따라 공개입양과 비밀입양, 어느 국가로 입양되는가에 따라 국내입양과 국외입양으로 구분된다(김윤재 외, 2016).

우리나라 입양에 대한 기본적인 방향은 첫째, 태어난 가정에서 양육하기 어려운 경우 아동의 최상의 이익을 위해 입양 · 가정위탁 등 가정보호를 지원한다. 둘째, 보호가 필요한 아동에 대해 시설보호보다는 가정보호(입양 등)조치가 우선될 수 있도록 지방자치단체의 협조가 필요하다. 셋째, 국내입양을 우선으로 하며 국외입양을 차선책으로 추진한다. 넷째, 입양가정 및 아동에 대한 사후관리를 강화한다. 넷째, 입양가정에 대한 경제적 · 제도적 지원을 통한 국내입양을 활성화한다. 다섯째, 혈연중심의 가족문화, 비밀입양위주 입양문화 개선을 위한 대국민 홍보를 강화한다(보건복지부, 2020). 이러한 기본방향을 바탕으로 아동 및 입양가정에 대한 특성과 욕구에 부합하는 입양이 이루어질 수 있도록 하고 있다.

나. 가정위탁 보호

모든 아동은 태어나면서부터 가정에서 보호 · 양육되면서 신체적 · 정신적으로 건강하게 성장해야 한다. 그러나 부모의 경제적인 어려움, 이혼, 별거 등으로 가정이 해체되거나 아동학대, 방임 등 가정에 위기가 들어오면서 아동을 보호 · 양육할 수 없는 상황이 발생한다. 이러한 상황에서 아동이 원가정에서와 같이 성장할 수 있는 환경을 만들어줘야 하며, 이는 일정한 기간 동안 위탁가정에서 보호를 통해 가능한 일이다. 가정위탁보호는 시설보호보다는 아동에게 긍정적인 영향을 준다는 점에서 중요하게 대두되고 있다.

가정위탁이란 아동복지법 제3조에 보면 “보호대상아동의 보호를 위하여 성범죄, 가정폭력, 아동학대, 정신질환 등의 전력이 없으며 법이 정하는 기준에 적합한 가정에 보호대상아동을 일정 기간 위탁하는 것이다”라고 명시되어 있다. 가정위탁보호의 목적은 보호가 필요한 아동을 보호 · 양육하기를 희망하는 가정에 위탁 양육함으로써 가정적인 분위기에서 건전한 사회인으로 자랄 수 있도록 하고자 함이다. 보호대상아동 발생 시 가정보호를 우선하도록 하며, 특히 2세 미만 영아의 경우 가정보호를 우선적으로 실시한다(보건복지부, 2020).

우리나라 가정위탁보호 사업은 1990년 가정위탁사업을 시범 · 실시하였으며, 2000년 가정위탁 양육보조금을 지원하고, 가정위탁지원센터 시범운영을 통해 2003년에는 가정위탁지원센터를 전국으로 확대설치하였으며, 2004년 7월 중앙가정위탁지원센터 설치하였다. 2005년 아동복지법을 개정하여 가정위탁보호의 법적 근거 규정, 2012년에는 시 · 군 · 구 가정위탁지원센터 설치 근거 규정, 가정 위탁보호 아동 자립지원 근거 규정, 2016년에는 가정위탁지원센터를 아동복지시설에 포함하는 근거를 마련하였다. 2019년 7월 출범한 중앙가정위탁지원센터 아동권리보장원으로 업무가 2020년 1월 이관되었다(보건복지부, 2020).

다. 소년소녀가장 지원

소년소녀가정 지정을 금지하고 기존의 소년소녀가정은 가정위탁보호로 전환하여 추진하고 있다. 소년소녀가정 제도는 아동에게 위험을 초래할 수 있고 UN 등에서도 폐지를 권고하고 있는 부분이다. 소년소녀가정은 가정위탁이나 시설보호에 비해 외부위험에 노출되어 있는 보호형태이므로, 추가지정을 금지하며, 가정위탁으로 보호조치 하도록 권고하고 있다. 소년소녀가정 제도는 향후 폐지 예정으로 추가 지정을 금지하고 단, 아동이 만 15세 이상으로 아동복지법 제19조에 의해 후견인을 선임하는 경우에 한해서 추가지정이 가능하다(보건복지부, 2020).

라. 공동생활가정(그룹홈) 운영

공동생활가정은 보호를 필요로 하는 아동청소년에게 가정과 같은 주거여건과 보호를 제공하여 건전한 사회인으로 성장하도록 하기 위해서이다. 공동생활가정은 대규모 집단시설 위주의 보호에서 소규모 가정형태 보호로의 전환 강조 및 지역사회 중심의 아동보호를 위한 새로운 보호형태이다. 1997년부터 시범사업을 실시하여 2004년 1월 아동복지법상 아동복지시설 종류에 공동생활가정을 추가하였다. 공동생활가정은 보호아동은 5인을 기준으로 하되 7인 이내로 규정하고 있다.

마. 아동복지시설 운영

아동복지시설은 크게 아동양육시설 및 일시보호시설과 자립지원시설로 나누어진다. 먼저 아동양육시설 및 일시보호시설은 보호자가 없거나 보호자로부터 이탈된 아동, 보호자로부터 학대받은 아동, 보호자의 학대로 아동보호전문기관에 신고되어 해당 기관이 시 · 도지사 또는 시 · 군 · 구청장에게 보호조치를 의뢰한 아동, 기초생활보장수급자로서 보호자의 질병, 가출 등으로 가정 내에서 보호하기 어려운 아동, 시 · 도지사 또는 시장 · 군수 · 구청장이 특별히 보호가 필요하다고 인정하는 아동이 대상이 된다. 자립지원시설은 시설퇴소 아동 중 취업중인 아동(우선), 시설퇴소 아동 중 취업준비 중인 18세 이상 25세 미만인 자, 국민기초생활보장 수급자로서 25세 미만인 자가 대상이다. 한편 긴급아동양육은 부모의 이혼, 별거 · 가출, 부부간 심화된 불화, 신용불량 등으로 가정 내 아동양육이 곤란한 경우에 시설보호 등 긴급보호를 실시하여 아동을 보호하고자 실시하고 있다. 보호자, 부양의무자, 이웃 등의 긴급보호 신청 시 아동복지시설 입소 및 국민기초생활보장 긴급급여 실시(1개월) 후, 국민기초생활

수급자 선정기준 적합 여부를 조사하여 가정위탁보호 및 시설(공동생활가정) 입소조치를 한다.

바. 보호아동 자립지원

아동복지법 제38조(자립지원), 제39조(자립지원계획의 수립 등), 제40조(자립지원 관련 업무의 위탁), 제41조(아동자립지원추진협의회)에 근거하여 보호대상아동의 자립준비 역량강화 및 보호종료 후 안정적인 사회진출과 자립실현을 목적으로 하고 있다. 우리나라 보호아동의 자립지원사업은 1993년 자립지원센터 위탁사업 7개소 운영을 시작으로 1998년 전국 16개 센터로 확대 · 운영되었다. 2006년 전세주택, 영구임대주택 공급에 관한 규칙이 제정(국토해양부)되었고 2007년 아동복지법 시행령개정으로 아동복지시설에 자립지원전담요원을 배치하였다. 2008년 퇴소청소년 자립지원 실태조사를 하였으며, 2011년 자립지원 표준화프로그램을 전면 · 시행하였다. 2012년 아동복지법을 전부 개정하여 자립지원의 법적 근거 규정을 마련하였으며 2013년 자립지원통합관리시스템 지자체(시 · 도 및 시 · 군 · 구) 공무원 통계 조회권을 부여하였고 2014년 가정위탁지원센터와 자료를 연동하여 자립관련 자료 입력 및 통계 산출이 가능하게 되었다. 2015년 한국보건복지인력개발원에서 아동자립지원단을 위탁 운영하였고 2016년 보호종료아동 자립실태조사를 실시하였다. 2017년 자립지원통합관리시스템를 사회복지시설정보시스템으로 이관하였으며, 2019년 자립수당, 경계선지능아동 자립지원 사업, 주거지원 통합서비스 사업을 실시하였다. 2019년 8월 아동자립지원단은 아동권리보장원으로 이관되어 사업이 추진되고 있다(보건복지부, 2020).

바. 경계선지능아동 자립지원

아동복지법 제38조(자립지원)에 근거하여 종합심리검사 결과 경계선지능아동으로 진단받은 아동복지시설 보호아동 중 종합심사를 거쳐 최종 선정된 아동을 대상으로 사업대상 아동 선정을 위한 선별체크리스트 검사 및 종합심리검사 지원, 선정아동 대상 맞춤형 사례관리서비스를 제공하고 있다. 경계선지능아동에 특화된 자립지원서비스를 제공하여 자립능력을 향상과 전문인력 양성을 통해 경계선지능아동에게 양질의 맞춤형 서비스 제공을 목적으로 하고 있다.

기본 프로그램으로 인지학습 영역에 있어서 종합심리검사결과를 토대로 검사 영역 중 부족한 영역에 대한 인지학습의 형태로 수행하며, 보드게임 등 놀이와 병합한 형태로 운영한다. 사회성 영역에 있어서는 아동의 일상 및 학교생활에서 발생하는 대인관계기술 향상을 위한 개별 또는 모둠활동으로 운영한다. 자립 프로그램에 진로탐색은 일반 아동에 비해 진로탐색 및 기술습득에 오랜 시간이 소모되는 점을 감안하여 체험 프로그램 등을 활용하여 조기에 진로에 개입한다. 또한 성교육을 통해 성에 대한 취약성이 높은 경계선지능아동에 대한 반복적이고 효과적인 맞춤형 성교육을 제공하며, 필요시 지역 내 성문화센터 및 성교육 전문가를 활용한다. 자립여행을 계획하고 실행하는 과정 중 경계선지능아동지도사는 최소한의 역할만 담당하고 아동이 주체적으로 참여하게끔 함으로써 자기 효능감과 성취감을 제공한다(보건복지부, 2020).

사. 자립수당

아동복지법 제38조(자립지원), 아동복지법 시행령 제38조(자립지원) 제1항 제4호에 근거하여 보호종료아동에게 자립수당을 지급하여 보호종료 후 경제적 부담을 완화하고 복지향상을 통해 안정적인 사회정착 및 성공적 자립에 기여하고 있다. 아동복지시설, 가정위탁 보호종료 3년 이내 아동 중 보호종료일을 기준으로 과거 2년 이상 연속하여 보호를 받은 자, 만 18세 이후 만기 또는 연장 보호종료된 자가 대상아동이다. 매월 30만 원 현금을 본인 명의 계좌로 이체하는 것이 원칙이다.

또한 보호종료아동의 성공적인 자립실현을 위한 안정적 주거 환경을 조성하고, 통합 사례관리를 통한 사회 · 경제 · 심리적 자립생활 기반을 구축하기 위해 주거지원통합서비스를 제공하고 있다. 전국 10개 시 · 도가 참여하고 있으며 LH 매입임대주택 및 전세임대주택에 월 임대료를 지원하며, 주거환경조성을 위해 물품 유지관리, 물품지원 등 1호당 50만 원을 지원하고 있다. 개별 대상자

특성을 고려한 복지급여 연계 및 자립지원 서비스를 제공하기 위해 대상자 1인당 매월 20만 원 사례관리비 지원을 하고 있다(보건복지부, 2020).

③ 아동 안전

가. 아동학대 예방 및 피해아동 보호

아동학대란 보호자를 포함한 성인에 의한 아동의 건강, 복지를 해치거나 정상적 발달을 저해할 수 있는 모든 신체적 · 정신적 · 성적 폭력 또는 가혹행위 및 아동의 보호자에 의하여 이루어지는 유기와 방임을 말한다(아동복지법 제3조). 법적 근거 마련을 통해 아동학대 예방 강화 및 피해아동에 대한 적극적인 보호를 하고 있으며 아동의 안정적인 성장환경 조성 및 권리증진을 도모하고 있다. 구 아동복지법을 2000년 전부 개정하여 아동학대의 정의를 규정하는 내용의 신설, 긴급전화 설치 의무화, 아동보호전문기관의 설치 의무를 가지는 근거규정을 마련하였다. 또한 중앙아동보호전문기관과 지역아동보호전문기관의 역할 구분 및 업무범위를 정립하였으며, 아동학대 신고의무자 및 신고자 보호 규정, 아동학대 신고의무와 절차를 규정하는 내용을 마련하였다. 2014년 「아동학대범죄의 처벌 등에 관한 특례법」 제정에 따라 제10조에 신고의무자 범위를 확대하여 2000년 9개 직군에서 2016년 24개 직군으로 점진적으로 확대하였으며, 신고의무자 신고불이행에 대한 과태료 부과 규정 신설 및 부과금액을 상향하였다. 2014년부터 아동학대 신고전화를 범죄 신고전화 112로 통합운영하고 있으며, 2016년 학대피해아동쉼터의 법령상 근거를 명확화하고 아동학대 신고자에 대한 불이익조치 금지 및 보호조치 근거마련, 아동보호전문기관, 학대피해아동쉼터 및 그 종사자와 관련하여 근거를 마련하였다. 아동보호전문기관을 아동복지시설에 포함시켰고, 2017년 아동학대사례전문위원회 설치 · 운영 근거, 아동학대에 대한 법률상담 및 전담의료기관 운영 근거를 마련하였다. 이처럼 아동학대와 관련된 법규의 개정을 통해 아동학대 예방사업을 위한 활성화를 위해 다각적인 노력을 하고 있다(보건복지부, 2020).

나. 실종아동 등 보호 및 지원

실종아동은 약취 · 유인 · 유기 · 사고 또는 가출하거나 길을 잃는 등의 사유로 인하여 보호자로부터 이탈된 실종 당시 18세 미만 아동, 장애인복지법 제2조의 장애인 중 연령제한 없이 지적 · 자폐성 · 정신장애인, 치매관리법 제2조 제2호의 치매환자를 의미한다. 실종아동 발견 시 경찰청 실종아동찾기센터 국번 없이 182로 지체 없이 신고해야 하며, 신고의무자는 보호시설의 장 또는 그 종사자, 아동복지전담공무원, 청소년보호센터 및 청소년재활센터의 장 또는 그 종사자, 사회복지전담공무원, 의료법 제3조에 따른 의료기관의 장 또는 의료인, 업무 · 고용 등의 관계로 사실상 아동 등을 보호 · 감독하는 자로 직무수행 중 실종아동 등임을 알게 된 때는 지체 없이 신고해야 한다. 실종아동 지원 등과 관련하여 경찰청 홈페이지 안전드림(safe182.go.kr)도 운영하고 있다. 보호시설의 장(정신의료기관의 장 포함)은 아동 · 장애인을 관계 법률에 따라 보호시설 등에 보호조치하거나 보호한 때에는 신상카드를 작성하여 각각 지자체와 실종아동전문기관에 제출해야 하며, 신상카드 제출이 누락되지 않도록 관련 지자체에서는 철저한 지도 · 감독을 하고 있다(보건복지부, 2020).

06 아동복지의 전망과 과제

1) 아동복지에 대한 새로운 인식

아동은 태어나면서부터 독립적이고 주체적인 권리를 가지고 있다. 아동이 태어나서 건강하게 성장 · 발달하기 위해서 보호 · 교육 · 문화 등 기본적인 권리를 가지게 된다. 이러한 아동의 기본적인 권리는 유엔 아동헌장, 아동복지법, 청소년기본법 등 법적으로도 명확하게 명시하고 있다. 아동은 능동적이고 독립적인 한 인격체로 인간으로서 인정되고 아동의 권리에 대한 새로운 인식과 이해가 필요하다. 아동을 바라보는 인식의 변화와 아동권리의 소중함을 알고 실현될 수 있도록 다함께 노력해야 한다. 이렇듯 아동이 건전하게 성장 · 발달하기 위해서는 아동의 권리는 보장되어야 하며, 이를 위해서 국가는 정책적으로 법적제도를 마련하고 개선하여 책임을 다해야 한다. 아동복지의 영역은 모든 아동을 대상으로 누구에게나 보편적으로 적용이 되어야 하며, 전반적인 모든 생활영역이 포함되어야 한다. 모든 아동을 대상으로 아동의 욕구 및 문제 해결을 위해 전문적인 지식과 기술을 바탕으로 아동이 행복한 삶을 살아갈 수 있도록 국가가 살펴야 한다. 아동이 가정 같은 환경에서 성장할 수 있도록 아동의 인격을 존중하고 정서적인 안정이 이루어질 수 있도록 해야 한다.

2) 가정중심의 아동복지 서비스 강화

기존의 아동복지는 요보호아동을 중심으로 이루어졌던 시설보호 서비스가 중심이었으나, 앞으로는 아동이 지역사회 내에서 건전하게 성장 · 발달할 수 있도록 가정중심, 즉 재가서비스 중심으로 보다 강화해 나아가야 할 것이다. 부모가 가정에서 아동을 보호 · 양육할 수 없는 경우 아동이 가정과 같은 환경에서 성장할 수 있도록 해야 한다. 아동이 태어나서 가장 먼저 접하는 환경은 가정이며, 가정에서 기본적인 도덕, 행동양식을 배우며 성장하고 발달한다. 아동이 가정에서 건전하고 바르게 성장할 수 있도록 환경을 조성해 주는 것은 가장 중요한 요소이며, 최우선적으로 제공되어야 할 일이다. 아동 및 가족의 욕구에 부합하고 지역사회 연계를 통한 이용자 중심의 실천이 되어야 할 것이며, 통합적인 관점에서 아동복지 서비스가 이루어져야 할 것이다.

3) 다양한 아동복지 프로그램의 개발 및 전문성 확보

아동이 건전하게 성장 · 발달하고 행복한 삶을 영위할 수 있도록 아동 및 가족을 위한 다양한 프로그램을 실시해야 한다. 아동 및 가족의 욕구를 명확하게 파악하고 아동 및 가족의 욕구에 부합하는 프로그램을 실시해야 한다. 또한 아동을 위한 프로그램의 실시는 앞으로 나타나는 다양한 욕구에 부합하기 위해 아동복지 서비스에 대한 이해가 있는 전문가가 수행해야 한다. 다양한 아동복지 프로그램의 개발과 종사자의 전문성 확보를 통해 아동에게 질 높은 서비스를 제공할 수 있도록 해야 한다. 아동중심의 실천을 위한 다양한 프로그램은 모든 생활의 영역에서 개발되어야 하고 활용되어야 한다. 아동복지에 대한 다양한 연구 및 평가를 통해 질 높은 서비스 제공을 위한 아동복지 서비스의 전문성 확보를 위해 노력해야 할 것이다.

4) 아동복지 전달체계의 민관 협력체계 구축

아동복지 서비스를 실천함에 있어서 전달체계의 민관 협력체계를 구축해야 한다. 중앙정부중심의 아동복지서비스 전달체계는 지방자치제가 실시되면서 각 지방자치단체별 중심, 지역사회 중심으로 전달체계가 확대 강화되었다. 이러한 변화는 각 지방자치단체의 재정자립도에 따라 복지환경이 상이하게 나타나는 결과를 보이고 있다. 아동복지서비스 전달체계에 있어서 아동복지를 강화하기 위해서는 민과 관이 협력체계를 구축해 나가야 한다. 또한 중앙정부와 지방정부는 파트너십을 형성하여 상호보완적인 관계를 구축해야 한다. 이를 바탕으로 재원확보가 이루어져야 보편적인 아동복지가 실시될 수 있다. 모든 복지가 마찬가지이지만, 아동복지 실천을 위한 가장 기본적인 전제조건은 재원확보라고 볼 수 있다. 특히 아동복지 분야는 예산 지원이 적고, 확보하는 데도 한계가 있으므로 국가 · 지방자치단체 등 공적인 영역에서 전달체계 구축은 필수적이다. 민관이 전달체계로서 각각의 역할을 하고 확대해 나갈 때 아동복지는 발전해 나갈 수 있다. 민간영역의 아동복지의 활성화를 통해 통합적인 관점에서 서비스를 제공해야 할 것이다.

Chapter 11

청소년복지

01 청소년과 청소년복지의 개념

1) 청소년의 개념

청소년복지에 대한 개념을 살펴보기에 앞서 청소년에 대한 개념의 이해가 선행되어야 한다. 청소년기라는 개념은 미국의 심리학자인 Hall이 그의 저서에서 처음 사용하였다. 청소년(adolescent)이란 어원을 살펴보면 라틴어 동사인 'Adolesere'에서 유래하였는데 이는 '성장하다', 또는 '성숙에 이르다'라는 의미를 내포하고 있어 '(어른)으로 성장하다'라는 의미를 갖고 있다. 즉, 어원적으로 볼 때 청소년은 미숙한 상태에서 벗어나는 시기라고 할 수 있겠다.

'청소년기'의 태동 배경은 산업혁명으로서 산업화로 인해 교육을 받은 노동력이 필요하게 되었고 그에 따라 학교교육이 의무화되면서부터이다. 오늘날 청소년의 개념은 학문 영역과 학자, 관련 법규, 그리고 국가에 따라 다양하게 규정하고 있다. 심리학에서는 청소년을 14~15세부터 22~23세로 규정하고 있고 생물학에서는 신체적 · 생리적 성숙이 시작되는 12~13세부터 20~22세까지, 사회복지에서는 12~22세로 구분하고 있다. 법률상에서 청소년의 구분은 청소년기본법에서 청소년이라 함은 "9세에서 24세 이하의 자"로, 「아동 · 청소년의 성보호에 관한 법률」에서는 "아동 · 청소년은 19세 미만인 자"로, 청소년보호법에서는 "만 19세 미만"으로 규정하고 있다. 우리나라 아동복지의 기초가 되는 아동복지법과 입양특례법에서는 아동에 대한 정의를 "18세 미만인 자"라고 규정하고 있다. 외국의 경우, UN에서는 청소년의 개념은 "15~24세 사이의 집단"으로 보고 있고, 국제 식량기구(FAO)에서는 "10~24세까지 사이의 결혼 여부를 불문한 남녀 인구 부분"으로 규정하고 있다. 국가별로는 이탈리아, 노르웨이, 스위스는 14세 이상에서 18세 미만, 영국은 8세 이상에서 17세 미만, 미국은 주에 따라 16세에서 21세까지로 보고 있다(김성이 외, 2010).

청소년기(adolescence)의 특성은 급속한 신체적 성숙 및 인지발달이 이루어지는 사춘기(puberty)로 이차적 성적 특징이 나타난다. 사춘기는 성적성숙으로 생식기능을 수행할 수 있다는 신체적 개념이지만 심리적, 사회적으로 의존에서 벗어나 독립과 책임을 수용하는 것까지 포함한 개념이다. 청소년기는 인간의 발달단계에서 가장 격정적이고 불안정한 시기로 인격의 완성을 꾀하고 사회인으로서의 기능을 갖기 위한 마지막 단계이다.

2) 청소년복지의 개념

청소년문제가 사회문제로 대두됨에 따라 청소년을 대상으로 한 청소년복지에 대한 관심이 증대되었다. 청소년복지에 대한 정의를 살펴보면 조흥식(1992)은 "청소년복지정책을 청소년 및 그 가족의 복지를 위하여 국가가 행하는 사회복지정책"이라고 하였으며, 송정부(1991)는 "청소년복지란 청소년의 생존권이 보장되어 사회적으로 편안히 잘 지내는 상태가 될 수 있어야 한다"고 하였다. 청소년개발원(1994)에서는 청소년복지활동을 "청소년들의 기본적인 요구를 충족케 하고 정신 · 정서 · 신체적으로 최상의 발달을 기하기 위해서 청소년 자신들에게 직접적으로 또는 가정이나 사회를 통해 간접적으로 제공되는 모든 사회제도적 · 전문적 활동"이라고 보았다. 홍봉성과 남미애(2000)는 청소년복지란 "아동복지와 구별되는 독립된 사회복지 분야 중의 하나로서 청소년의 기본적 욕구의 충족과 건강한 성장 · 발달의 촉진은 물론 청소년이 현재 사회 구성원의 한사람으로서 주체적인 삶을 영위하도록 하고 더 나아가 청소년을 둘러싼 환경이 청소년의 성장을 돕기 위해 최적의 기능을 발휘할 수 있도록 청소년과 가정, 사회를 통해 직 · 간접적으로 제공되는 모든 사회정책과 관련 제도 및 전문적 활동"이라고 정의하였다. 청소년기본법에서는 청소년복지를 "청소년이 정상적인 삶을 영위할 수 있는 기본적인 여건을 조성하고 조화롭게 성장 · 발달할 수 있도록 제공되는 사회적 · 경제적 지원을 말한다"고 규정하고 있다. 이러한 정의와 함께 고려되고 있는 것은 청소년복지의 대상이다. 일반적으로 문제를 갖고 있는 청소년뿐만 아니라 일반청소년 모두 청소년복지의 대상으로 보고 있다.

종합하여 정리하면 청소년복지는 문제행동을 갖고 있는 청소년뿐만이 아니라 모든 청소년과 그 가족을 대상으로 기본적인 욕구의 충족과 이들의 발달과 기능이 최적으로 발휘될 수 있도록 직 · 간접적으로 제공되는 모든 사회정책과 관련 제도 및 전문적 활동이다.

02 현대사회와 청소년

산업화와 급격한 경제성장으로 인한 사회변동은 우리나라의 전통적인 가족제도에 영향을 미쳤고 또한 가치관의 변화와 사회경제 및 정치적 상황은 사회복지와 더불어 청소년복지의 필요성을 초래하였다. 청소년복지의 필요성을 이해하기 위해 청소년을 둘러싼 가정환경, 학교, 지역사회, 대중매체의 영향을 살펴보고자 한다.

첫째, 가정환경에서 산업화로 인한 가족 변화는 크게 핵가족과 출산율의 감소, 여성의 경제활동 증가, 이혼율의 증가 등을 들 수 있다. 이러한 가족구조와 기능의 변화는 청소년에게 직접적으로 영향을 미치고 있다. 즉, 핵가족은 대가족에서 조부모나 친척 등과 형제자매 간의 관계에서 형성되는 정서적 성숙과 사회화가 약화될 수밖에 없게 하였다(김성이 외, 2010). 저출산으로 인한 자녀 수 감소는 자녀에 대한 부모의 과잉보호, 간섭 또는 방임의 양육방식을 사용하게 하였으며 기혼여성의 취업은 직장생활로 인해 자녀와 함께 하는 시간의 부족을 가져왔다. 부모의 이혼은 자녀의 나이, 성별, 성격, 아동의 사회적 능력과 부모와의 애착관계 정도, 이혼과정에서의 부부갈등의 정도, 그리고 새로운 삶으로의 전환과정에서 발생하는 문제점 등 다양한 요인에 따라 자녀의 심리사회적 적응에 영향을 미치고 있다(Carter & McGoldrick, 1989; 김성이 외, 2010 재인용). 특히 사회변동은 부모의 자기지향적 가치관을 갖게 하여 가족해체의 상황에서 아동과 청소년은 적절한 양육을 받지 못하며 성장하고 있다(천정웅, 2012).

둘째, 학교는 청소년의 삶에서 대부분의 시간을 보내는 곳으로 청소년에게 차지하는 비중이 더욱 높아지고 있다. 그런데 이러한 학교는 청소년에게 성적 제일주의의 가치를 심어주어 이기적인 사고, 좌절감, 패배감이 증대하고 있고 입시 위주의 주입식 교육으로 청소년의 인격적인 성장은 이루어지지 않고 있다. 더불어 교사 및 또래와의 갈등, 왕따, 학교부적응 등이 야기되고 있다. 또래는 청소년에게 정서적 지지 및 다양한 정보를 제공하는데 입시위주의 경쟁 속에서 또래와 함께 하는 시간은 점점 줄고 있는 실정이다.

셋째, 지역사회는 예전과 달리 그 기능이 약화되어 이웃 간 교류가 없어지고 형식화되는 경향이 뚜렷하여 청소년에게 미치는 긍정적인 영향력이 없어지고 오히려 가정과 학교 주변에 유해업소들이 무성하여 청소년들에게 부정적 영향을 주고 있다.

넷째, 대중매체는 가정과 학교의 약화된 기능 속에서 청소년의 가치관 형성에 매우 큰 영향을 미치고 있다. 청소년은 언제 어디서나 컴퓨터나 휴대폰을 이용한 인터넷 검색을 통해 많은 정보들을 접할 수 있는데, 분별력이 부족한 청소년들은 이러한 정보들 속에서 선정적인 자극, 상업적 · 범죄적 · 폭력적 내용의 정보들을 무차별적으로 받아들이고 있다. 또한 이러한 매체들은 중독성이 있어

청소년들이 인간관계보다는 컴퓨터나 휴대폰과의 접촉에 더 흥미를 느끼고 있는 실정이다.

이상과 같이 청소년을 둘러싼 환경은 과거와 다르게 변화하였다. 산업화로 인한 사회경제적 변화는 가족, 학교, 지역사회를 변화시켰고 이러한 변화 속에서 청소년들은 가출, 비행, 범죄, 성매매, 약물남용, 인터넷중독, 자살, 학교부적응, 따돌림 등 여러 가지 사회 문제들을 발생시키고 있다. 따라서 이러한 청소년문제는 청소년복지의 필요성을 더욱 증가시키고 있으며 국가의 사회적 개입을 필요로 하게 되었다.

03 청소년문제

1) 청소년비행

현재 청소년비행문제는 당면한 사회문제이면서 청소년 당사자, 가정 및 지역사회의 문제이기도 하다. 청소년비행의 의미, 현황, 요인을 살펴보면 다음과 같다.

비행청소년이란 형사법상 범죄를 저지르거나 범죄의 위험성이 있는 청소년으로 국가의 법처분의 대상이 되는 청소년을 말한다. 범죄란 현행 실정법에 위반된 행위를 말하고 범죄의 위험성이란 범죄를 저지를 가능성이 있는 행동적 상황을 말한다. 소년법에서는 비행청소년을 범죄소년, 촉법소년, 우범소년 등 세 가지로 구분하고 있다. 그리고 적용연령을 범죄소년은 14세 이상에서 19세 미만, 촉법소년은 10세 이상에서 14세 미만, 우범소년은 10세에서 19세 미만으로 규정하였다. 여기서 범죄소년과 촉법소년은 범죄를 저지른 소년이지만 우범소년은 현재는 범죄를 저지르지는 않았으나 앞으로 범죄를 저지를 우려가 있는 불량행위를 하는 자로서 비행소년에 포함하고 있다. 우범소년의 행위는 ① 집단으로 몰려다니며 주위사람들에게 불안감을 조성하는 성벽이 있는 것, ②

정당한 이유없이 가정에서 이탈하거나, ③ 술을 마시고 소란을 피우거나 유해환경에 접하는 성벽이 있는 것이라고 규정하고 있다.

청소년비행의 요인은 크게 세 가지 측면에서 살펴볼 수 있다.

첫째, 개인적인 요인으로 연구결과들에 따르면 청소년의 낮은 자기통제력, 높은 공격성향, 반사회적 성격특성, 높은 우울성향, 낮은 자아존중감이 비행과 관련된 것으로 거론되고 있다(김헌수 외, 2001; 정소희, 2007).

둘째, 가정 환경적 요인으로 부모의 이혼, 사별, 별거 등으로 인한 정서적, 사회적 상황, 빈곤 등의 요인은 부모와 자녀 간 애착관계, 친밀감, 양육방식에 영향을 주며 이는 다시 청소년의 비행에 직 · 간접적으로 영향을 줄 수 있다(박정란 외, 2011)는 것이다.

셋째, 또래집단 요인으로 비행청소년과 교류가 비행의 원인이며 결과가 될 수 있다는 것이다. 즉, 비행집단에 가입하는 청소년은 집단가입 이전에 이미 높은 수준의 비행에 참여한 경험이 있으며 이들의 비행수준은 비행집단에 가입함으로써 더욱 심각해진다는 것이다.

넷째, 교육환경적 요인인 학교교육의 병리 현상으로 시험, 지나친 경쟁관계, 성적위주의 교과과정과 평가로 인해 학생들은 좌절감, 긴장감, 스트레스를 경험한다. 이러한 학교교육의 결과 학생들은 학교에 부적응하게 되고 그로 인한 무단결석, 왕따, 학교폭력, 학교중퇴 등의 문제를 일으키고 있다.

다섯째, 비행청소년의 지역사회 환경은 흡연, 음주 등을 부추기는 각종 유해업소가 가정과 학교 주변에 산재해 있으며 청소년을 고객으로 유혹하거나 이들을 종업원으로 고용하고 있다.

2) 가출청소년

가출청소년의 개념은 일반적으로 부모의 허락을 받지 않은 18세 미만 청소년이 24시간 이상 집에 들어가지 않는 것을 말한다(White, 1989). 가출의 원인은 청소년 개인, 가족, 친구, 학교 그리고 사회환경에서 찾아볼 수 있다. 개인적 특성으로 낮은 충동 통제력과 부정적 자아개념, 인내력 및 의지력 부족과 가정요인으로 부모와 청소년의 의사소통 부재, 무관심, 가정불화, 부모의 청소년에 대한 이해 부족 등이 작용한다. 청소년기에 친구는 매우 중요하여 친구가 없거나 친구가 있더라도 인정받지 못하거나 관계가 원만히 이루어지 못함으로써 심리적 갈등이나 반사회적 행동, 우울 등이 발생하기도 한다. 따라서 친구와 함께 동반가출, 친구의 권유에 의해 가출하는 경우가 있다. 청소년은 학교에서 많은 시간을 보내는데 입시위주의 교육환경으로 인해 학업에 흥미 상실, 열등감, 고립감으로 가출을 하기도 한다. 가출청소년에게 영향을 미치는 사회환경 요인으로는 물질만능주의의 가치관과 향락산업의 번창이 있다. 이러한 요인들이 서로 상호역동적인 작용을 함으로써 청소년가출이 이루어지고 있는데 이 가운데 가장 큰 원인은 부모이다. 부모의 학대와 방임, 부모에 대한 소속감과 신뢰 부족은 청소년으로 하여금 정서적으로 분노, 절망, 두려움을 주어 결과적으로 반복가출과 장기가출로 이어지게 된다(김성이 외, 2010).

우리나라 청소년 가출자는 한 해 만 명 이상으로 여성 청소년의 비율이 60% 이상이다. 이들 가출청소년들은 대부분 가출 후 의식주문제에 대한 명확한 계획 없이 가출한 상태라 여러 가지 현실적인 문제에 직면하게 된다. 당면한 문제로는 의식주 문제, 두려움, 불안, 외로움, 공포 등의 정서적 문제, 고용 및 착취문제, 건강과 성문제, 약물남용문제, 비행문제 등에 당면한다. 가출청소년에 대한 개입은 먼저 가출청소년의 변화를 위한 개입으로 상담, 부모와 가족을 위한 개입으로 부모교육 및 가족치료가 있는데 이는 가족의 기능을 높여 청소년의 가정복귀가 될 수 있도록 한다. 만일 가정복귀가 어려울 때는 쉼터나 자립을 할 수 있도록 지원하는 대책이 있다. 그 외 또래집단 및 학교를 통한 개입, 문화체험 및 야외활동을 위한 개입, 사회환경의 변화를 위한 개입전략이 있다(김성이 외, 2010).

3) 청소년 성문제

청소년기에 성에 대한 관심은 자연스러운 과정이다. 하지만 청소년은 올바른 성에 대한 유익한 정보나 가치관을 갖고 있지 않은 상태에서 잘못된 성에 대한 지식과 대중매체의 영향에 의해 왜곡된 성의식을 갖고 행동을 하는 경우가 많다. 청소년 성문제의 사회구조적인 원인으로는 서구사회의 개방적인 성의식, 성에 대한 이중적인 잣대(남성에게는 관대, 여성에게는 순결강조), 퇴폐 · 향락산업의 증가, 성매매, 부모와의 갈등, 대중매체의 영향, 입시위주의 교육제도 등이다(박정란 외, 2011). 이러한 청소년 성문제는 직접적으로 십대임신으로 인한 미혼모 문제, 음성매춘, 성폭력 및 착취를 야기한다. 십대임신은 산모나 아이의 건강상의 문제를 야기하며 이와 더불어 임신으로 인한 학업중단과 계획되지 않은 임신과 출산으로 인해 겪게 되는 심리적인 고통, 미래에 대한 희망 결여 등 여러 가지 문제를 가져온다. 음성매춘은 성매매가 공공연히 이루어지는 사회분위기 속에 청소년들이 생활비와 유흥비를 벌기 위해 성매매를 하고 있는데 가출청소년뿐 아니라 일반청소년들도 많은 것으로 추정되며 날로 증가하고 있는 실정이다. 매매춘과 관련하여 가출 청소년의 경우 성착취로까지 이어지고 있다(신혜섭 · 양혜원, 2005). 이러한 청소년의 성문제를 예방하기 위해서는 학교차원에서 성평등, 올바른 성지식, 인간관계 교육, 의사결정 능력을 키우는 교육을 실시하고, 생명에 대한 존중감, 음란물에 대한 비판적 사고 등이 길러질 수 있도록 지도해야 한다. 또한 가족차원에서 부모의 관심과 성에 대한 지도가 필요하며, 지역사회와 정부차원에서 구체적인 전략이 요구된다(박정란 외, 2011).

4) 학교폭력

"학교폭력"이란 「학교폭력예방 및 대책에 관한 법률」에 의하면 학교 내외에서 학생을 대상으로 발생한 상해, 폭행, 감금, 협박, 약취 · 유인, 명예훼손 · 모욕, 공갈, 강요 · 강제적인 심부름 및 성폭력, 따돌림, 사이버 따돌림, 정보통신망을 이용한 음란 · 폭력 정보 등에 의하여 신체 · 정신 또는 재산상의 피해를 수반하는 행위를 말한다. "따돌림"이란 학교 내외에서 2명 이상의 학생들이 특정인이나 특정집단의 학생들을 대상으로 지속적이거나 반복적으로 신체적 또는 심리적 공격을 가하여 상대방이 고통을 느끼도록 하는 일체의 행위를 말한다. "사이버 따돌림"이란 인터넷, 휴대전화 등 정보통신기기를 이용하여 학생들이 특정 학생들을 대상으로 지속적, 반복적으로 심리적 공격을 가하거나, 특정 학생과 관련된 개인정보 또는 허위사실을 유포하여 상대방이 고통을 느끼도록 하는 일체의 행위를 말한다고 정의하고 있다.

정부는 2012년 2월 국무총리 주재 학교폭력 관련 관계 장관 회의를 열고 '학교폭력근절 종합대책'을 발표하였는데 학교폭력으로 고통받고 있는 학생, 학부모의 입장에서 기존의 학교폭력대책의 한계와 문제점을 철저히 검토하는 한편, 학교폭력의 근본적인 원인으로 지목되고 있는 인성교육이 형식화된 교육현실에 대해 반성하고, 7대 실천정책을 수립하였다.

학교폭력은 피해 후유증, 청소년 자살, 범죄 등으로 이어지고 있으며 피해자의 심리적 고통, 가해학생의 무감각, 목격 학생의 방관, 폭력의 일상화 등의 문제는 단순히 학교 내의 학생만의 문제가 아닌 모두가 관심을 기울여야 할 사회적 책임이 요구되고 있다. 학교폭력에 대한 대책으로는 학교에서 피해학생에 대한 일차적 보호와 상담, 지원 및 개입이 필요하고, 가정, 학교, 학교폭력 전문기관의 위기개입 및 유기적 지원체계가 더욱 강화되어야 할 것이다.

04 청소년복지정책

1) 우리나라의 청소년복지정책

한국의 청소년복지는 해방 후 상당기간 청소년복지 자체가 없었으며, 아동복지의 연장선에서 청소년복지가 다루어지다가 미성년자보호법의 제정(1961)과 중앙청소년보호대책위원회의 설치(1964) 등으로 아동과 다른 '청소년 영역'

이 설정되고, 세계청소년의 해(1985)를 계기로 청소년육성법이 제정(1987)되면서 하나의 독립된 영역이 되었다. 2003년 청소년기본법과 청소년보호법의 개정 및 청소년활동진흥법과 청소년복지지원법을 제정 및 시행하고 그동안 이원화되어 추진되었던 청소년업무가 통합되면서 현재는 여성가족부를 중심으로 청소년정책이 수립되고 있다(천정웅, 2012).

청소년 관련 업무는 여성가족부 청소년가족정책 산하에 청소년정책과, 청소년활동진흥과, 청소년활동안전과, 청소년자립지원과, 청소년보호환경과, 학교밖청소년지원과, 청소년보호중앙점검단에서 담당하고 있으며 그 업무내용은 〈표 11-1〉과 같다.

<표 11-1> 각 과별 업무내용

구 분	주요 업무
청소년정책과	청소년정책 총괄 · 조정, 청소년정책 기반 확대, 청소년정책 개발 및 제도 개선, 청소년 권리증진, 청소년 참여확대, 청소년관련 행사 등
청소년활동진흥과	청소년수련활동, 청소년국제교류, 자원봉사, 동아리활동, 청소년프로그램 공모, 방과후아카데미, 청소년지도사 자격검정 및 연수 등
청소년활동안전과	청소년수련활동 안전정책 총괄, 청소년수련활동 안전관련 법령 및 제도 운영, 국공립청소년수련시설 확충, 국립수련원 운영 · 관리, 청소년수련시설 종합안전점검 및 평가 실시 등
청소년자립지원과	청소년 복지정책 총괄, 위기청소년 사회안전망 · 상담 · 통합지원, 가출청소년보호지원 등
청소년보호환경과	청소년보호정책 총괄, 청소년 유해업소 · 약물 등 유해환경개선계획 수립 · 시행, 청소년 유해매체환경 개선, 청소년 인터넷 · 스마트폰 과의존 등 매체물 역기능 해소 등
학교밖청소년지원과	학교 밖 청소년 지원을 위한 정책의 기획 · 종합, 학교 밖 청소년 지원센터 운영 등
청소년보호중앙점검단	청소년 유해환경 기획 점검 · 단속, 관계부처 합동 청소년보호 종합대책 추진 · 관리, 지자체 청소년정책 점검 · 평가 및 청소년 긴급구호 활동 추진 등

출처 : 여성가족부(2019).

2) 청소년분야 사업

우리나라의 청소년 분야 사업을 구체적으로 살펴보면 다음과 같다(여성가족부, 2019).

(1) 청소년정책과

<표 11-2> 청소년정책과 사업내용

사업명	주요 내용
청소년 특별회의	• 목적 · 기능 : 청소년이 발굴한 정책과제를 정부부처에 제안 • 구성 : 17개 시 · 도 청소년참여위원회 위원을 청소년특별회의 위원으로 위촉
청소년 참여위원회	• 목적 · 기능 : 지방자치단체의 청소년 관련 정책에 청소년 의견 반영 • 운영현황 : 전국 189개(여성가족부 1개, 지역 188개) • 주요 활동 : 청소년 관련 정책에 대한 의견제안, 청소년 권리 · 인권 모니터링 및 개선 제안, 청소년포럼 · 토론회 참여 및 개최 등
청소년 우대	• 우대기준 - 만 9~18세 청소년 또는 만 19~24세의 초 · 중 · 고 재학생 • 우대시설 - 대중교통, 공연장, 박물관 및 미술관, 도서관, 문화예술회관, 과학관, 체육시설, 평생교육기관, 자연휴양림, 수목원, 사회복지관 등 • 우대내용 : 이용료 면제 또는 할인
청소년증	• 발급대상 : 만 9~18세 청소년 • 용도 : 공적 신분증, 청소년 이용시설 면제 또는 할인, 대중교통 및 가맹점 선불결제 가능 • 교통카드 : 3개(레일플러스, 원패스, 캐시비) 중 신청인이 택일
청소년정책분석평가	• 대상기관 : 지방자치단체(시 · 도 및 시 · 군 · 구) • 대상사업 : 「제6차 청소년정책기본계획('18~'22)」의 5대 영역 중 '청소년 참여 및 권리증진*' 부문에 해당하는 시행계획 세부과제 및 포괄적 사업 * 청소년의 참여 활성화, 청소년의 건강권 보호, 청소년의 권리증진 기반 조성 등 11개 지표) 구성 • 결과활용 : 우수사례 발굴 및 확산, 지자체별 정책컨설팅에 활용

청소년 건강지원 (여성청소년 보건위생 물품지원)	• 지원대상 : 생계 · 의료 · 주거 · 교육급여수급자, 법정차상위계층, 한부모가족지원대상 만 11~18세 여성청소년 • 지원금액 : 보건위생물품 구입비용 월 10,500원
대한민국청소년박람회	• 개 최 : 지자체와 공동주최, 5월 중 3일 • 주요 내용 : 청소년체험활동 부스, 청소년 정책 주장대회, 청소년동아리 경진대회, 멘토 특강 등
청소년 육성 및 보호 유공자 포상	• 포상대상 : 청소년단체 종사자, 청소년업무담당 공무원, 일반인, 단체 · 기관, 청소년 등 94명(개)
청소년푸른성장 대상	• 포상대상 : 청소년의 건강한 성장을 위해 헌신해온 단체 · 성인, 타의 모범이 되는 청소년 · 청소년동아리 등 12명(개)
전국 청소년 지도자대회	• 참석대상 : 청소년 관련 시설 · 단체 · 기관 종사자 700여명 • 주요 내용 : 올해의 청소년지도자상 시상, 청소년정책 방향 공유, 화합 및 교류의 시간 등
성년의 날 기념행사	• 개최 : 5월 셋째 월요일 • 참석대상 : 성년(만 19세)을 맞는 청소년 및 일반 국민 등 • 주요 내용 : 성년을 맞이하는 청소년에게 책임감과 자부심을 부여하고 성년의 날 인식제고 및 축하문화 확산

출처 : 여성가족부(2019), 2019년 청소년사업 안내.

(2) 청소년활동진흥과

<표 11-3> 청소년활동진흥과 사업내용

사업명	주요 내용
지역청소년활동정책진흥사업	• 주요 기능 : 청소년 활동 전달체계 역할, 지역사회 청소년단체 · 청소년기관(시설)과 연계 · 협력 기능 강화 • 지원대상 : 전국 17개 지방청소년활동진흥센터
청소년방과후아카데미	• 지원대상 : 방과후 돌봄이 필요한 취약계층 청소년(초등4~중3) – 우선대상 : 저소득층(기준중위소득 69% 미만), 한부모 · 조손 · 다문화 · 장애가정 · 2자녀 이상 가정 · 맞벌이 가정(기준중위소득 150% 이하) – 기타대상 : 학교장 및 지역사회 추천 청소년 • 지원내용 : 체험활동, 학습지원, 급식 · 상

청소년어울림마당	• 주요 내용 : 공연, 경연, 전시, 놀이 체험 등 다양한 활동을 상시적으로 체험할 수 있는 문화 공간 운영 • 운영기간 : 3월~ 12월(시 · 도 연간 10회, 시 · 군 연간 5회 이상) • 운영 : 지자체별로 운영기관 공모 선정
청소년동아리	• 주요 내용 : 공통의 목적과 관심사를 가진 청소년들에 의해 자치적이고 지속적으로 활동하는 청소년 동아리 육성 · 지원 • 지원요건 - 10명 이상 청소년으로 구성되며 연중 12회 이상 활동 가능한 동아리 - 구성 이후 6개월 이상 활동 경력이 있는 동아리 ※ 신규동아리 지원시 인원수 및 활동경력이 미달되더라도 동아리선정 심사위원회 결정에 따라 지원가능 - 동아리 지도자가 반드시 배치된 동아리
청소년운영위원회	• 목적 · 기능 : 청소년수련시설 운영에 청소년의 욕구와 의견 반영 • 설치현황: 전국 305개 ※ 개소당 200만 원 지원(국고보조율 50%) • 운영 : 청소년들이 청소년수련시설 운영 및 각종 프로그램 등의 자문 · 평가에 직접 참여하여 의견 개진 · 개선
청소년 지도사 양성 및 보수교육	• 사업목적 : 청소년 활동 지도 분야의 전문인력 선발 및 양성, 청소년지도사의 전문지식 함양 및 역량 강화 • 주요내용 - 지도사 양성 : 등급별(1 · 2 · 3등급) 자격검정(필기, 면접) 합격 후 자격연수 이수자(30시간 이상)에게 자격증 발급 - 보수교육 : 2년마다 15시간 이상 이수 필요

출처 : 여성가족부(2019), 2019년 청소년사업 안내.

(3) 청소년활동안전과

<표 11-4> 청소년활동안전과 사업내용

사업명	주요 내용
청소년시설확충	• 지원대상 : 지방자치단체 • 지원내용 : 공공 청소년 수련관 · 문화의집 · 특화시설 신규건립지원 및 기존 시설 기능보강 지원 ※ 국가균형발전특별회계 시 · 도자율편성 사업

청소년수련시설 종합 평가 및 안전위생점검	• 대상시설 : 청소년수련관 · 문화의집 · 특화시설 등 • 사업내용(실시기관) - 종합 평가 : 수련시설 운영 및 관리체계, 프로그램 운영상황, 인사 및 조직 등 운영 관련 제반 사항 평가 - 안전 · 위생점검 : 안전 관련 전문기관과 연계하여 건축, 토목, 기계, 소방, 전기, 가스, 위생 분야에 대한 현장 점검 실시 • 결과공개 : 여성가족부 홈페이지 및 청소년활동정보서비스 공개 (http://www.youth.go.kr)
청소년지도사 배치지원	• 지원시설 - 지도사 배치기준을 준수한 공공 청소년수련관 · 문화의집 등 • 지원내용 - 수련시설 지도사 기본급(50%) 지원(정규직전환 수당도 지원 가능)
청소년 수련활동 신고제	• 신고대상 : 19세 미만 청소년을 대상으로 하는 숙박형 수련활동 및 비숙박 수련활동 중 대규모이거나 위험도 높은 활동 • 신 고 처 : 수련활동 주최자 소재지 시 · 군 · 구 • 신 고 인 : 청소년수련활동을 주최 · 운영하려는 자 • 신고방법 : 청소년수련활동 신고 시스템을 통한 온라인 신고 (http://www.youth.go.kr)

출처 : 여성가족부(2019), 2019년 청소년사업 안내.

(4) 청소년자립지원과

<표 11-5> 청소년자립지원과 사업내용

사업명	주요 내용
지역사회청소년 통합지원체계 (CYS-Net)	• 사업목적 : 지역사회 내 청소년 관련 자원을 연계하여 학업중단, 가출, 인터넷 중독 등 위기청소년에 대한 상담 · 보호 · 교육 · 자립 등 맞춤형 서비스 제공을 통해 학교 · 가정 · 사회로의 복귀 지원 • 지원대상 : 9세 이상 24세 이하 위기 청소년
청소년동반자 프로그램	• 사업목적 : 청소년동반자가 위기청소년 삶의 현장을 직접 찾아가 심리적 · 정서적 지지와 함께 지역사회 자원 연계서비스를 제공함으로써 건전한 성장 지원 • 지원대상 : 9세 이상 24세 이하 위기 청소년 • 청소년동반자 배치현황 : 1,316명(2019년 기준)

청소년쉼터	• 사업목적 : 가출청소년 보호시설인 청소년쉼터 운영을 통해 가출청소년의 조기발굴 및 일시보호, 생활지원(의 · 식 · 주), 상담 · 교육, 문화활동 등을 지원함으로써 비행 · 탈선을 사전에 예방하고 가정 · 사회로의 복귀와 건강한 성장 도모 • 지원대상 : 1순위 : 9~19세 미만, 2순위 : 19~24세
청소년회복 지원시설	• 이용대상 및 지원내용 - 소년법 제32조 제1항 제1호에 따른 감호 위탁 처분 청소년을 감호위탁 기간 동안 보호하면서 상담 · 주거 · 학업 · 자립 등 지원 • 보호기간 : 보호기간 6개월, 법원(소년부 판사) 결정으로 6개월의 범위에서 한 번에 한하여 기간 연장가능
청소년상담사 양성 및 보수교육	• 사업목적 : 청소년 상담 · 복지 분야의 전문상담 인력 선발 및 양성, 청소년상담사의 전문지식 함양 및 역량 강화 • 주요 내용 - 등급별(1 · 2 · 3등급) 필기 · 면접시험 합격 후 자격연수 이수 후 자격증 발급 - 보수교육 : 매년 8시간 이상, 청소년상담사 자격증 취득자

출처 : 여성가족부(2019), 2019년 청소년사업 안내.

(5) 학교밖청소년지원과

<표 11-6> 학교밖청소년지원과 사업내용

사업명	주요 내용
학교 밖 청소년 발굴	• 관계부처 합동으로 학교 밖 청소년 적극 발굴연계 - 학교밖청소년지원센터를 중심으로 유관기관 협력망 구축 · 운영 - 학업중단숙려제, 전국 교육청에 설치되는 취학관리 전담기구에 학교밖청소년지원센터 참여 제도화 • 학교 밖 청소년 발굴 확대를 위해 법률개정
학교 밖 청소년 지원	• 지원대상 : 만 9~24세 학교 밖 청소년 • 지원센터 : 전국 학교밖청소년지원센터(213개소) • 지원내용 - (학업지원) 학습동아리, 멘토링, 검정고시, 대학입시설명회 등 학력취득 및 상급학교 진학 지원 - (취업지원) 적성검사, 직업탐색, 직업체험 등 직업역량강화 사업 및 내일이룸학교 운영 지원 등 - (의료 · 복지) 건강검진 및 주거지원 등을 통해 학교 밖 청소년의 건강한 성장발달 지원

학교밖 청소년 건강검진	검진대상 : 만 9세 이상~만 18세 이하 학교 밖 청소년 * 단, 19세 학교 밖 청소년은 건강검진은 가능하나 다른 국가건강검진과 중복 지원 불가 • 신 청 인 : 청소년 본인 또는 보호자 • 신청장소 : 학교밖청소년지원센터 • 검진내용 : 상담 및 진찰, 혈액검사, 간염검사, 결핵검사 및 구강
검진 등 청소년 특별지원	• 지원대상 : 만 9세 이상~만 18세 이하 청소년 중 비행 · 일탈 예방을 위하여 지원이 필요한 청소년, 학교 밖 청소년, 보호자가 없거나 실질적으로 보호자의 보호를 받지 못하는 청소년 • 선정기준 : 대상자 가구 소득이 중위소득 72% 이하(단, 생활 · 건강 지원은 중위소득 65% 이하) • 지원내용 : 생활, 건강, 학업, 자립, 상담, 법률, 활동지원 등
이주배경 청소년 지원	• 지원대상 : 만 9세 이상~ 24세 이하 이주배경청소년 ※ 다문화가족의 청소년과 그 밖에 국내로 이주하여 사회적응 및 학업 수행에 어려움을 겪는 청소년 • 사업목적 : 중도입국 · 다문화 · 북한이탈 등 이주배경청소년의 사회적응 지원 • 지원내용 : 맞춤형 정보제공, 기초 한국어, 진로지도, 문화 활동 등

출처 : 여성가족부(2019), 2019년 청소년사업 안내.

(6) 청소년보호환경과

<표 11-7> 청소년보호환경과 사업내용

사업명	주요 내용
청소년 유해환경 감시단 운영 · 관리	• 유형 : 초 · 중 · 고등학교 등 학교감시단, 시민단체 감시단 • 주요 활동 - 청소년보호법 위반행위에 대한 감시 및 신고 · 고발활동 - 위반 행위 적발 시 사진, 동영상 촬영 등 증거를 확보 관계기관에 신고 · 고발 청소년
인터넷 · 스마트폰 과의존 예방 및 해소지원	• 대 상 : 만 19세 미만 청소년 • 주요 내용 - 학령전환기(초4, 중1, 고1) 청소년 대상 인터넷 · 스마트폰 이용습관 진단조사 실시

	– 청소년 인터넷 · 스마트폰 과의존 위험수준별 맞춤형 상담 · 치유 연계 서비스 운영
청소년 미디어 과의존 전담상담사 배치	• 역할 – 청소년 인터넷 · 스마트폰 이용습관 진단조사 및 청소년 인터넷 과의존예방 · 해소사업 상담치료 서비스 지원, 인터넷치유캠프 운영
국립청소년 인터넷드림마을 운영	• 설립목적 : 인터넷 · 스마트폰 과몰입 청소년 대상으로 심리 · 정서적 치료 및 상담, 대안활동 등 종합적 · 전문적 치유 프로그램 제공을 통해 인터넷 · 스마트폰 과몰입 해소 및 청소년의 건강한 성장 지원 • 사업대상 : 인터넷 · 스마트폰 과몰입 위험군(주의사용자군+위험 사용자군) 청소년
청소년치료 재활센터 운영	• 설립목적 : 정서 · 행동장애로 어려움을 겪는 청소년에게 상담 · 치료 · 보호 · 교육 등 종합적 · 전문적 기숙형 치료재활 서비스를 제공하여 청소년의 일상생활 영위 및 건강한 성장 지원 • 사업대상 : 정서 · 행동장애로 어려움을 겪는 만 9~18세 청소년
청소년 인터넷게임 건전이용 제도	• 운영목적 : 청소년의 수면권 · 건강권을 보장하고, 과도한 인터넷 게임 이용으로 인한 역기능으로부터 청소년을 보호하기 위해 도입 • 주요 내용 : 16세 미만 청소년대상으로 심야시간대(0~6시) 인터넷 게임 제공 제한제도(일명 '셧다운제') 운영 · 점검
청소년 유해환경 개선	• 목 적 : 청소년의 건강한 성장을 저해하는 흡연, 음주, 유해 약물 등 유해환경을 개선하고 건전한 환경 조성 • 주요 내용 – 전국 청소년 흡연 · 음주예방 캠페인 및 홍보활동 – 아르바이트 청소년 근로권익 보호활동
청소년 유해매체 환경 감시체계 강화	• 주요 내용 – 청소년유해매체물 제공자의 본인확인제도 이행 여부 점검 – 인터넷신문의 청소년 유해성광고 게재현황 점검 – 청소년유해매체물(음반 및 음악파일) 모니터링
청소년 근로권익 보호	• 목 적 : 아르바이트 청소년의 부당처우 문제해결 및 청소년 근로보호 인식 제고를 통해 청소년이 안심하고 일할 근로 환경조성 • 주요 내용 – 청소년 근로현장도우미 지원 – 청소년 및 고용주 대상 노동인권 교육 및 캠페인 – 청소년근로권익 침해 정기 점검 · 단속

출처 : 여성가족부(2019), 2019년 청소년사업 안내.

Chapter 12

노인복지

01 노인문제

전통사회에서 노인의 사회적 지위는 대단히 높았으나 현대화되면서 그 지위는 매우 낮아졌다. 부와 소득의 원친이 토지였던 전통사회에서는 노인이 경제적, 정치적으로 강력한 권력을 소유했지만, 부와 소득의 원천이 직업세계로 옮겨 간 현대사회에서 노인은 소외되어 직업이 없는 실업자와 무소득자로 전락하고 만 것이다. 노인의 지위 저하는 노인차별(ageism)로 이어질 뿐 아니라 조기퇴직과 고용차별에도 노출된다. 대부분의 노인은 지적으로나 육체적으로 근로할 수 있는 능력을 보유하고 있음에도 퇴직제도에 따라 강제로 은퇴해야 한다. 퇴직은 은퇴한 사람을 주류사회(mainstream)에서 소외시킨다.

노인은 만성 질환, 퇴행성 질환, 성인병 등 여러 질병에 시달리며, 유병률이 다른 연령층에 비해 매우 높다. 고독, 친구나 가족의 죽음, 퇴직, 지위상실, 소득감소, 육체적 약화 등으로 인한 스트레스 또한 노인의 유병률을 높인다. 높은 유병률은 높은 수진율로 이어진다. 따라서 노인의 의료비 부담도 과중해진다.

또한 빈민의 상당수가 노인이다. 가난한 노인들은 의식주 등 기본적 욕구도 제대로 충족시키지 못하고 있다. 국가의 사회보장제도 역시 빈곤노인에게 최저생계비 이상을 보장해 주지 못하고 있는 실정이다. 그 밖에도 노인들은 가족과 친구의 상실, 주거 조건의 악화, 성문제, 영양상태의 악화, 정서적 문제, 사망, 노인학대 등과 같은 문제를 안고 있다(Kirst-Ashman, 2003 : 279; Zastrow, 2000 : 503-508).

- 가족과 친구의 상실 : 나이가 들면서 가족과 가까운 친구를 하나 둘씩 잃는다. 이는 노인을 더욱 외롭게 만든다. 자녀가 독립해 나가면 노인은 홀로 남는다.
- 주거조건의 악화 : 자기 소유의 주택을 가지지 못한 노인들은 분가한 자녀나 친척의 집에 의지해 살아야 한다. 이 경우 노인의 주거조건은 열악하다.
- 성문제 : 노인도 성적 욕구가 있으나 노인의 성에 대한 사회적 인식은 부정적이다. 따라서 노인의 성적 욕구는 충족되기 어렵다.
- 영양상태의 악화 : 이동의 부자유, 영양에 대한 지식의 부족, 경제적 곤란, 치아 상태, 조리능력의 저하 등 때문에 노인의 영양은 만성적 악화상태에 있다.
- 정서적 문제 : 심리사회적 상실감(사랑하는 사람의 사망으로 인한)과 인생목표의 상실 등으로 인해 노인들의 상당수가 우울증과 같은 정서적 문제를 안고 있다. 노인의 우울증은 자살로 이어지기도 한다.
- 사망 : 요양원 등 시설에서 사망하는 노인(점차 증가하는 추세)의 경우 인간존엄성을 상실한 채 사망할 확률이 높다.
- 노인학대 : 노인에 대한 신체적 · 정서적 학대이다. 노인을 경제적으로 이용하는 것과 노인을 방임(치료를 게을리 하는 것 등)하는 것도 포함된다. 노인을 부양하는 가족이나 노인시설의 직원에 의해 주로 발생한다.

02 노인복지의 실천방법

1) 노인복지의 개념

노인복지(the aged welfare)는 여러 가지 사회문제 중에 특히 노인에게 발생하는 문제를 해결하고 예방하여 노인의 복지를 이룩하려는 사회적 노력이라고 할 수 있다. 이러한 노력은 복지사회를 지향하는 지구상의 모든 나라가 인간 존엄성의 차원에서 사회통합이라는 목표를 이루기 위한 것이다. 이것을 구체적으로 정의하면 노인복지는 노인이 인간다운 생활을 영위하면서 자기가 속한 가족과 사회에 적응하고 통합될 수 있도록 필요한 자원과 서비스를 제공하는 데 관련된 공적 및 사적 차원에서의 조직적 제반 활동이라고 할 수 있다.

여기서 인간다운 생활이란 그 노인이 속한 국가사회의 발전적 수준에 비추어 의식주의 기본적인 욕구를 충족하고 건강하고 문화적인 삶을 사는 것을 뜻하며, 가족과 사회에 적응하고 통합되는 것은 노인이 그가 속할 수 있는 사회적 조직망에서 사회적 및 심리적으로 소외감을 느끼지 않게 되는 것을 의미한다.

자원과 서비스를 제공하는 것은 이용 가능한 인적자원을 찾아 연결시켜 주거나 또는 보충해 주며, 또한 사회적 적응에 있어서의 문제를 해결해 주고, 나아가서 개인의 발전을 위한 욕구 충족에 필요한 서비스까지 제공해 주는 것을 의미한다. 노인복지에 관련되는 공적 차원뿐 아니라 사적 차원에 있어서의 활동을 포함하며 그것이 간헐적이고 무계획적으로 이루어지는 것이 아니라 계획에 의해서 조직적으로 이루어지는 활동이어야 한다(이영철 외, 2007).

2) 노인복지의 원칙

세계인구의 고령화에 대응하여 UN에서는 1991년 노인을 위한 5대 원칙을 제정하여 발표하였다(United Nations, 1991). 이 원칙은 고령화 문제를 해결하기 위하여 어떠한 노력과 대책을 강구해야 하는가에 대한 방향을 제시하고 있다.

이 원칙의 주요 내용들로는 첫째는 독립, 둘째는 참여, 셋째는 보호, 넷째는 자기실현, 다섯째는 존엄으로 규정하고 있다(허준수, 2010 인용).

(1) 독립(independence)

① 노인들에게 경제적, 가정 및 지역사회 후원을 통하여 적절한 음식, 물, 의복 및 건강보호의 서비스를 제공해야 한다.

② 노인들의 소득창출을 위해 할 수 있는 일에 참여할 수 있도록 한다.

③ 노인들에게 적절한 교육과 훈련 프로그램을 제공해야 한다.

④ 노인들에게 그들의 선호도와 능력에 적합한 환경에서 안전하게 살 수 있도록 해야 한다.

(2) 참여(participation)

① 노인들이 그들의 복지에 영향을 미치는 정책의 형성과 집행에 적극적으로 참여하며 젊은 세대의 지식과 기술을 공유하면서 사회 내에서 통합될 수 있도록 해야 한다.

② 노인들은 지역사회의 서비스를 추구하고 개발할 기회를 가져야 하며, 그들의 동기와 능력에 따라서 자원봉사자로 활동할 수 있도록 해야 한다.

③ 노인들이 그들의 단체, 협회, 모임의 결성을 할 수 있도록 도움을 주어야 한다.

(3) 보호(care)

① 노인들은 사회의 문화적 가치들과 조화되며 가정보호나 지역사회보호의 혜택을 받을 수 있어야 한다.

② 노인들의 질병을 완화하고 적정한 육체적, 정신적, 정서적 안녕을 추구할 수 있도록 의료 및 건강보호 서비스에 쉽게 접근할 수 있도록 해야 한다.

(4) 자아실현(self-fulfillment)

① 노인들에게 그들의 능력을 성취할 수 있는 기회를 제공해야 한다.

② 노인들은 사회의 교육적, 문화적, 영적 그리고 여가자원에 쉽게 접근할 수 있도록 해야 한다.

(5) 존엄(dignity)

노인들은 육체적이나 정신적인 학대에서 자유로워야 하며 존엄성과 안정성을 보장받으면서 생활해야 한다.

3) 노인을 위한 거시적 실천

거시적(macro practice) 방법은 문제를 규명하고, 문제가 발견되는 지역사회 또는 사회체계에서 문제의 중요성에 대한 순위를 정하며, 그 문제들을 극복할 방법을 알아보고 극복할 수단을 찾아내어 실질적으로 그 문제를 처리하는 방법을 제공하는 것이다. 거시적 접근방법은 계획, 행정, 평가, 그리고 지역사회조직을 포함한다. 거시적 실천은 동일한 욕구를 가진 개인이 직면한 문제를 다루기 위한 특수한 방법에 초점을 두는 것이 아니라 개인들이나 집단들이 그들이 가진 요구를 건의하고 해결할 수 있게 하는 체계 및 제도를 개발하는 데 초점을 두고 있다. 노인의 사회문제와 거시적 접근의 준비를 위하여 노인복지 관련 단체들은 노인들이 그들의 사회문제를 극복하고 효과적으로 처리할 수 있는 서비스 및 전달체계를 조직할 수 있는 거시적 차원의 접근을 추구해야 한다(문인숙 역, 1992).

로비활동을 포함한 정치적 활동은 노인의 복지향상 및 권리보호에 가장 중요한 활동 중의 하나이다. 미국은 1960년대를 통해서 노인이 직면하고 있는 다양한 경제, 사회 및 의료 분야 문제들에 대해서 부분적으로나 정치적 활동 및 로비활동을 통해서 해결해 나가기 시작했다. 노인과 그들의 후원자 및 로비활동가들은 경제적으로 어려운 노인집단에서부터 은퇴 및 여타의 프로그램을 통해서 재정적인 요구를 스스로 충족할 수 있는 일반 노인집단에 이르기까지 미국 노령인구를 위해 다양한 프로그램들을 거시적 접근방법에 의해서 성취해 나갔다.

미국의 경우에는 노인문제에 대한 로비활동에 전국노인협회(National Council on Aging), 미국은퇴자협회(American Association of Retired Persons) 등이 중심이 되어 협회의 중앙조직과 지역조직을 통하여 매우 효율적으로 노인을 위한 정치적 압력단체의 역할을 수행해 나가고 있다. 노인단체들은 노인들에게 특별하게 영향을 미치는 입법이나 공공정책 문제들이 제기되었을 때에는 전국사회사업가협회, 의료협회, 간호협회, 병원 및 요양기관들과 상호 협력해서 공동 대처해 나가는 경우가 많다.

거시적 차원에서 노인복지사업을 수행해 나가는 사회복지사는 노인들의 요구, 욕구 및 관심을 면밀히 파악하고, 이를 구체적인 정책이나 사업으로 체계화하기 위해서 노인들을 조직화하여 정부의 각종 입법활동 및 정치활동에 효과적으로 대처하도록 해야 한다. 때로는 노인 대상의 공공정책에 영향을 미치기 위해서 전문적인 지식의 습득과 교육을 통하여 노인들을 위한 로비스트로서 일을 할 수도 있다. 거시적 차원의 활동은 노인을 위해 수행되는 직접서비스(direct service)와 행정적 노력 등 모든 활동이 노인을 위한 기반 및 재원으로 제공하게 된다. 사회복지사는 노인들에게 직접적인 서비스도 제공해야 하고 또한 서비스를 계획하고 조직을 활용하는 거시적 차원의 기술도 지녀야 한다(박종삼 외, 2002 : 231-232).

4) 노인을 위한 미시적 실천

노인에 대한 미시적 실천(micro practice)의 목표는 다양한 방법을 통하여 노인들에게 그들의 신체적 · 정신적 제약 속에서 문제대처기술 및 능력을 증진시키는 것이다. 사회복지사는 노인에 대한 편견 없이 그들의 삶의 경험과 현재의 주어진 상황을 긍정적으로 받아들이는 수준에서 노인들이 제시하는 문제를 사정함으로써 미시적 실천과정을 시작하게 된다. 노인들을 위한 미시적 실천과정은 노인들을 위한 적절한 개입방법을 선택하는 것이 중요하다. 노인의 연령보다는 개별 노인들이 처해 있는 상황이나 욕구(가정적 · 경제적 · 사회적 · 심리적 욕구 등)에 의해서 개입방법을 선정해야 한다. 노인들은 장황하고 신비스럽기까지 한 즉각적인 문제를 직접적으로 다루어 주지 않는 개입 모델들을 수용하지 않으려는 경향이 높다. 또한 노인에 대한 미시적 실천의 초점은 노인들의 성이나 태도의 변화를 추구하기보다는 노인들의 현재 상황을 유지하거나 개선하려는 것을 목표로 해야 한다(문인숙 역, 1992).

미시적 실천의 초기 과정에서 사회복지사는 노인의 장점과 능력에 관해 정확히 이해하는 것이 매우 중요하다. 사회복지사의 제안이나 조언을 노인들이 잘 수용하지 않는 것은 사회복지사가 노인들의 기능적 능력을 잘 고려하지 못했을 때 발생하게 된다. 노인들의 최대 관심사는 자신들의 현재 삶을 그대로 유지하는 것이다.

일반적으로 정신건강의 문제가 없는 노인들에 대해서는 인지적 · 문제 중심적 개입방법이 매우 효과적이다. 개입방법들로는 긴장완화치료(relaxation therapies), 생활양식의 변화, 인지치료, 주장훈련(assertiveness training), 시간관리 프로그램(time management) 등을 들 수 있다.

사회복지사는 노인들에게 스트레스에 효과적으로 대응하는 방법을 이해시키고, 여러 가지의 대처기술을 가르치며, 상담 시에 다양한 기술들을 연습할 수 있는 기회를 제공하며, 노인들이 실제 생활에 기술들을 사용해 보도록 지지를 제공해 주어야 한다. 사회복지사는 다양한 제안을 함으로써 노인들에게 적합한 방법을 자유로이 선택할 수 있도록 지지적인 역할을 담당해야 한다. 사회복지사는 노인들의 어려운 점들에 대하여 심층적으로 논의하고, 새로운 행동을 연습하게 하고, 사고와 행동 간의 관계를 이해하도록 도우며, 변화를 위한 노인들의 선택에 초점을 유지하도록 돕고, 노인들을 지속적으로 지지하고 격려해 주는 역할을 수행해야 한다.

노인들을 위한 사회복지실천의 원칙은 다음과 같이 정리하고 있다. 첫째, 노인복지실천은 노인들의 능력(competence)을 신장하고 문제해결 및 대응능력의 향상에 그 목적이 있다. 둘째, 노인들이 필요한 자원을 획득할 수 있도록 원조한다. 셋째, 노인들에게 적합한 서비스를 제공할 수 있도록 사회복지기관이나 관련단체들의 조직과 기능이 개선되도록 한다. 넷째, 노인들이 그들의 환경에 잘 적응할 수 있도록 돕는다. 다섯째, 노인들의 복지에 관련된 사회정책들의 잘못된 점을 개선하고 새로운 정책들을 모색한다(Monk, 1985; 박종삼 외, 2002 재인용).

03 노인복지의 내용

1) 소득보장정책

우리나라의 노인과 관련된 직접적 소득보장제도로서 연금제도는 공무원연금, 군인연금, 사립학교교직원연금, 국민연금 등으로 구성되어 있다. 그중에서도 대표적인 것이 국민연금제도이다. 국민연금은 국민의 노령, 폐질 또는 사망 등 사회적 위험이 발생한 경우에 가입자의 갹출금을 주된 재원으로 하여 연금급여를 지급함으로써 국민의 생활안정과 복지를 증진시키고자 하는 제도이다.

공공부조는 일반조세를 재원으로 급여가 제공되며, 자산조사에 의한 개별적인 욕구의 측정과 확인이 급여자격 조건이 된다. 우리나라의 경우 1999년 9월 7일 제정되어 2000년 10월 1일부터 시행되어 온 국민기초생활보장사업이 있는데, 노인은 국민기초생활보장 대상자 집단의 중요한 구성원이 되고 있다.

부가적 소득보장제도로는 기초노령연금제도(2008년 1월 1일 시행)가 있다. 국민연금제도 미가입자나 가입하였더라도 불충분한 노령연금을 받는 자를 대상으로 현재의 심각한 노인빈곤문제 해결을 위한 대안으로 마련된 제도로서 2008년 기초노령연금으로 도입되어 운영되다가 2015년 7월 기초연금으로 개정되었다.

기초연금은 만 65세 이상의 한국국적자 중 가구의 소득인정액이 선정기준액 이하인 개인(부부)에게 지급되는 것으로 2019년 소득인정액(소득평가액과 재산의 소득 환산액을 합산한 금액)은 단독가구는 월 137만 원, 부부가구는 월 219.2만 원으로 책정되었다. 재원은 국비와 지방비로 한다(보건복지부, 2019). 단, 공무원연금, 사립학교 교직원연금, 군인연금, 별정우체국연금 수급권자 및 그 배우자는 원칙적으로 제외한다.

기타 간접적 소득 보장제도로는 경로우대제도가 있다. 전체 노인을 대상으로 이용요금의 면제와 할인혜택을 통해 간접적인 소득을 보장해 주는 프로그램으로 철도 · 전철 등의 교통수단 운임의 할인이나 고궁 · 박물관 등의 공공기관 입장료 할인 등의 제도가 있다. 이 밖에도 노인취업알선센터와 노인공동작업장, 고령자 인재은행, 고령자고용촉진제도 및 각종 세제 혜택 등 노인의 간접적인 소득을 보장하기 위한 제도가 있다.

2) 보건의료보장정책

(1) 국민건강보험

국민건강보험은 국민의 질병, 부상에 대한 예방, 진단, 치료, 재활과 출산 사망 및 건강증진에 대하여 보험급여를 실시함으로써 국민보건을 향상시키고 사회보장을 증진함을 목적으로 하는 사회보험제도이다. 건강보험의 적용 대상자는 국내에 거주하는 국민으로서, 가입자는 직장가입자 및 지역가입자로 구분되고, 적용대상은 가입자 본인 및 피부양자, 의료급여법에 따라 의료급여를 받는 자, 독립유공자 등이다. 모든 사업장의 근로자 및 사용자와 공무원 및 교직원은 직장가입자가 된다. 직장가입자의 피부양자는 가입자에 의하여 주로 생계를 유지하는 자로서 보수 또는 소득이 없는 자를 말하며, 직장가입자의 배우자, 직계

존속(배우자의 직계존속 포함), 직계비속(배우자의 직계비속 포함) 및 그 배우자, 형제, 자매이다(국민건강보험법 제5조).

건강보험의 급여형태는 크게 현물급여와 현금급여 두 가지로 나뉜다. 현물급여는 의료 그 자체를 보장하는 급여로서 가입자 및 피부양자의 질병, 부상, 출산 등에 대한 요양급여 및 건강검진이 포함된다. 현금급여는 의료비를 상환해주는 급여로서 요양비, 장애인보장구 급여, 본인부담상한액, 임신 · 출산 진료비가 포함된다. 우리나라는 현물급여를 원칙으로 하며 현금급여를 병행하여 시행하고 있다(국민건강보험공단, 2020. 1). 건강보험법의 요양기관은 의료법에 의하여 개설된 의료기관, 약사법에 따라 등록된 약국, 약사법 제91조에 따라 설립된 한국희귀 · 필수의약품센터, 보건소 · 보건의료원 및 보건지소, 보건진료소 등이다(국민건강보험법 제42조).

노인은 다른 건강보험 적용대상자와 마찬가지의 보험급여를 보장받는다. 현재 건강보험에서 지급하는 급여수준을 보면 명목상 입원비의 80%, 종합병원 외래진료비의 45%, 병원진료비의 50%, 의원진료비의 70%를 지급해 주고 있다. 다만, 노인층의 진료비 부담을 경감하기 위하여 65세 이상 노인에 대해서 가벼운 질병으로 의원이나 치과를 방문하는 경우 본인부담금을 경감해준다. 그러나 실제로는 병원에 입원할 경우 본인부담금 외에도 각종 검사비, 6인 미만 병실의 경우 상급 병실료의 차액을 모두 본인이 부담해야 하므로 본인부담금의 비율은 훨씬 늘어난다. 실제로 다른 OECD 회원국들과 비교할 때 우리나라의 의료비 본인 부담비율은 40% 이상으로 회원국 중 가장 높은 수준을 보여준다. 또 예방적인 건강검진, 노인건강 보호에 필요한 물리치료 및 한약제제 비용, 보철, 안경이나 보청기, 의치 등의 보장구와 의료용구 및 보조기 비용 등이 비급여 항목으로 남아있어 노인의 의료비 부담은 가중되고 있는 실정이다.

(2) 의료급여

의료급여는 종래의 의료보호제도가 변화된 것으로서 건강보험을 적용받을 수 없는 저소득층을 위한 의료공공부조제도이다. 의료급여법에 의하면 "이 법은 생활이 어려운 자에게 의료급여를 실시함으로써 국민보건의 향상과 사회복지의 증진에 이바지함을 목적으로 한다"(제1조). "그 수급권자는 국민기초생활보장법에 의한 수급자, 재해구호법에 의한 이재민, 의사상자예우에 관한 법률에 의한 의상자 및 의사자의 유족, 독립유공자 등이다"(의료급여법 제3조).

<표 12-1> 의료급여 수급자 유형

구분	수급권자
1종	• 국민기초생활보장수급자 중 근로능력이 없는 자(65세 이상) • 노인장기요양법 시행령 제7조 규정에 의한 장기요양 1~5등급 판정자 • 이재민 • 의상자, 의사자의 유족 • 국가유공자, 독립유공자, 무형문화재 보유자, 북한이탈주민, 광주민주화운동 관련자 보상을 받은 자와 그 가족 • 타 가구원을 양육 · 간병 또는 보호해야 하므로 근로가 곤란한 수급권자로서 근로곤란 인정 기준을 충족한 자(가구별 1인에 한함)
2종	• 국민기초생활보장수급자 가구 중 근로능력이 있는 가구

출처 : 보건복지부(2019). 2019년 의료급여사업안내. p. 20-22.

국민기초생활수급자 중 65세 이상 노인은 근로능력이 없는 자로 규정되어 있기 때문에 1종 의료급여 수급자가 된다. 의료급여 수급권자는 2018년 기준 1,484,671명으로 전체인구의 2.9%이며, 이 중 65세 이상 노인 수급권자는 519,477명으로 전체 의료급여 수급권자의 약 35%를 차지한다(보건복지부, 2019). 의료급여제도에 의한 진료비 부담을 보면 원래 의료급여법상 1종은 외래, 입원 진료 구분 없이 전액을 의료급여기금에서 부담하도록 되어 있었다. 그러나 의료급여환자의 의료비 급증으로 2007년 하반기부터 정부에서는 의료급여 환자의 소액자기부담금 제도를 도입하였다.

2019년 기준 1종 수급권자는 의원급 1,500원, 병원 · 종합병원 2,000원, 대학 · 상급종합병원 2,500원의 자기부담액을 내야 하며, 약국은 500원, CT와

MRI를 찍을 때는 비용의 5%를 지불한다. 대신 매월 6,000원의 건강생활 유지비를 지원하고 본인부담상한금의 한도를 넘어서면 본인이 진료비를 내도록 하되, 1년 후 남는 금액은 다음해 수급권자에게 현금으로 환급한다. 입원 시에는 본인부담금이 없다. 본인부담금이 월 2만 원을 넘으면 초과금액의 절반을, 5만 원이 넘으면 100%를 정부에서 지원한다. 또한 선택병의원제 도입으로 특정 병원을 지정해서 진료를 받으면 현재처럼 무료진료를 받을 수 있지만, 선택병의원제를 이용하는 수급자는 월 6,000원의 유지비를 받을 수 없다. 2종의 경우 1차 진료기관 외래진료 시 진료일당 1천 원(약국 500원), 병원 등 2차 의료기관의 외래 이용 시 총외래진료비를 본인이 부담한다. 입원진료는 본인이 20%를 부담하지만 본인부담이 한 달에 30만 원을 넘을 경우 초과금액의 50%를 현금으로 환불받는다.

이처럼 빈곤하고 노동능력이 없는 수급자들에 대해서조차 본인부담금을 부과함으로써, 빈곤층의 의료보장이라는 의료급여제도의 취지가 무색하게 되었으며, 보장성 측면에서 본래의 제도보다 후퇴하는 결과를 낳았다. 병 · 의원 외래를 찾는 의료급여 환자에게도 진료비의 일부를 내게 하고 저소득층 노인들이 대다수를 차지하는 만성질환자에게 한 군데의 병원만 다니게 하는 새 의료급여제도는 보건의료의 공공성을 강화하기보다는 의료비를 절감하고자 빈곤층의 치료받을 권리를 침해할 위험을 갖고 있다. 특히 저소득층 노인들에게 새 의료급여제도는 상당한 부담을 줄 것으로 예상된다.

(3) 노인건강진단

노인건강진단 프로그램은 노인복지법을 근거로 질병의 조기 발견과 예방을 위해 1983년부터 저소득층 노인 대상 무료 건강검진을 실시해왔으며 매년 2만 5천여 명의 노인들을 대상으로 실시되고 있다(국회예산정책처, 2019). 무료 건강검진은 1차 진단과 2차 진단으로 구분되는데, 1차 진단은 치매검사 등 11개 항목의 기본 진찰, 2차 진단은 1차 진단에서 유병상태가 확인된 노인들에 대해 정밀안정검사 외 30개 항목의 검사를 받도록 되어 있다.

(4) 노인장기요양보험제도

정부는 2006년 2월 7일 국무회의에서 2008년 7월부터 치매 · 중풍 등으로 일상생활을 혼자서 수행하기 어려운 노인에게 간병 · 수발과 입소시설 등의 공적 수발서비스를 제공하는 것을 주요 내용으로 하는 노인수발보험법 제정안을 통과시켰다. 그 이후 2007년 4월에 노인장기요양보험이라는 명칭이 국회에서 최종 의결되었고, 2008년 7월 1일부터 본격적으로 실시되었다. 노인장기요양 급여는 65세 이상 노인 또는 65세 미만 노인성질환자로서 거동이 현저히 불편하여 장기요양이 필요한 자를 대상으로 하고, 이들은 건강보험공단 직원의 방문조사와 요양 등급 판정위원회를 통해 수급 여부가 판정된다(노인장기요양보험법 제12조).

장기요양보험료의 재원은 국가지원과 본인 일부부담으로 구성되어 있다. 장기요양보험료 납부자는 건강보험납부자(직장가입자, 지역가입자)와 동일하며, 장기요양보험료는 건강보험료액에 장기요양보험료율을 곱하여 산정한다. 국가는 보험료 예상수입액의 20%를 부담하며, 국가와 지방자치단체가 각각 부담하여 의료급여 수급권자의 장기요양급여 비용을 부담한다. 본인 일부부담의 경우 시설급여는 이용액의 20%, 재가급여는 15%를 본인이 부담한다. 단, 소득 · 재산이 일정 금액 이하인 저소득층은 보험료순위 기준에 따라 40~60% 경감하여 60% 감경대상자는 재가급여 이용액의 6%, 시설급여 이용액의 8%를 부담하고, 40% 감경대상자는 재가급여 이용액의 9%, 시설급여 이용액의 12%를 본인이 부담한다. 단, 국민기초생활수급 노인은 모든 서비스를 무료로 제공받는다(노인장기요양보험법 제38조, 제39조, 제40조).

<표 12-2> 노인장기요양보험제도의 주요 내용

구분	주요 내용
목적	고령이나 노인성 질병 등으로 인하여 일상생활을 혼자 수행하기 어려운 노인 등에게 신체활동 또는 가사지원 등의 장기요양급여를 사회적 연대원리에 의해 제공하는 사회보험 제도
대상	보편적 제도, 장기요양이 필요한 65세 이상 노인 및 치매노인 등 노인성 질환을 가진 64세 이하의 국민
서비스	시설급여, 재가급여(방문요양, 방문목욕, 방문간호, 주·야간보호, 단기보호 등), 특별현금급여(가족요양비, 특례요양비 등)
비용	재가급여 : 당해 장기요양급여비용의 100분의 15 시설급여 : 당해 장기요양급여비용의 100분의 20 국민기초생활 보장법에 의한 수급자는 전액 면제, 의료급여수급권자, 소득·재산 등 보건복지부장관이 정하여 고시하는 일정금액 이하인 자는 본인부담금 50%를 경감

<표 12-3> 노인장기요양보험 급여내용

재가 요양급여	방문요양	장기요양요원이 노인을 방문하여 신체활동 및 가사 등 일상생활 지원
	방문요양 (인지활동형)	1~5등급 치매수급자에게 인지자극 활동 및 잔존기능 유지 및 향상을 위한 인지기능 훈련 제공(방문요양과 달리 가사지원은 제공할 수 없음)
	방문목욕	목욕장비를 갖추어 노인을 방문하여 목욕서비스 제공
	방문간호	장기요양요원인 간호사 등이 노인을 방문하여 간호서비스 제공
	주·야간보호	하루 중 일정시간 동안 주·야간 보호시설에서 보호
	단기보호	단기간 동안 노인을 입소시켜 보호
	기타 재가급여 (복지용구)	일상생활·신체활동 지원에 필요한 용구를 제공하거나 가정을 방문하여 재활에 관한 지원 등을 제공
시설 요양급여	노인요양시설	노인(전문)요양시설
	노인요양 공동생활가정	5~9인의 노인이 지역사회 소규모 주택에서 생활
특별현금 요양급여	가족요양비	수발인정자가 부득이 가족 등으로부터 수발을 받을 때 (도서·벽지 등 수발시설 이용이 현저히 곤란한 지역에 거주하는 경우)
	특례요양비	수발인정자가 수발서비스 제공기관으로 지정되지 않은 시설이용 시 등급별 수발 서비스 비용의 일부를 지급(양로원, 장애인 복지 시설 등)

	요양병원 요양비	수발인정자가 노인복지법상 노인전문병원 또는 의료법상 요양병원 입원 시 간병비(간병인 이용비)의 일부 지급

3) 노인복지서비스

노인복지법에 의한 노인복지서비스 체계를 살펴보면 다음과 같다. 현재 우리나라는 1997년 노인복지법의 전문개정으로 노인복지시설의 유형을 노인주거복지시설, 노인의료복지시설, 노인여가복지시설, 재가노인복지시설 등으로 구분하고 있다. 이용 방법에 따라서는 생활시설과 이용시설로 분류되는데, 생활시설은 요보호 대상자를 24시간 일정한 장소에서 보호하는 시설로, 노인주거복지시설과 노인의료복지시설이 해당되며, 이용시설은 재가 혹은 시설 생활자가 통원하는 방법으로 서비스를 이용할 수 있도록 하는 시설로 노인여가복지시설과 재가노인복지시설이 해당된다.

2008년 2월 개정한 노인복지법에 따라 2008년 4월 4일 이후부터는 노인복지시설의 무료, 실비, 유료의 구분이 없어지며 입소대상 · 절차 및 운영기준이 변경되었다. 2021년 6월 기준으로 시행되고 있는 우리나라 노인복지법 제31조(노인복지시설의 종류)에 의거한 노인복지시설의 종류는 노인주거복지시설, 노인의료복지시설, 노인여가복지시설, 재가노인복지시설, 노인보호전문기관, 노인일자리지원기관, 학대피해노인 전용쉼터가 있다.

먼저 노인주거복지시설은 다음과 같이 구분할 수 있다.

<표 12-4> 노인주거복지시설 유형과 사업 내용

시 설	설 치 목 적
양로 시설	노인을 입소시켜 급식 및 기타 일상생활에 필요한 편의를 제공
노인 공동생활 가정	노인에게 가정과 같은 주거 여건과 급식, 기타 일상생활에 필요한 편의 제공
노인 복지 주택	노인이게 분야 또는 임대 등을 통하여 주거의 편의, 생활지도, 상담 및 안전관리 등 일상생활에 필요한 편의를 제공

출처 : 노인복지법(2021).

노인의료복지시설은 다음과 같이 구분할 수 있다.

<표 12-5> 노인의료복지시설 유형과 사업 내용

시설	설치목적
노인요양 시설	치매, 중풍 등 노인성 질환 등으로 심신에 상당한 장애가 발생하여 타인의 도움이 필요한 노인을 입소시켜 급식과 요양, 기타 일상생활에 필요한 편의를 제공
노인요양 공동생활가정	치매, 중풍 등 노인성질환 등으로 심신에 상당한 장애가 발생하여 타인의 도움이 필요한 노인을 입소시켜 가정과 같은 주거 여건과 급식과 요양, 기타 일상생활에 필요한 편의를 제공

출처 : 노인복지법(2021).

노인여가복지시설은 다음과 같이 구분할 수 있다.

<표 12-6> 노인여가복지시설 유형과 사업 내용

시설	설치목적
노인복지관	노인의 교양 취미 생활 및 사회참여 활동 등에 대한 각종 정보와 서비스를 제공하고, 건강증진 및 질병 예방 소득보장 재가복지, 그 밖에 노인의 복지 증진에 필요한 서비스를 제공
경로당	지역 노인들이 자율적으로 친목 도모 · 취미 활동 · 공동작업장 운영 및 각종 정보교환과 기타 여가활동을 할 수 있도록 하는 장소를 제공
노인교실	노인들에 대하여 사회활동 참여 욕구를 충족시키기 위하여 건전한 취미생활, 노인건강 유지, 소득보장, 기타 일상생활과 관련한 학습 프로그램을 제공

출처 : 노인복지법(2021).

재가노인복지시설은 다음 내용 중 하나 이상의 서비스를 제공함을 목적으로 하는 시설을 말한다.

<표 12-7> 재가노인복지 서비스 유형과 내용

시설	설치목적
방문요양 서비스	가정이나 일상생활을 영위하고 있는 노인으로서 신체적 · 정신적 장애로 어려움을 겪고 있는 노인에게 필요한 각종 편의를 제공하여 지역사회 안에서 건전하고 안정된 노후를 영위하도록 하는 서비스
주 · 야간보호서비스	부득이한 사유로 가족의 보호를 받을 수 없는 심신이 허약한 노인과 장애노인을 주간 또는 야간 동안 보호시설에 입소시켜 필요한 각종 편의를 제공하여 이들의 생활 안정과 심신 기능의 유지 향상을 도모하고, 그 가족의 신체적 · 정신적 부담을 덜어주기 위한 서비스
단기보호서비스	부득이한 사유로 가족의 보호를 받을 수 없어 일시적으로 보호가 필요한 심신이 허약한 노인과 장애 노인을 보호시설에 단기간 입소시켜 보호함으로써 노인 및 노인가정의 복지증진을 도모하기 위한 서비스
방문목욕서비스	목욕 장비를 갖추고 재가노인을 방문하여 목욕을 제공하는 서비스

출처 : 노인복지법(2021).

노인보호전문기관은 다음과 같은 업무를 담당해야 한다.

① 국가는 지역 간의 연계체계를 구축하고 노인학대를 예방하기 위하여 다음 각 호의 업무를 담당하는 중앙노인보호전문기관을 설치 · 운영하여야 한다.

㉠ 노인인권보호 관련 정책제안

㉡ 노인인권보호를 위한 연구 및 프로그램의 개발

㉢ 노인학대 예방의 홍보, 교육자료의 제작 및 보급

㉣ 노인보호전문사업 관련 실적 취합, 관리 및 대외자료 제공

㉤ 지역노인보호전문기관의 관리 및 업무지원

㉥ 지역노인보호전문기관 상담원의 심화교육

㉦ 관련 기관 협력체계의 구축 및 교류

㉧ 노인학대 분쟁사례 조정을 위한 중앙노인학대사례판정위원회 운영

㉨ 그 밖에 노인의 보호를 위하여 대통령령으로 정하는 사항

② 학대받는 노인의 발견 · 보호 · 치료 등을 신속히 처리하고 노인학대를 예

방하기 위하여 다음 각 호의 업무를 담당하는 지역노인보호전문기관을 특별시 · 광역시 · 도 · 특별자치도(이하 "시 · 도"라 한다)에 둔다.

㉠ 노인학대 신고전화의 운영 및 사례접수

㉡ 노인학대 의심사례에 대한 현장조사

㉢ 피해노인 및 노인학대자에 대한 상담

㉣ 피해노인에 대한 법률 지원의 요청

㉤ 피해노인가족 관련자와 관련 기관에 대한 상담

㉥ 상담 및 서비스제공에 따른 기록과 보관

㉦ 일반인을 대상으로 한 노인학대 예방교육

㉧ 노인학대행위자를 대상으로 한 재발방지 교육

㉨ 그 밖에 노인의 보호를 위하여 보건복지부령으로 정하는 사항

③ 보건복지부장관 및 시 · 도지사는 노인학대예방사업을 목적으로 하는 비영리법인을 지정하여 제1항에 따른 중앙노인보호전문기관과 제2항에 따른 지역노인보호전문기관의 운영을 위탁할 수 있다.

④ 제1항에 따른 중앙노인보호전문기관과 제2항에 따른 지역노인보호전문기관의 설치기준과 운영, 상담원의 자격과 배치기준 및 제3항에 따른 위탁기관의 지정 등에 필요한 사항은 대통령령으로 정한다.

<표 12-8> 기타 노인복지시설의 종류

시설	설치목적
노인일자리지원기관	지역사회 등에서 노인일자리의 개발 · 지원, 창업 · 육성 및 노인에 의한 재화의 생산 · 판매 등을 직접 담당하는 노인일자리전담기관 운영
노인보호전문기관	시 · 도지사가 노인보호전문기관을 지정 운영, 노인학대 신고, 상담, 보호, 예방 및 홍보, 24시간 신고 상담용 긴급전화(1577-1389) 운영
학대피해노인 전용쉼터	노인학대로 피해를 입은 노인을 일정기간 보호하고 심신치유 프로그램 제공

출처 : 보건복지부(2019) 재수정.

Chapter 13

장애인복지

01 장애인복지의 개념과 중요성

1) 장애인복지의 개념

장애인복지는 "심신의 결함으로 인하여 가정생활, 사회생활에 곤란을 느끼는 것을 국가나 사회가 모든 생활에서 곤란을 느끼지 않도록 제도, 교육재활, 의료재활, 심리재활, 사회재활 등을 통하여 사회적 인식의 개선과 물리적 환경 개선 등 제 문제에 걸쳐 원조하여 사회적 생활이 보장되고 심리적으로 안정된 삶을 영위하도록 원조하는 제도적 · 정책적 서비스의 조직적 활동과 노력의 총체"를 말한다.

장애인복지는 "모든 국민은 인간다운 생활을 할 권리를 가진다"는 헌법의 정신과 "장애인은 개인으로서 존엄과 가치를 존중받으며 이에 상응하는 대우를 받는다"는 장애인복지법의 규정에 입각하여 장애인이라고 해서 멸시받거나 소외되지 않고 모든 사람과 더불어 삶의 전 영역에서 평등한 대우를 받아야 한다는 기본이념에 근거해야 한다. 장애인복지는 심신상의 문제를 개인의 불행으로 돌리는 사회적 편견이나 사회적 약자의 입지를 더욱 어렵게 하는 사회의 경쟁구조에 대하여 장애인이 생활상의 어려움을 극복해 나가도록 예방적 · 사회

치료적으로 개입하는 시책과 실천행동이다.

2) 장애인복지의 중요성

장애인복지는 사회복지의 한 분야로서 다음과 같은 여러 가지 이유로 그 중요성이 더욱 강조되고 있다. 첫째, 장애인복지는 수혜대상의 범위가 넓다. 연령의 한계가 없고 대상이 다양하다. 둘째, 장애인도 인간으로서 권리와 가치를 가지고 있다. 셋째, 장애인복지는 그 개입기간이 장기적이고 또한 재활에는 많은 비용이 소요된다. 넷째, 산업화, 도시화, 고령화의 추세에 따라 장애인의 수가 날로 확대되어 가고 있다. 교통사고나 산업재해 등과 같은 후천적 요인으로 인한 장애인의 수가 증가되면서 장애인복지의 체계화 · 전문화가 요구되고 있다.

02 장애의 개념과 정의

1) 장애의 개념

장애의 개념은 명확히 하기 어려우며 절대적 개념이 아닌 상대적 개념이라 할 수 있다. 즉, 문화, 사회, 정치, 경제 등의 제반 여건 및 수준에 따라 변화하는 개념이라고 할 수 있다. 장애를 규정하는 개념을 크게 나누면 ① 해부학적, 신체구조학적, 지능적 및 심리적인 이상성이나 상실의 개념, ② 신체구조적 또는 심리적 과정에 의해서 야기되는 만성적인 질환의 개념, ③ 기능적인 개념, ④ 행동규범의 개념으로 나누어 생각할 수 있다.

2) 장애의 정의

1975년 UN은 장애인 권리선언에서 장애인이라 함은 선천적이든 후천적이든 신체적 · 정신적 능력의 불완전으로 인하여 일상의 개인적 또는 사회적 생활에서 필요한 것을 자기 자신으로서는 완전히 또는 부분적으로 확보할 수 없는 사람을 지칭하고 있다.

또한 세계보건기구(WHO)에서는 1980년 장애의 개념을 I, D, H장애로 분류하여 제시하고 있다.

① 심신손상(Impairment, I장애) : 심신의 구조적 · 기능적 손상 자체를 의미하는 것으로 지체 부자유, 시각장애, 청각장애, 정신지체, 기억 · 사고 · 정서 · 감정 · 간질 등의 의식장애, 내장과 피부장애, 신체구조의 결함과 상실을 의미한다.

② 불능(Disability, D장애) : 기능 제약으로 인하여 개인적 차원에서 일상생활 활동에 나타나는 장애를 의미하는 것으로 일상적인 행동이 불가능하거나 제한되어 있는 상태로 활동에 어려움을 갖는 것이다.

③ 사회적 불리(Handicap, H장애) : 사회적 차원에서 발생되는 것으로 심신손상이나 기능의 제약을 가진 사람이 이로 인해 타인과의 관계에서 비롯되는 불이익, 편견, 차별을 가리킨다. 이는 장애인의 생활환경을 포함하는 것으로 물리적 · 문화적 · 사회적 장벽을 의미하여 장애인이 평등하게 사회에 참여할 수 있는 기회를 제약받거나 박탈당하는 것을 의미한다. 이러한 장애에서 '기능장애→능력장애→사회적 불리'의 개념은 인과관계를 나타내고 있지만 전자에 의해 100% 결정되는 것은 아니고 각각의 차원은 독립적이다.

우리나라의 장애인복지법상에서 장애인이라는 함은 신체적 · 정신적 장애로 오랫동안 일상생활이나 사회생활에서 상당한 제약을 받는 자로 주요 외부 신체기능의 장애, 내부기관의 장애, 발달장애 또는 정신질환으로 발생하는 장애 등으로 규정하고 있다.

미국의 장애인법(ADA, 1990)상의 장애인의 정의는 첫째, 신체적 혹은 정신적 손상으로 인하여 개인의 일상활동에서 혹은 그 이상에서 심각한 제약을 받는 자, 둘째, 개인이 이러한 손상이 있다는 기록이 있는 자, 셋째, 어떤 개인이 이러한 손상이 있다고 일반적으로 받아들여질 때 등으로 규정하고 있다.

이처럼 장애의 정의를 살펴보면 장애인에 대한 개념을 일반적으로 단정하기는 어려우며 장애 기준 역시 신체적 · 지적 결함의 정도에서 일을 할 수 있는 능력과 가정생활 및 사회생활의 불편 정도로 장애인의 장애보다 무엇을 할 수 있는가에 초점을 맞추어 변화하고 있다.

03 장애의 발생원인과 유형

1) 장애의 발생원인

장애의 발생원인은 매우 다양하며 아직 밝혀지지 않은 원인도 많이 있다. WHO의 자료에 의하면 장애의 88%는 후천성, 12%는 선천성 요인에 기인한다. 장애의 발생요인으로는 생물학적 원인으로 유전, 체질상의 문제나 유전인자로 기인한 임신을 들 수 있다. 우리나라의 유형별 장애인 비율(2018년 등록기준)을 보면, 장애인은 15개 유형으로 등록되며, 유형별로는 지체(46.0%), 청각(12.8%), 시각(10.7%), 뇌병변(10.6%), 발달장애인(8.2%) 순이며, 2017년 장애인실태조사에 따르면 질병, 사고 등 후천적 원인이 88.1%를 차지하고 있다.

(1) 임신 전 요인

결핵, 성병, 간염, 풍진 등과 같은 전염성질환, 고혈압, 심장질환, 갑상선 질환, 당뇨병은 저체중이나 과다체중아를 출산하여 장애유발의 요인이 되며 혈액의 부적합, 염색체상이 주요한 원인이 된다.

(2) 임신 중 원인

10대 임산부, 35세 이후의 초산, 40대 이후의 임산부, 다섯 번째 이후 출산 등이 통계적으로 장애확률이 높게 나타나며 습관성 약품의 복용, 술 · 담배 · 커피 등의 기호식품과 육류의 생식, 임신 중의 과격한 운동 바이러스(기생충)의 감염 등이 주요한 원인이 된다.

(3) 출산 전후 및 영유아기

첫째, 조산이나 난산으로 인한 출산 시의 뇌손상과 영유아의 학대나 영양의 결핍, 이물질이나 음식물의 흡입 및 환경오염이나 공해 등이 주요한 요인이 된다.

둘째, 사회심리적 요인으로서 애정의 결핍이나 유아학대 등과 같은 원인이 있다.

셋째, 외부적 요인으로서 질병이나, 사고, 재해 등의 원인이 있다.

2) 장애의 분류

장애의 분류는 장애의 내용이 신체인가, 정신인가에 따라 신체장애인과 정신장애인으로 분류하며, 장애의 치료 가능 여부에 따라 일시적 장애인과 지속적 장애인으로 구분한다. 또한 장애를 의학적 견지에서 파악하여 운동, 신경, 순환, 정신, 심리기능장애로 분류하기도 한다. 장애의 분류는 세계적으로 세분화되어 가며 장애의 범주가 선진국일수록 범위가 넓고 후진국일수록 범위를 좁게 규정하고 있다.

우리나라의 장애인 비율은 전 인구 2.58%(2002년 6월 장애인 실태조사 기준)로 세계보건기구에서 제시하고 있는 전 인구 10%선이나 미국의 15%, 독일의 9%에 비교할 때 현저히 낮은 수준이다. 이처럼 수치가 낮은 것은 장애인이 적기 때문이 아니라 장애의 범주를 법적으로 매우 좁게 규정하고 있기 때문이다. 우리나라에 비해 유럽이나 미국 등의 국가는 장애의 범주를 매우 포괄적으로 규정해 놓고 있다. 우리나라는 단지 의학적 모델에 입각해 신체구조나 기능상의 장애를 판정하는 것에 비해 선진국들은 신체장애인뿐만 아니라 특정한 일을 어느 정도 수행하는지를 보는 과업 수행(노동)능력, 개인적 요인이나 환경적인 요인에 의해 불이익을 받는 사회적 의미의 장애도 장애의 범주에 포함된다.

여기에서는 우리나라의 장애인복지법에 근거하여 장애를 분류하여 살펴보고자 한다.

(1) 지체장애

신체구조에 어떠한 질병이나 외상 등으로 그 기능에 장애가 있어 자유롭게 운동이나 활동을 하지 못하는 상태를 지체장애라고 하며 운동기능장애, 감각장애의 상태로 그 증상이 나타난다. 지체장애는 신경계통, 골격근계통, 선천적 기형, 외상 등의 원인과 형태로 구분할 수 있다. 지체장애를 가져오는 원인은 뇌성마비, 소아마비, 신경장애, 척수장애, 뇌졸중, 산재사고로 인한 절단장애 등 여러 가지로 들 수 있으며 이러한 장애가 급성이나 일시적이 아닌 영구적인 장애를 말한다.

(2) 시각장애

물체를 식별하는 시력의 기능에 장애를 가진 것을 말하며 눈의 여러 가지 기능장애를 시각장애라고 한다. 시각의 장애로 인하여 정상적인 방법으로 교육, 일상생활활동, 직업활동을 할 수 없고 특수한 방법과 도구를 사용해야 하는 사람을 의미하는 것으로 물체를 식별하는 시각의 장애를 지닌 것을 말한다. 장애인복지법상의 시각장애는 사람이 볼 수 있는 명료도인 시력과 눈으로 정면의 한 점을 주시하고 있을 때 눈에 보이는 외계의 범위를 나타내는 시야를 기준해서 두 눈의 시력이 각각 0.1 이하, 한 눈의 시력이 0.02 이하, 다른 눈의 시력이 0.6 이하, 두 눈의 시야가 10도 이내, 두 눈의 시야를 1/2 이상 상실한 자로 되어 있다.

(3) 청각장애, 언어장애

소리를 듣는 청각기관의 이상으로 인해 말과 음을 잘 듣지 못하는 상태를 말한다. 선천적 · 후천적 원인에 의해 언어의 습득 및 발달에 지장을 초래하여 의사소통에 곤란을 느끼고 이로 인하여 사회적응에 지장을 초래하는 경우를 의미한다. 청각장애의 분류는 일반적으로 거의 소리를 들을 수 없다든가, 말의 판별이 어렵다든가 하는 광의 청각장애, 아주 큰 소리로 말을 해야 알아듣고 일상생활에 현저한 어려움이 있는 난청, 일상생활에서 청력을 활용할 수 없는 농(deaf) 등이 있다.

장애인복지법상의 청각장애인은 두 귀의 청력손실이 60dB 이상, 한 귀의 청력손실이 80dB 이상 다른 귀의 청력손실이 40dB 이상, 두 귀에 들리는 말소리의 명료도가 50% 이하인 자로 되어 있다.

(4) 지적장애

지능이 일반인보다 현저하게 낮아 일상생활과 사회생활에 있어서 적응하지 못하는 경우로 이러한 사회적인 적응능력의 부족 현상이 주로 18세 이전에 오는 것을 말하며 선천적 또는 후천적으로 대뇌의 신경세포 조직에 이상이 생겨 지능과 사고능력이 정상적으로 활동하지 못해서 야기되는 정신장애이다. 장애인복지법상에서는 정신지체인을 1급부터 3급까지를 기준을 정하고 있다.

- 1급(중도) : 지능지수 34 이하인 자로 일상생활과 사회생활의 적응이 현저히 곤란하여 일생 동안 타인의 보호가 필요한 자
- 2급(중등도) : 지능지수 35 이상 49 이하인 자로 일상생활의 간단한 행동을 훈련시킬 수 있고 일정 정도의 훈련과 도움을 받으면 복잡하지 않고 단순한 형태의 직업을 가질 수 있는 자
- 3급(경도) : 지능지수 50 이상 70 이하인 자로 교육을 통한 사회적 · 직업적 재활이 가능한 자

(5) 내부장애 및 정신장애

신장, 심장 등 내부기관의 장애와 정신적 장애를 말한다. 이러한 장애는 시간의 경과로 의료재활의 결과 등에 따라서 장애상태의 변화가 가능하므로 주기적으로 장애상태를 확인해야 할 필요가 있다. 2003년 7월부터는 장애의 범주가 안면장애, 간장애, 호흡기장애, 장루 · 요루장애, 뇌전증장애로 그 범주가 확대되었으며 이에 따른 장애인의 분류는 다음과 같다.

<표 13-1> 장애인의 분류

대분류	중분류	소분류	세 분류
신체적 장애	외부 신체기능의 장애	지체장애	절단장애, 관절장애, 지체기능장애, 변형 등의 장애
		뇌병변장애	중추신경의 손상으로 인한 복합적인 장애
		시각장애	시력장애, 시야결손장애
		청각장애	청력장애, 평형기능장애
		언어장애	언어장애, 음성장애, 구어장애
		안면장애	안면부의 추상, 함몰, 비후 등 변형으로 인한 장애
	내부기관의 장애	신장장애	투석치료 중이거나 신장을 이식받은 경우
		심장장애	일상생활이 현저히 제한되는 심장기능 이상
		간장애	일상생활이 현저히 제한되는 만성 · 중증의 간기능 이상
		호흡기장애	일상생활이 현저히 제한되는 만성 · 중증의 호흡기기능 이상
		장루 · 요루 장애	일상생활이 현저히 제한되는 장루 · 요루 이상
		뇌전증장애	일상생활이 현저히 제한되는 만성 · 중증의 뇌전증
정신적 장애	지적장애		지능지수가 70 이하인 경우
	정신장애		정신분열병, 분열형 정동장애, 양극성 정동장애, 반복성 우울장애
	발달장애(자폐증)		소아자폐 등 자폐성 장애

3) 장애의 진단과 판정

장애인이 가지고 있는 잠재능력과 잔존능력을 최대한 발견하고 그 속에 감추어진 자발적 발달의 힘을 촉발시키기 위해서 가능한 한 종합적인 전인격적 특성에 대해 정확하고 세심한 진단과 판정이 필요하다. 조기진단에 의한 치료와 교육은 장애인의 재활에서 가장 중요시해야 할 목표이며 이를 위해 상담, 진단 및 각종 검사를 통해 의료적 · 사회적 · 심리적 · 직업적 측면에서 장애정도와 잠재능력을 평가하여 재활방향을 제시해야 한다. 진단과 판정은 ① 접수상담(intake), ② 진단(diagnosis), ③ 판정(assessment), ④ 서비스 제공, ⑤ 평가의 과정(evaluation)으로 추진된다.

04 장애인복지의 기본이념

장애인복지의 이념은 장애인복지의 가치 실현에 요구되는 일정한 원칙으로서 장애인이 인간으로서 존중받고, 비장애인과 더불어 살아가며, 그가 가지고 있는 능력을 최대한 발휘하여 장애인이 한 인간으로서 가치 있는 삶을 누릴 수 있도록 지원하는 데 요구되는 가치 이념이다.

1) 인간의 존엄성

장애인복지의 가장 중요한 목적은 인간의 인격을 인정하고 존중하는 데 있다. 이러한 가치는 인권사상에 기초한 것으로 인권은 어떤 자격과 조건을 필요로 하지 않는다. 권리가 있다는 것은 단지 인간이라는 것, 그 사람이 존재하고 있다는 것으로 '인간은 누구나 인간으로서 존엄하고, 인간으로서의 평등한 가치를 가진다'는 인식을 기반으로 하는 것이다.

2) 사회통합

장애인이 느끼는 가장 큰 어려움은 사회로부터의 소외와 불평등한 처우라 할 수 있다. 장애인이 기존의 사회에서 평등한 인간으로 완전한 참여를 통해 인간성의 회복과 권리와 의무를 가짐으로써 가치저하를 받는 개인이 사회활동에 의미 있는 참여를 통해 보통사람과 사회통합을 이루는 세 가지의 과정을 주류화(mainstreaming), 정상화(normalization), 평등화(equalization) 등으로 구분해 볼 수 있다. 사회통합은 장애인이 사회의 중심권에서 일반적인 형태로 평등을 이룰 때 완전한 사회통합을 이룰 수 있음을 의미한다.

(1) 사회통합의 원칙

① 장애인은 가능한 한 지역사회 내에 거주하며 지역사회의 환경에 통합되어 교육, 직업활동을 하도록 한다.

② 장애인과 가족에게 경제적 · 사회적 · 전문적 지원을 통하여 공동체 안의 소속감과 지속적이고 의미 있는 사회관계를 갖도록 하며 독립적인 기회를 제공한다.

③ 서비스의 계획, 실시, 감독, 평가의 과정에서 장애인과 가족이 수동적 수혜자가 아닌 동반자(partner)로 참여하게 한다.

(2) 사회통합의 이점

① 장애인이 사회에서 은폐될 시 더욱 문제가 많아지고 노출될 시 더욱 보호가 가능하다.

② 시설의 공개, 개방을 통하여 합리적이고 투명한 운영이 가능하다.

③ 인간관계의 상호 교류 속에서 사회생활 속의 가치 인정과 권리를 찾을 수 있다.

④ 장애인의 부정적인 이미지의 긍정적 변화가 가능하다.

3) 주류화

주류화(mainstreaming, 主流化)란 장애인의 삶의 터전을 사회 중심권에서 소외되지 않은 사회의 주류에 포함시킴을 의미한다. 즉, 장애인은 교육이나 직업 및 문화생활에 있어서 격리되어서는 안 되며 가능한 그 중심권에서 위치하도록 배려해야 한다는 것이다. 이를 달성하기 위한 방법으로 통합교육, 장애인 의무고용제도, 지역사회중심재활(CBR) 등을 들 수 있다. 이러한 주류화는 지역사회의 환경개선과 장애인을 평범하고 우리한 동등한 이웃으로 인정함으로써 가능하다.

지금까지의 주류화는 장애인을 일반사회의 중심으로 끌어들이는 과정을 의미했다. 사회는 그대로 있고 지금까지 소외되어 있던 장애인이 일반사회 안으로 수용되는 것은 장애극복과 적응의 어려움, 그리고 그 과정에 있어서 포기와 좌절의 가능성이 많아 달성이 쉽지 않았다. 진정한 의미는 주류화는 이처럼 국가정책이나 제도에 의해서 소외된 장애인이 사회에 수용되는 과정을 통해서가 아니라 우리가 살고 있는 삶의 터전인 지역사회의 환경개선을 통해서 가능해진다. 사회의 변화없이 장애인의 극복을 통해서 사회의 중심권에 진입하기에는 그 벽이 너무 높아서 성공의 기쁨보다는 포기와 좌절감이 주어질 가능성이 훨씬 높다. 그러나 반대로 사회가 변화하려 한다면 이는 실현 가능성이 훨씬 높으므로 이를 위한 기세가 중요하다. 장애인을 변모시켜 사회에 맞추기보다는 사회가 변화하여 장애인을 포용하고 장애인의 잔존능력과 잠재력을 개발하여 사회의 중심에 진입할 수 있도록 하는 상호변화의 필요성이 의미하는 것을 역주류화(renerse mainstreaming)라고 할 수 있다. 따라서 이제는 사회가 변화하여 장애인을 포용하는 노력으로 복지를 실현해야 한다.

4) 정상화

정상화(normalization)는 1981년 세계장애인의 해를 기점으로 확산된 장애인복지의 이념 중의 하나로서 1959년 덴마크의 지적장애인부모회에서 처음으로 사용하게 된 용어이다. 이는 '지적장애인을 가능한 한 최대로 정상적인 생활조건에 가깝게 생존하도록 하는 것'이라고 정의한 지적장애인법에서 출발하였다.

Wolfensberger는 정상화의 원리를 "가능한 한 사람들에게 가치 있는 사회적 역할을 습득, 정리, 유지시키기 위해 문화적으로 가치 있는 수단을 이용하는 것"이라고 정의하고 있다. 이 원리의 가장 중요한 목적은 사람들이 그 사회 안에서 사회적으로 가치 있는 역할을 수행할 수 있도록 하거나 지원해 주는 것이다. 즉, 정상화란 장애인의 생활환경과 조건을 그 사회의 주류를 이루는 일반인의 생활표준과 원형에 가능한 한 가깝도록 하여 장애인을 비정상적인 개인이나 특수화하는 종전의 태도에서 정상적, 보통의 사회 구성원으로 인식하는 것을 말한다.

5) 탈시설화

시설의 설립과 그 존재의 필요성은 말할 나위 없으나 장기적인 시설의 수용생활의 문제점이 제기되는 상황 속에서 제기된 이론이 탈시설화(deinstitutionization)라 할 수 있다. 이는 대규모의 수용시설에서 탈피하는 이동을 강조한다. 탈시설화의 요점은 규제가 많은 생활로부터 적은 생활로, 큰 시설로부터 작은 시설로, 큰 생활단위로부터 작은 생활단위로, 집단활동으로부터 개인의 생활로, 지역사회와 격리된 생활로부터 지역사회 내의 통합된 생활로, 의존적인 생활로부터 자립적인 생활을 추구하는 것이라고 할 수 있다.

05 장애인과 재활

1) 재활의 개념

심신장애인들은 신체적 · 정신적 결함으로 인하여 혼자 일상생활을 영위하여 나가기 위한 기능을 충분히 발휘하지 못하기 때문에 특별한 도움을 필요로 한다. 특별한 도움이란 그들이 처해 있는 환경을 그들의 능력에 알맞게 바꾸어 주어 그들의 능력을 최대한으로 개발시켜 주는 것으로서 장애인에게 자신의 잠재능력을 인식하도록 하여 잠재능력을 발휘할 수 있도록 돕는 것이다. 재활(rehabilitation)은 다음과 같이 설명할 수 있다.

① 단편적이 아닌 전인적 개념이다.
② 장애인의 잠재능력에 대한 신뢰이다.
③ 인간의 효용성과 적응성을 길러 주는 것이다.
④ 인도주의에 그 바탕을 두고 있다.
⑤ 자기실현을 위한 동기 조성을 전제로 한다.
⑥ 인간을 만족하고 생산적인 재활에 이르게 한다.

2) 재활사업 실천의 기본원칙

재활의 기본원칙은 문화적 · 사회적 배경에 따라 다르게 제시되므로 여기서는 일반적인 내용을 약술한다.

① 장애인의 치료는 가능한 한 조기에 착수해야 한다.
② 단절되지 않은 일관된 과정이어야 하며 의료, 교육, 직업, 보호의 공동사업이어야 한다.
③ 장애인 요구의 특수성을 먼저 이해하고 이를 바탕으로 한 개별서비스가 중요하다.
④ 장애인의 문제를 심리학적 측면에서 판정하고 이해해야 하며 사업계획 시 이를 반영해야 한다.

⑤ 사회의 올바른 인식과 지지로 사회적 수용을 용이하게 한다.

3) 의료재활

의료재활은 장애 상태를 최소한으로 줄이고 잔여능력을 최대한으로 증진시켜 사회에 복귀시키는 데 궁극적 목표를 두는 재활과정으로서 장애화의 예방, 정확한 진단, 치료, 청력검사 및 사용지도의 역할을 담당한다. 치료방법에는 약물 투여 및 수술 등의 병적 요인에 대한 치료와 기능을 향상시키기 위한 물리치료, 작업치료 및 언어치료 등이 있다.

4) 교육재활(특수교육)

교육재활이란 심신의 결함으로 일반학교에서 교육을 받기 곤란한 특수한 교육욕구를 가진 사람들에게 그 특성에 적합한 교육과정, 교육방법, 교육매체를 통해서 교과교육, 치료교육(심리, 언어, 물리, 작업치료, 보행훈련, 청능훈련 및 생활적응훈련 등)의 교육활동 및 직업교육을 실시하는 것을 말한다. 교육재활은 대상의 특수성에 따라 특수학교, 일반학교 특수학급, 순회교육, 통합교육, 조기특수교육 등의 형태가 있다.

5) 사회심리적 재활

사회심리적 재활은 심신의 장애를 가지고 있는 장애인과 그 가족들에게 필연적으로 따르게 되는 사회심리적 제 문제를 찾아내어 해결하는 것이다. 이는 장애인의 전인격적 측면에서 사회심리적 요인을 파악하고 장애로 수반되는 사회심리적 장애를 스스로 인식하고 해결할 수 있도록 돕는 일이다. 이러한 사회적 서비스를 통해 장애인이 자신의 장애를 현실적으로 받아들이는 것을 돕는다.

장애인이 그 장애를 극복하고 사회에 복귀하여 사회의 일원으로 원만히 적응해 나갈 수 있는 정신적 재활을 의미한다. 이는 의료적 기능개발이나 직업훈련을 통한 기술 습득만으로는 완전한 의미의 사회통합이 어려우므로 장애인의 심리적 열등감, 소외감, 사회적 장애를 해소시켜 자신감을 심어 주고 강화하며, 환경에 대한 적응을 배양해 주는 역할을 담당한다.

6) 직업재활

직업재활은 장애인의 능력을 최대한 찾아 길러줌으로써 동년배 시민들과 함께 일할 권리와 의무를 가지도록 하여 의존적인 생활로부터 독립적인 생활로 변화시킴으로써 자기비하나 사회적 멸시로부터 자존감과 존엄성을 찾게 해줄 수 있는 중요한 재활 영역이다. 이는 개인의 욕구와 능력에 따른 개별성과 장애에 따른 개인의 한계를 인식하는 현실성 그리고 서비스가 반드시 있어야 하는 전문성이나 종합적으로 조정되어 제공되어야 하는 포괄성, 장애인에게 서비스가 필요할 때까지 주어져야 하는 계속성과 장애인의 욕구에 따라 프로그램이 조정되어야 하는 신축성 등을 특성으로 하고 있다. 직업재활은 시설 내 보호작업장, 기업 내 보호고용, 재택고용, 자립보호 작업장, 생활훈련 형태 등이 있다.

06 장애인복지정책

장애인복지정책은 신체적 · 정신적 장애로 인해 개인 및 사회생활에 상당한 제약을 받는 사람의 복지증진을 위하여 실시하는 정부와 민간의 조직적이고 지속적인 제반활동을 의미한다. 장애인복지정책과 제도는 다음과 같다.

1) 사회보험

1963년에 제정된 산업재해보상보험법에 의하여 산업재해로 인한 장애인에게는 장애의 치료를 위한 급여 및 장애에 대한 보상급여가 실시되고 있으며

1988년 이후 실시된 국민연금 제도에서는 모든 국민을 대상으로 장애연금 및 장애급여제도를 마련하여 실시하고 있다.

2) 공공부조제도

공적부조에 의한 소득보장은 국민기초생활보장제도 및 국민기초생활 보장법상의 수급권자를 대상으로 장애수당, 장애아동 부양수당이 있으며 의료보장 정책으로는 의료보호, 저소득 장애인 의료비 지원, 보장구 무료 교부 사업 등이 있다.

3) 장애인 고용정책

1990년 「장애인 고용촉진 등에 관한 법률」이 제정되어 국가와 지방자치단체가 장애인 고용에 대해 사업주 및 일반국민의 이해를 높이고 장애인의 특성을 고려한 직업재활 조치를 강구하도록 하며 노동부 장관은 장애인 고용촉진을 위한 기본계획을 수립토록 하고 있다. 공무원 정원의 1000분의 2 이상을 고용하도록 하고 있으며 300인 이상 상시근로자를 고용하는 사업체는 고용의무 대상사업체로서 기준 고용률을 미달하는 경우에는 부담금을 징수한다. 이를 초과하는 경우는 초과 고용하는 장애인의 수에 비례하여 고용 지원금을 지불하여 장애인의 취업을 장려하고 있으나 현재의 고용률은 매우 저조하다. 따라서 고용주의 인식 전환이 필요하다.

4) 장애인 복지시설

장애인복지법상의 장애인 복지시설에는 국가와 지방자치단체가 설치 및 운영할 수 있으며 민간기관이나 개인은 시장 · 군수 · 구청장에 신고함으로써 설치 및 운영할 수 있고 시설기준, 신고 입소 등에 필요한 사항은 보건복지부령으로 규정하고 있다. 우리나라의 장애인 복지시설의 종류는 다음과 같다.

① 장애인 거주시설 : 거주공간을 활용하여 일반가정에서 생활하기 어려운 장애인에게 일정 기간 동안 거주 · 요양 · 지원 등의 서비스를 제공하는 동시에 지역사회생활을 지원하는 시설

<표 13-2> 장애인거주시설의 종류와 가능

구 분	기 능
장애유형별 거주시설	장애유형이 같거나 또는 유사한 장애를 가진 사람들에게 주거 · 일상생활 · 지역사회생활 등의 서비스를 제공하는 시설 지체 · 뇌병변장애인 거주시설, 시각장애인 거주시설, 청각 · 언어장애인 거주시설, 지적 · 자폐성장애인 거주시설
중증장애인 거주시설	장애의 정도가 심하여 항상 도움이 필요한 중증장애인에게 주거 지원 · 요양서비스 · 일상생활지원 등의 서비스를 제공하는 시설
장애영유아 거주시설	6세 미만의 장애유아를 보호하고 재활에 필요한 주거 · 일상생활 · 지역사회생활 · 요양 등의 서비스를 제공하는 시설
장애인단기 거주시설	장애인에게 일정기간 주거 · 일상생활 · 지역사회재활 등을 제공하고 아울러 장애인을 돌보는 보호자의 단기간 휴식을 제공하는 시설
장애인공동생활가정 (그룹홈)	지역사회 내 일반 주택을 이용하여 장애인들이 스스로 사회에 적응하도록 가정생활 · 사회활동 등의 자립생활을 지원하는 시설

② 장애인 지역사회재활시설 : 장애인을 전문적으로 상담 · 치료 · 훈련하거나 장애인의 일상생활, 여가활동 및 사회참여활동 등을 지원하는 시설

<표 13-3> 장애인 지역사회재활시설의 종류와 기능

구 분	기 능
장애인 복지관	장애인에 대한 각종 상담 및 사회심리 · 교육 · 직업 · 의료재활 등 장애인의 지역사회생활에 필요한 종합적인 재활서비스를 제공하고 장애에 대한 사회적 인식개선 사업을 수행하는 시설
장애인주간 보호시설	장애인을 주간에 일시 보호하여 장애인에게 필요한 재활서비스를 제공하는 시설
장애인 체육시설	장애인의 체력증진 또는 신체기능회복 활동을 지원하고 이와 관련된 편의를 제공하는 시설

장애인 수련시설	장애인의 문화 · 취미 · 오락활동 등을 통한 심신수련을 조장 · 지원하고 이와 관련된 편의를 제공하는 시설
장애인생활 이동지원센터	이동에 상당한 제약이 있는 장애인에게 차량운행을 통한 직장 출 · 퇴근 및 외출보조 기타 이동서비스를 제공하는 시설
수화통역 센터	의사소통에 지장이 있는 청각 · 언어장애인에 대한 수어통역 및 상담서비스를 제공하는 시설
점자도서관	시각장애인에게 점자간행물 및 녹음서를 열람하게 하는 시설
점서 및 녹음서 출판시설	시각장애인을 위한 점자간행물 및 녹음서를 출판하는 시설
장애인 재활치료 시설	장애아동을 포함한 장애인에게 언어 · 미술 · 음악 등 재활치료에 필요한 치료, 상담, 훈련 등의 서비스를 제공하고 서비스를 이용한 자로부터 비용을 수납하여 운영하는 시설

③ 장애인 직업재활시설 : 일반 작업환경에서는 일하기 어려운 장애인이 특별히 준비된 작업환경에서 직업훈련을 받거나 직업 생활을 할 수 있도록 하는 시설

<표 13-4> 장애인직업재활시설의 종류와 기능

구 분	기 능
장애인 보호 작업장	직업능력이 낮은 장애인에게 직업적응능력 및 직무기능 향상훈련 등 직업재활훈련 프로그램을 제공하고, 보호가 가능한 조건에서 근로의 기회를 제공하며, 이에 상응하는 노동의 대가로 임금을 지급하며, 장애인 근로사업장이나 그 밖의 경쟁적인 고용시장으로 옮겨갈 수 있도록 돕는 역할을 하는 시설
장애인 근로 사업장	직업능력은 있으나 이동 및 접근성이나 사회적 제약 등으로 취업이 어려운 장애인에게 근로의 기회를 제공하고, 최저임금 이상의 임금을 지급하며, 경쟁적인 고용시장으로 옮겨갈 수 있도록 돕는 역할을 하는 시설
장애인 직업적응 훈련시설	작업능력이 극히 낮은 장애인에게 작업활동, 일상생활 훈련 등을 제공하여 기초작업능력을 습득시키고, 작업평가 및 사회적응 훈련 등을 실시하여 장애인 보호작업장 또는 장애인 근로사업장이나 그 밖의 경쟁적인 고용시장으로 옮겨갈 수 있도록 돕는 역할을 하는 시설('15.12.31자 시행규칙 개정으로 유형 신설)

④ 장애인 의료재활시설 : 장애인을 입원 또는 통원하게 하여 상담, 진단 · 판정, 치료 등 의료재활서비스를 제공하는 시설로서 주요 사업은 다음과 같다.

- 입원 및 통원, 낮 병원을 통한 장애인 진료
- 장애의 진단 및 포괄적이고 전문적인 재활치료
- 장애인에 대한 의료재활상담
- 장애인의 기타 질환에 대한 진단 및 치료
- 장애인보조기구의 제작, 판매, 검수 및 수리
- 장애인 재활 및 재발 방지에 관한 교육
- 장애인 등록을 위한 진단

Chapter 14

여성복지

01 여성복지의 개념과 발달배경

여성복지의 개념정의에 대한 최초의 노력은 한국여성개발원에서 이루어졌는데, 여성복지는 여성이 국가나 사회로부터 인간의 존엄성과 인간다운 생활을 할 권리를 동등하게 보장받음으로써 여성의 건강, 재산, 행복의 조건들이 충족되는 것을 의미하며 동시에 가부장적 가치관과 이에 기초를 둔 법, 기타 사회제도들을 개선하는 것 등으로 여성의 인간다운 삶을 실현하기 위한 모든 실천적 노력을 포함하는 개념이다(한국여성개발원, 1990).

또한 여성복지라 함은 일상생활상의 장애가 제기되어 경제적으로나 문화적으로 충족한 가정생활 및 사회생활이 보장되는 것을 궁극의 목표로 하는 제도와 활동의 총칭으로, 사회보장과 사회복지서비스 면에서 여성들이 필요로 하는 제도를 만들고 서비스를 제공함으로써 여성들의 사회기능을 증진시키려는 사회복지의 한 전문 분야를 말한다. 즉, 여성복지란 미혼모, 윤락여성, 가출여성, 근로여성, 저소득여성 및 학대받는 여성들과 같은 요보호여성은 물론 모든 여성들이 인간다운 삶을 영위할 수 있도록 정부 및 민간이 행하는 모든 조직적인 활동이라 할 수 있으며 이러한 여성복지의 실체는 국가와 시대에 따라 다르게 나타난다.

여성에 대한 서비스를 규정한 최초의 입법은 1961년의 윤락행위방지법으로 1980년대 이전까지의 유일한 여성 관련 입법이었다. 여성의 지위 향상과 복지 증진을 위한 법제도는 1980년대에 들어와서 획기적인 발전을 이루었다. 즉, 보건복지부 산하에 한국 여성개발원의 설립(1983), 국무총리 직속하의 여성정책심의위원회의 설치(1983)를 비롯하여 남녀고용평등법의 제정(1987), 여성문제 전담부로서의 정무 제2장관실의 발족(1988), 지방자치단체의 가정복지국, 가정복지과의 신설(1988)이 이루어졌다.

또한 모자복지법의 제정(1989), 남녀평등보장으로의 개정(1989)이 이루어졌고, 1990년대에 들어와 여성발전기본법(1995), 성폭력범죄의 피해자보호 등에 관한 법률의 제정(1997), 모자복지법의 개정(1998) 모 · 부자복지법의 개정(2002), 한부모가족지원법의 개정(2007) 등으로 여성복지에 대한 관심이 높아졌고 사회복지제도도 크게 확대되었다. 이러한 제도적 변화는 국민의 증대된 복지의 인식과 요구를 정부 차원에서 수용한 결과로 나타났으나 여성복지사업의 중요성과 긴급성이나 다양한 복지욕구에 비해 실질적인 서비스의 내용은 아직도 미흡한 수준에 머무르고 있다(전재일 외, 2001 : 330).

특히 1999. 2. 8.「남녀차별금지 및 구제에 관한 법률」을 제정함으로써 사회의 모든 영역에서 남녀차별을 금지하고, 이로 말미암은 피해자의 권익을 구제하는 제도를 마련하였다. 정부 각 부처에 분산된 여성 관련 업무를 일괄해서 관리 · 집행할 여성부를 2001. 1. 29. 신설하였다. 여성부는 기존의 여성특별위원회 업무와 함께 보건복지부로부터 가정폭력, 성폭력 피해자의 보호, 성매매 등의 방지업무 및 일제하 일본군 위안부에 대한 생활안정지원 사무를 이관받고, 노동부에서는 일하는 여성의 집 사무를 이관 받아 수행하였다.

2004. 6. 12. 보건복지부로부터 이관받은 영유아 보육업무까지 수행하게 된 여성부는 여성정책의 기획 · 종합, 남녀차별의 금지 및 구제 등 여성의 지위와

권익향상 뿐만 아니라, 여성 인적자원의 성장동력화를 통하여 국가경쟁력 제고 및 양성평등사회의 구현이라는 중요한 역할을 담당하는 국가기구로 발전하였다.

저출산, 고령화 사회로 접어들면서 전통적 가족구조와 역할이 변화하고 가족해체 문제가 심각해지면서, 이를 예방하고 새롭게 형성되는 다양한 형태의 가족이 가족 공동체의 역할을 할 수 있도록 지원하는 일이 시급해짐에 따라, 정부조직법을 개정하여 여성부가 수행하는 기능 이외에 통합적 가족정책을 수립하고 각 부처의 가족정책을 조정 · 지원하는 기능을 수행할 수 있도록 2005. 6. 23. 여성가족부로 개편하였다.

유연하고 창의적으로 일하는 정부를 구축하기 위하여 정부기능을 효율적으로 재배치하는 내용으로 정부조직법을 개정(2008. 2. 29.)하여, 여성가족부가 수행했던 가족 및 보육정책 기능은 보건복지가족부로 이관되었고, 여성정책의 종합 · 조정, 여성의 권익증진 등 지위향상 기능을 담당하는 여성부로 개편되었다.

이후 가족 해체 및 다문화 가족 등 현안 사항에 적극적으로 대응하기 위하여 보건복지가족부의 청소년 및 다문화 가족을 포함한 가족 기능을 여성가족부로 이관하는 내용으로 정부조직법이 개정(2010. 1. 18.)되고, 이에 따라 여성부는 다시 여성가족부로 개편(2010. 3. 19.)되었으며, 여성정책의 종합 및 여성의 권익증진 등 지위향상뿐만 아니라 가족정책, 건강가정사업을 위한 아동 업무 및 청소년의 육성 · 복지 및 보호 기능까지 함께 수행하게 되었다.

02 여성복지의 필요성

여성복지의 필요성은 사회의 인구학적 변화와 가족 형태와 기능 및 가치관의 변화, 경제활동 여성의 증가와 성차별적 현실을 들 수 있는데 이를 자세히 살펴보면 다음과 같다(박경일 외, 2002 : 298-299 재구성).

1) 인구학적 변화

총인구의 과반수를 차지하는 여성의 의식의 성장과 함께 복지욕구가 자연스레 표출되었고 아울러 여성문제가 제기되었다. 또한 우리나라 인구의 고령화와 함께 여성인구의 고령화 현상으로 인하여 여성노인문제가 야기되었고, 특히 여성노인의 빈곤문제와 건강문제가 심각한 문제로 대두되었다(박영란, 1999 : 64).

2) 가족 형태와 기능 및 가치관의 변화

산업화, 도시화, 서구화로 인하여 우리 사회의 가족구조가 크게 변화하였다. 가족 수의 소규모화와 가족주기의 변화로 인하여 여성의 자녀양육기간이 단축되고, 가사노동 부담이 경감되었다. 가족기능의 축소 및 전통적 가족주의에서 자아실현을 중시하는 개인주의로의 전환과 함께 여성의 의식이 변하게 되어 여성의 능력개발과 사회참여를 위한 국가적 · 사회적 차원에서의 여성복지의 필요성이 증대되었다(박경일 외, 2001 : 299).

3) 경제활동 여성의 증가

우리나라 여성 경제활동 참여율은 계속 증가하고 있으나 여전히 여성들은 저임금, 단순반복직, 하위직에 머물고 있고 일용근로자, 임시직근로자, 시간제 근무직 등 열악한 근로조건과 불안정한 상태에서 일하고 있기 때문에 근로조건의 개선, 육아양육문제 해결을 위한 사회적 제도의 마련 및 지원서비스가 필요하며 여성의 능력개발과 사회참여 확대를 위한 다양한 사회지원체계가 절실히 요구되고 있는 실정이다.

4) 성차별적 현실

이와 함께 남성우월주의와 가부장제 사회구조하에서 빚어내는 가정에서의 성차별주의나 직장, 정치계, 사회에서 빚어내는 성차별주의를 청산하고 여성들이 남성과 동등한 권리를 지니는 인류사회의 유능한 일원이 되도록 관심을 기울여야 할 것이다.

03 현대사회의 여성문제

사회적으로 여성에 대한 인식이 점차 변화되고 여성들의 눈부신 활약이 세계적인 추세로 빠르게 발전하고 있다. 이에 여성문제에 대한 관심이 우리나라에서도 본격적으로 거론되고 있다는 점에서 여성과 관련된 사회적 지위와 역할, 기타 문제 등이 여성문제로 부각되고 있다.

오늘날 여성문제는 일반 사회문제의 한 측면에 해당하면서 인식되고 여성을 위한 여성복지의 문제도 달라지고 있다. 이러한 관점에서 볼 때 여성들에게 가장 심각하게 부딪쳐 오는 복잡한 문제들이 많으며 그중에서 불평등 문제, 생활보장 문제, 요보호여성의 문제 등을 구체적으로 제시해 보고자 한다.

1) 불평등 문제

산업사회에서 불평등 문제는 남녀의 역할에 대한 고정관념과 편견이 남성이 처한 상황은 객관적이고 여성은 주관적이라는 것이다. 예를 들면, 대부분 남편이 경제활동에 직접 참여하고 있는 반면 아내는 가정에서 간접적인 경제활동을 하고 있을 뿐이며 역사적으로 볼 때 남성은 진정한 형태의 직접 노동을 해왔고 여성은 그 외에 남은 잔여노동을 분담해 왔다는 것이다. 그러므로 남성의 역할은 사회현실을 대변하는 일반적인 것으로 다루어져 왔으며 여성의 역할은 남성의 역할과 어떻게 다른지에 대한 설명도 없이 일반화된 남성의 역할 속에 당연히 포함되는 것으로 간주되었다. 이와 같은 남녀의 역할분담은 사람들의 인격과 내면적인 생활에 불평등을 조장해 왔다.

남성은 유년 시절부터 장차 상호 의존적 체계인 기업에서의 역할을 다하도록 성장해 왔기에 '객관적'인 것이 기대되었고 여성은 태어날 때부터 사회적으로 고립된 출산, 육아, 그 외의 단조로운 가사를 분담해 왔으므로 '주관적'일 수밖에 없었다. 따라서 여성은 합리적 사고나 분석적 사고가 서툴다고 인식되어 왔다. 여성이 생산활동에 종사한다 하더라도 그들은 소비만 한다는 그릇된 사고방식으로 인해 불평등한 처우를 받아 왔다.

따라서 사회적으로 내면화되어 있는 고정관념과 편견으로 인해 여성은 취업이 불리하고 남성과의 동일임금이 보장되지 않으며 승진기회의 제한, 여성 경시풍조 등 여성이 사회에서 직면하는 차별적 상황이 계속되고 있다.

2) 생활보장 문제

산업사회의 발전은 일상생활의 기본단위와 가정의 중심지주, 주변적 생활환경을 크게 변화시켜 왔다. 이러한 변화는 기존의 전통적 가족제도와 기능에 커다란 변화를 일으켜 확대가족에서 핵가족으로 빠르게 변화하고 있다. 특히 핵가족 중심의 가족에서 생산적 기능을 하는 중심인물인 가장이 사망했거나 가장으로서의 역할을 하지 못할 경우 저소득층으로 전락하기가 쉽다. 여성이 실질적인 가구원의 생계를 책임지고 대표해야 하는 저소득 모자가족은 경제적 · 정신적 · 사회적으로 여러 가지 문제가 대두되었다.

따라서 여성문제는 열악한 환경 속에서 저임금에 시달리는 여성근로자의 수적 증가, 법적 · 문화적 보호를 받지 못하는 '미혼모'와 '윤락여성' 등의 문제로서 더욱 심각해지고 있다.

이러한 가정들에 제공하는 사회복지서비스는 대부분 최저수준의 생계를 유지하도록 하는 경제적 지원으로 한정되어 있는 실정이기 때문에 실질적인 생활을 위한 복지욕구에 비해 몹시 미흡한 상태이다.

3) 요보호여성의 문제

일반여성의 문제가 그들의 가정에의 종속성과 남성에의 의존성에서 연유된 것이라면 요보호여성의 문제는 의존성과 종속성의 대상이 되는 가정과 남성의 부재 또는 부조화에서 비롯된 것이라고 할 수 있다. 다시 말하자면, 요보호여성이란 사회적으로 특수한 문제를 가진 것으로 인식되는 여성으로서 이들의 문제는 환경부적응, 욕구불만, 불안 등으로부터 발생하는 문제에 봉착해 있는 사람들이다. 이러한 요보호 여성문제의 특성으로 출산, 육아, 가사에서 또 사회참여와 직장진출에서 모성보호조치를 필요로 하고 있다.

특별히 요보호여성 중에서도 모자가정의 문제는 매우 심각하다. 이제까지의 모자가족의 정의는 주로 배우자와 사별하거나 배우자로부터 버려진 모자가 주요 대상이었으나 현대사회에서는 실제로 배우자가 존재하고 있다 하더라도 정신적 또는 신체적 장애로 장기간 근로능력을 상실한 배우자를 가진 여성이나 미혼여성과 그의 자녀는 사회적으로 보호해야 할 대상이 되고 있다. 모자가족은 가족 본래의 기능인 성적 기능, 경제적 기능, 자녀의 사회화 기능 및 교육기능을 상실하게 됨으로써 정서적인 문제와 자녀양육 및 교육의 문제, 경제적인 문제에 봉착하게 된다.

4) 이혼여성의 문제

이혼은 여성들의 자존감 저하와 주변의 낙인, 자녀문제와 경제적인 문제 등을 동시에 경험하게 된다. 특히 결혼 자체를 경제적 원천으로 삼고 있었던 전업주부의 경우에는 이혼과 더불어 소득원의 상실과 취업과 양육에 대한 부담이 증가하게 된다.

04 여성복지사업

우리나라의 여성복지서비스는 시설보호와 재가보호로 구분하여 살펴볼 수 있으며, 시설보호는 생활시설과 이용시설로 구분하여 살펴볼 수 있다.

1) 여성을 위한 시설보호

우리나라의 여성복지를 위한 생활시설로는 모자보호시설, 모자일시보호시설, 모자자립시설, 미혼모시설, 양육미혼모를 위한 중간의 집, 성폭력피해자 보호시설, 가정폭력피해자 보호시설이 있다. 이용시설로는 여성복지상담소, 여성회관, 탈성매매피해여성 자활지원센터, 학교 · 여성폭력 원스톱(one-stop) 센터가 있다. 특히 원스톱 지원센터는 경찰서와 병원 등을 전전하며 이중 삼중의 고통을 받던 피해자를 지원 및 보호하기 위한 것으로 해당 병원장이 센터장을 겸임하며 경찰관, 상담사, 간호사, 행정요원 등이 함께 상주하여 24시간 피해자를 지원하는 역할을 맡게 된다.

<표 14-1> 여성복지를 위한 생활시설

(2019년 12월 기준)

시설 유형		시설 수	입소대상 및 기능	입소기간 (연장가능기간)	입소정원
모자가족 복지시설 (47)	기본생활 지원	42	만 18세 미만의 자녀를 양육하는 무주택 저소득 모자가족	3년 (2년)	1,029세대
	공동생활 지원	3	독립적인 가정생활이 어렵고 일정기간 공동으로 가정을 이루어 생활하면서 자립을 준비하고자 하는 모자가족	2년 (1년)	45세대
	자립생활 지원	2	만 18세 미만의 자녀를 양육하는 무주택 저소득 모자가족, 기본생활지원형에서 퇴소한 모자세대로서 자립준비가 미흡한 모자가족	3년 (2년)	31세대

부자가족 복지시설 (3)	기본생활 지원	2	만 18세 미만의 자녀를 양육하는 무주택 저소득 부자가족	3년 (2년)	40세대
	공동생활 지원	1	독립적인 가정생활이 어렵고 일정기간 공동으로 가정을 이루어 생활하면서 자립을 준비하고자 하는 부자가족	2년 (1년)	5세대
	자립생활 지원	–	기본생활지원형에서 퇴소한 부자세대로서 자립준비가 미흡한 부자가족	–	–
미혼모자 가족복지 시설 (64)	기본생활 지원	22	이혼 · 사별 또는 미혼의 임신여성 및 출산 후(6월 미만) 지원을 요하는 여성	1년 (6월)	556명
	공동생활 지원	40	3세 미만의 영유아를 양육하는 미혼모 * 휴지시설 1개소 포함	2년 (1년)	342세대
		2	출산 후 해당아동을 양육하지 아니하는 미혼모	2년 (6월)	15명
일시지원복지시설 (10)		10	배우자의 학대로 인하여 아동의 건전양육과 모의 건강에 지장을 초래할 우려가 있는 모와 아동 * 휴지시설 1개소 포함	6월 (6월)	281명
한부모가족복지 상담소 (7)		7	한부모가족에대한 위기 · 자립상담 및 문제해결지원 *미운영1개소포함	이용시설	

출처 : 여성가족부(2019), 한부모가족지원사업안내.

<표 14-2> 여성아동권익증진 사업

(2019년 1월 기준)

시설 별	시설수	대상	보호기간(최대)
성폭력피해상담소	170	성폭력 피해자	
성폭력피해자보호시설	31	성폭력 피해여성	• 일반(1년+1년 6월) • 장애인(2년+회복 시) • 특 별 지 원(18세+2년) • 자립지원(2년+2년)
해바라기센터	39	성폭력 · 가정폭력 · 성매매피해자	

성매매피해자지원시설	40	일반성인 성매매피해자 등	• 일반(1년+1년 6월) • 청소년(19세가 될 때까지+2년)
자립지원공동생활시설	12 (11)	탈성매매 한 자로서 자활조건이 성숙되었다고 판단되는 자	• 2년+2년
대안교육위탁기관	2	청소년 성매매피해자 등	• 1년(1년 단위로 최대 3년까지 연장가능)
외국인 여성 지원시설	1	외국인 성매매 피해여성	• 1년(수사 · 소송 진행 중인 경우 이에 필요한 기간까지 연장)
자활지원센터	12	자활의 기반이 갖추어졌다고 볼 수 있는 탈성매매 여성	
성매매피해상담소	29	성매매피해자 등	
폭력피해이주여성 보호시설	32	가정폭력 등 피해이주여성과 동반자녀	• 2년 이내
가정폭력상담소	207 (40)	가정폭력피해자 (가정 · 성폭력등피해자)	
가정폭력피해자 보호시설	66	가정폭력피해여성과 아동	• 6월(+3월 2회) ※ 장기시설: 2년 이내
여성긴급전화1366센터	18	가정폭력 · 성폭력 · 성매매 등 피해자	
폭력피해여성 주거지원	314호	가정 · 성폭력 피해여성	• 2년(+2년)
청소년성문화센터	58	유아 · 초 · 중 · 고생 부모 등 전국민	

출처 : 여성가족부(2019), 여성아동권익증진 사업운영지침.

2) 여성을 위한 재가보호

우리나라의 여성복지사업은 1989년 모자복지법 제정 이후 저소득 모자가정을 지원하다, 2002년 법률제명을 모 · 부자복지법으로 개정하고, 2005년 6월 23일 보건복지부에서 여성가족부로 이관되었다. 그 후 2007년 10월에 한부모가족지원법으로 개정되었다. 저소득층 모부자가정(18세 미만의 자녀)에게 재가보호형태로 중 · 고교생 자녀학비, 직업훈련비 및 훈련기간 중 생계비, 아동양육비(만 6세 이하) 및 교육비 지원, 생업자금 융자, 영구임대주택 입주지원을 한다.

05 여성복지의 실천원칙

여성주의적 사회사업(feminist social work)실천에 대해 Barker(1991)는 '개인과 사회를 돕는 데 있어, 성차별로 야기된 정서적 · 사회적 문제를 극복하기 위해 사회사업의 가치와 지식, 기술을 여성주의 관점에서 통합시킨 것'이라고 말하였다.

또한 여성주의적 사회사업실천원칙은 다음과 같다(서울대학교 사회복지연구회 역, 1998 : 136-137). 첫째, 클라이언트와 사회복지사 관계는 평등하다. 사회복지사는 클라이언트에게 전문가나 권위적인 인물이 아닌 동료 혹은 동반자로서의 역할을 한다.

둘째, 클라이언트의 관심과 문제는 사회 · 정치적 배경에서 사정되어야 한다. 클라이언트의 생활에서 권력관계 사정에 특별한 주의를 기울인다.

셋째, 원조는 임상 접근에 제한되어서는 안 된다. 더 나아가 사회제도들을 수정하기 위한 정치적 행동과 옹호를 또한 강조한다.

넷째, 사회복지사는 관련된 개인경험들을 기꺼이 공유하고자 한다.

다섯째, 원조과정은 역량 강화를 강조하고, 강력한 교육적인 내용을 포함시킨다. 교육내용에는 여성차별, 성차별, 성역할 고정관념, 여성이 자기 자신을 어떻게 바라보는가를 포함하고, 여성에 대한 태도에 영향을 미치는 사회적 · 역사적 요인들을 포함한다.

여섯째, 클라이언트는 원조과정에서 적극적인 참여자로 활동한다. 그리고 클라이언트의 결함, 병리보다는 강점에 초점을 맞춘다.

일곱째, 여성의 사회적 지지망과 지지집단을 창출하는 것을 강조한다.

Chapter 15

의료사회복지

01 의료사회복지의 개념과 필요성

초기 의료사회복지의 개념은 미시적 차원에서 주로 병원 내에서 이루어지는 의료사회사업서비스를 의미하였다. 그러던 것이 의료의 개념이 거시적으로 변화하면서 의료사회복지에 대한 정의도 확장되었다.

Barker(1987)에 의하면, 의료사회복지(medical social work)란 병원과 기타 건강보호시설에서 건강을 도모하고, 질병을 예방하며 신체적 질병을 지닌 환자와 그 가족을 도와줌으로써 질병과 관련된 사회적 및 심리적 문제를 해결하려는 사회복지실천의 한 분야라고 정의할 수 있다. 또한 한인영 등(2000)에 의하면, 각종 질병에 대한 치료의 문제뿐만 아니라 사람들의 병에 대한 인식이나 질병관리에 대한 새로운 관점을 제시함으로써 질병의 예방과 건강관리는 물론 회복과 재활의 문제를 포괄적으로 다루는 분야라고 정의하였다. 이상의 의료사회복지에 대한 정의들을 종합하면, 의료사회복지란 보건 · 의료기관에서 의료팀의 일원으로서 사회복지의 전문적인 방법을 활용하여 환자의 질병치료와 회복 및 사회복귀 기능을 돕는 목적으로 질병 때문에 파생되는 환자의 심리적 · 사회적 · 경제적 문제가 진료과정이나 질병회복에 악영향을 주지 않도록 문제를 해결해 주거나 조정하여 환자 및 그 가족을 돕는 전문적인 활동이라고 할 수 있는 것이다.

병원에서의 환자 치료는 다양한 분야의 전문가들에 의해서 이루어진다. 먼저 환자가 병원에서 치료를 받기 위해서는 행정직원이나 행정직원의 역할을 수행하는 간호사 또는 간호조무사에게 진료신청을 한 후 의사의 진료를 받게 된다. 의사는 진단을 내리기 위해서 검사 등의 처방을 내리게 되며, 검사 결과를 가지고 진단을 내리게 된다. 이때 환자의 치료 방향이 제시된다. 예를 들면, 외래진료를 통해서 치료를 할 것이라든가, 입원을 통해서 정밀검사를 더 시행한 후 치료계획을 수립할 것이라든가, 아니면 당장 입원해서 긴급수술을 받아야 한다든가 등 다양한 치료 방향이 설정되는데, 이때 환자가 의사의 치료 방향에 동의할 수도 있고, 동의하지 않을 수도 있다. 예를 들면, 의사의 진단을 확신하지 못하는 경우 다른 의사 또는 다른 병원에서 다시 진료를 받기를 원한다든가, 치료 방향에 대한 신뢰감이 부족하다든가 등의 이유로 치료적 관계가 성립되지 못할 수 있다.

한편으로는 진단에 대해서도 신뢰하고 치료 방향도 동의할 수 있는데, 개인적 사정과 형편 때문에 치료적 관계가 성립되지 못하는 경우가 있다. 예를 들면, 예상되는 치료비를 감당하기 힘들어서 치료를 망설이거나 포기해야 할 경우도 있으며, 생명에 영향을 미칠 수도 있는 수술을 당장 결정하여야 하는 경우라든가, 수술을 포함한 치료를 한다고 해서 쉽게 낫지 않는 질병을 진단받았다든가, 또는 환자가 입원치료를 받아야 하는 경우 남아있는 가족의 보호와 안전계획에 대한 대책마련이 쉽지 않다든가 등의 곤란한 상황으로 치료를 거부하거나 포기하는 경우도 있다. 또한 장기이식 분야의 경우에는 나의 의지보다는 다른 사람의 의지에 의해서 수술을 받아야 하는 경우도 있다. 예를 들면, 부모나 형제 등의 가족에게 신장이나 간장을 제공해야 하는 경우, 가족이기 때문에 도덕적 비난에서 자유롭지 못하여 장기 제공을 거부할 수 없는 경우도 있다. 바로 이러한 상황에 개입하여 문제를 해결하고자 하는 사람이 의료사회복지사이다.

이처럼 의료사회복지사는 의사에 의한 환자의 신체적 기능의 회복과 아울러 정신적, 사회적 기능의 회복을 위한 활동을 통해 완전한 건강을 찾을 수 있도록 돕는 데 반드시 필요한 존재이다. Bracht(1978)는 다섯 가지 전제를 통해서 의료사회복지실천의 필요성을 주장하였다(강흥구, 2007 재인용).

첫째, 사회적, 문화적, 경제적 조건들은 건강 상태와 질병의 예방 및 회복에 중요하며 이들 모두에 영향을 미친다. 사회문화적 요인에 의하여 질병이 생길 수도 있고, 질병의 예방이나 회복 과정에도 영향을 미치게 되므로 사회문화적 요인에 대한 고려 없이 질병의 문제에 관여할 수 없다. 따라서 사회적, 환경적 문제에 관여하여 이를 조정하는 사회복지가 의료와 불가분의 관계에 있으며, 이로 인하여 의료사회복지실천이 필요하다.

둘째, 질병과 관련 있는 행동은 개인이나 가족의 균형을 자주 깨뜨리고 그들의 대처 능력을 분열시킨다. 때문에 한 사람만을 위한 치료보다는 가족 전체를 위한 서비스가 주어져야 한다. 환자의 발생은 가족 간의 역할갈등과 경제적 위기, 심리적 불안을 야기하기 때문에 가족을 하나의 체계로 보고 가족의 문제에 의료사회복지실천이 관여해야 한다.

셋째, 사회적 지원과 상담서비스가 뒤따르지 않는 단독적인 치료만으로는 그 치료가 불완전하며 경우에 따라서는 치료가 불가능하다. 이는 질병의 원인은 다원적이기 때문에 질병의 어느 한 측면만을 고려한 치료는 효과적일 수 없음을 의미하는 것으로 환자를 전인적 존재로 인식하여 개인의 신체, 심리, 사회, 환경의 제 측면에 관여하여야 한다는 것을 주장하고 있다. 신체적인 것은 의료진, 심리, 사회, 환경 측면의 개입은 사회복지사가 역할을 분담해야 하기 때문에 의료사회복지실천이 필요하다는 것이다.

넷째, 의료서비스를 제공받을 수 있고 이를 적합하게 활용하는 문제는 지역사회의 협동적인 노력과 제도적 쇄신이 요청되는 의료전달체계의 한 영역이 되는 것이다. 지역사회에 대한 개입과 의료서비스가 원활하게 제공되기 위한 제도와 정책 차원의 접근 필요성을 강조하고 있는 것으로 의료사회복지실천

영역에 의료 전달체계의 개선을 위한 노력이 포함되고 있음을 나타내고 있다.

다섯째, 특정 개인이나 지역사회의 의료문제를 해결하기 위하여 전문직으로 구성된 의료팀의 상호협력은 복잡한 의료문제를 해결하는 데 효과적인 방법이 된다. 팀워크의 필요성을 강조하는 것으로 환자의 전인적인 측면에 보다 효율적으로 대처하기 위해서는 다양한 전문직 간의 역할 분화가 필요하다는 팀워크 서비스의 불가피성을 이야기하고 있다. 이러한 전문직 간의 역할분화에 당당히 사회복지도 한 축을 담당하고 있으며, 때문에 의료사회복지실천이 필요함을 강조하고 있다.

02 의료사회복지의 역사

1) 미국 의료사회복지의 역사

(1) 태동기(1905년 이전)

이 시기는 지역사회 빈곤계층의 공중보건이 매우 취약한 시기로 미국에서는 영국의 인보관 운동에 영향을 받아 1893년 헐 하우스에 어린이진료소를 개소하여 빈곤계층의 사람들을 병원에 연계하는 활동을 하였으며, 병원에서는 주로 정신병원이나 시립병원 등에서 환자의 치료를 지원하기 위한 상담가의 역할을 하였다.

(2) 도입기(1905~1930년)

매사추세츠병원의 의사 Richard Cabot은 1905년 간호사 Garnet Pelton을 고용하여 환자와 그 가족의 심리사회적 문제에 대해 상담하도록 함으로써 환자의 치료효과를 개선하는 노력을 하였다. 이러한 활동은 환자의 치료에 심리적 요인과 사회적 요인이 영향을 미치는 것으로 보았기 때문에 이루어진 것이었다. 이것은 1907년 존스 홉킨스 대학병원과 1918년 시카고대학병원에서도 사회복지사를 채용하는 계기가 되었으며 이것이 근대적 의미의 의료사회복지사의 활동이라고 할 수 있다.

(3) 제도화기(1930~1970년)

1935년 사회보장법(Social Security Act)이 제정된 이후로 의료보장제도인 메디케어(medicare)와 메디케이드(medicade)가 만들어졌으며, 세계대전 참전용사를 위한 정신사회사업(Psychiatric Social Work)과 집단사회사업(Group Work)이 도입되었다.

(4) 전문화기(1970~1980년)

이 시기는 의료사회복지가 학문적으로나 실천적으로 체계적인 발전이 있었던 시기로 의료사회복지사의 전문성 발휘를 위해서 과업중심이론, 위기개입이론, 인지행동이론 등을 활용한 실천이 강조되었다. 한편 의료사회복지사의 역할과 관련하여 사례관리기법의 적용과 퇴원계획수립 등의 역할이 적용되었다.

(5) 확장기(1980년대 이후)

이 시기는 임상과별로 보다 세분화된 영역에서의 활동이 확대되어 당뇨전문사회복지사, 호스피스전문 사회복지사 등의 역할이 새롭게 전개되었다. 또한 의료사회복지사의 역할이 점점 확장되어 환자와 가족, 지역사회로까지 활동의 폭이 양적으로 확장되었다.

2) 한국 의료사회복지의 역사

(1) 태동기(1950년 이전)

1883년 캐나다 선교사의 지원으로 근대식 병원의 형태를 갖춘 제중원이 설립되었으며 이것은 현재의 세브란스병원의 모태가 되었다. 여기에서 환자의 치료를 지원하는 자원봉사자들의 봉사활동으로부터 의료사회복지사의 기원을 찾을 수 있다.

(2) 도입기(1950~1960년대)

한국전쟁 이후 들어온 다양한 외국의 원조기관중 하나인 캐나다 유니테리안협회의 지원을 받아 1958년 한노병원이 설립되었으며, 여기에 우리나라 최초의 의료사회복지사가 채용되었다. 주요 활동은 결핵환자와 그 가족에 대한 지원이었다. 이후 1959년 국립중앙의료원과 원주기독병원에서 의료사회복지활동이 전개되었으며, 1965년 세브란스병원에 정식으로 의료사회복지사 2명이 채용되었다.

(3) 제도화기(1970~1990년대)

1973년 의료법 시행령에 종합병원에서의 사회복지사 인력기준이 규정되고 1977년 건강보험제도가 실시되면서 의료사회복지사의 법적 인력기준이 마련되었으며, 1973년 대한의료사회복지사협회가 발족되는 계기가 되었다. 한편 1983년 병원표준화심사 도입에 따라 의료사회복지사 고용의 안정적 토대가 마련되고, 1995년 의료기관 평가제도가 도입되면서 평가항목에 의료사회복지실천 내용이 명시되었으며, 1999년 「장기등 이식에 관한 법률」이 시행되고 의료사회복지사의 역할이 명시되면서 의료사회복지사 활동의 폭이 확장되는 계기가 마련되었다.

(4) 전문화 및 확장기(2000년대 이후)

2008년 의료사회복지사 자격시험이 도입되면서 의료사회복지사의 질적 개선 노력이 시작되었으며, 2018년 사회복지사업법 개정을 통해서 의료사회복지사가 전문사회복지사로 인정받는 계기가 마련되었다.

03 의료사회복지의 지식과 기술

의료사회복지사로 활동하기 위해서 필요한 지식과 기술을 제시하기 전에 사회복지사로서 필요한 지식과 기술은 무엇인지 생각해 볼 필요가 있겠다. 사회복지사에게 필요한 지식과 기술은 무엇일까? 먼저 생각해 볼 수 있는 것이 정부의 법적, 제도적 장치의 종류, 구체적인 서비스 유형과 내용 등 국가차원의 정책방향과 구체적 서비스에 대한 지식이 필요할 것이다. 국가가 책임지지 못하는 부분을 보완하기 위해서 유지되고 있는 민간부문의 서비스 유형과 내용에 대한 지식도 필요할 것이다. 그 다음으로 클라이언트가 가지고 있는 심리적 문제와 사회적 문제에 대한 지식, 클라이언트의 문제는 자신의 문제일 수도 있지만, 그가 속해 있는 가족체계와 사회적 체계 등에서 발생하는 문제도 있기 때문에 이러한 문제들에 대한 이론적 지식도 필요할 것이다. 한편 사회복지사는 클라이언트들의 개별적인 욕구를 파악하고 이들에게 필요한 개인적 대처능력과 필요한 사회적 기술들을 효과적으로 전달할 수 있는 기술을 갖추어야 할 것이다.

의료사회복지사들에게 있어서 필요한 지식과 기술 역시 크게 다르지 않다. 다만, 타 의료 분야의 전문가들과의 팀워크를 실천하여야 하는 실천현장의 특성상 타 의료 분야의 전문가들과의 의사소통을 위한 의학적 지식과 관련 전문용어에 대한 지식, 환자의 심리적, 사회적, 경제적 입장을 이해하기 위한 질병적 특성과 치료과정에 대한 지식, 지역사회 보건활동에 대한 지식 등이 의료사회복지사로서 타 분야의 사회복지사와 구분되는 필요한 지식이라고 할 수 있다.

04 의료사회복지사의 직무

의료사회복지사의 직무란 의료사회복지사가 담당하는 업무라고 할 수 있다. 직무에 대한 규정은 활동에 대한 책임과 관련되는 것으로 전문가에 따라서 다양하게 규정되고 있다. 주요 직무를 살펴보면, 크게 임상업무, 행정업무, 교육연구업무 등으로 구분할 수 있다. 한편 현장의 의료사회복지사들이 가장 우선순위로 두고 있는 직무를 살펴보면, 경제적 문제 지원, 행정업무, 심리적 · 사회적 · 정신적 문제 지원, 지역사회자원 개발 및 연계, 사회복귀 및 재활 지원, 팀 협력활동, 교육 및 연구조사 등의 순서로 나타나고 있다.

1) 임상업무

(1) 직접서비스

환자와 가족을 대상으로 서비스를 직접 제공하는 것으로 개별상담 및 교육, 집단상담 및 교육, 가족상담 및 교육 등으로 구분할 수 있다.

(2) 간접서비스

직접서비스 활동을 지원하는 활동으로 팀 협력활동, 지역사회 자원 개발 및 연계, 프로그램의 개발, 클라이언트를 위한 제반 활동 등으로 구분할 수 있다.

2) 행정업무

의료사회복지사의 행정업무는 다른 사회복지실천현장에서의 업무와 다르지 않다. 주요 업무로는 보고서 작성, 부서 및 다른 전문가와의 협조를 위한 회의 참석, 직원 간 업무협의 등으로 구분할 수 있다.

3) 교육연구업무

의료사회복지사의 교육연구업무 역시 다른 사회복지실천현장에서의 업무와 다르지 않다. 주요 업무로는 실습생 및 수련생 지도, 직원교육, 전문성 제고를 위한 교육 참여, 조사 연구 활동 등으로 구분할 수 있다.

05 의료사회복지사의 주요 역할

의료사회복지사의 역할에 대해서 전문가에 따라서 다양한 분류를 할 수 있겠지만, 여기에서는 강흥구(2007)가 분류한 서비스 조정자, 심리사회적 치료자, 원조자의 역할을 소개하고자 한다. 강흥구가 분류한 세 가지 역할은 전통적인 의료사회복지사의 역할로서 환자의 치료가 이루어지는 의료현장이라면 공통적으로 이루어지고 있는 역할이다. 여기에 부가하여 개인적으로 중요하다고 생각하는 프로그램 기획가의 역할과 최근 일부 병원을 중심으로 지대한 관심을 보이고 있는 모금계획가의 역할을 소개하고자 한다.

1) 서비스 조정자

의료지원과 사회지원이 효율적으로 활용되도록 서비스를 조정하는 역할로 병원직원에 대한 사회사업 사례 자문, 병원에 대한 지역사회의 자원체계 관리, 지역사회보건계획 수립에의 참여, 병원시설의 편의와 융통성 검토, 타 전문직 간의 조정자적 기능으로 병원 운영 및 환자 치료가 보다 원활해질 수 있도록 돕는 것을 말한다.

2) 심리사회적 치료자

환자 및 가족이나 그 환경이 갖고 있는 문제를 직접 치료 · 해결하는 것에 관련된 역할로 의료사회복지사는 치료자로서의 역할을 수행하기 위해 세밀한 개인력 검사, 사회조사를 실시하여야 한다. 의료사회복지사는 개별상담, 집단치료, 가족치료, 위기개입 등의 방법을 동원하여 클라이언트가 갖는 심리 · 사회적 문제에 접근하여야 한다.

3) 원조자

의료의 수요자와 공급자 양측에 대해 협력하는 것으로 치료활동에 필요한 자원을 연계하거나 정상 회복을 위한 각종 지원적 활동을 말한다. 구체적인 활동 유형으로는 퇴원계획 참여, 정보제공과 의뢰, 경제적 원조 또는 처리, 사회복귀 원조, 치료의 연속성 제공, 환자의 권리 보호, 의사에 대해 환자의 필요한 정보 제공, 병실 생활에 적응 지원, 치료에 필요한 자원 동원 등으로 환자가 치료에 적극적으로 임할 수 있도록 하고, 치료계획상 비의료적 요소에 의한 장애를 제거함으로써 의료가 안정적으로 이루어지도록 원조하는 역할이다.

4) 프로그램 기획가

프로그램 기획가는 환자와 보호자의 치료과정에 필요한 새로운 정보 및 필요한 사항들을 교육과정이나 자원개발 프로그램으로 발전시키는 역할을 수행하는 것이다. 좀 더 구체적으로 살펴보면 당뇨 교육, 임상영양사의 식이요법 교육, 이식환자의 자조집단 운영, 진료비 지원, 지역사회와의 연계(지역사회 이동진료, 공개 건강강좌, 응급처치 교육 등) 등을 의사, 간호사, 임상영양사, 행정직원 등 타 전문가들과의 협력적 관계 속에서 계획하는 것이다.

새로운 프로그램의 개발을 위해서는 지역사회 유관기관인 지역사회복지관(종합사회복지관, 장애인복지관, 노인복지관, 아동복지관)과 공공기관(보건소, 소방서), 지역주민의 질병예방과 건강회복에 관심을 갖고 있는 민간단체 등의 활동들에 대한 지속적인 모니터링과 '유관기관 간담회' 등의 적극적인 의사소통 통로를 확보하는 등의 노력이 필요할 것이다.

5) 모금 계획가

최근 일부 대학병원과 대형 종합병원을 중심으로 경제적인 어려움으로 적절한 치료를 받지 못하는 계층의 환자들을 지원하기 위한 모금활동에 관심이 높아지고 있다. 이미 많은 병원들이 정부의 의료비 지원 프로그램, '사회복지공동모금회'의 지원 프로그램, 그리고 민간부문의 단체 의료비 지원단체들(한국심장재단, 한국어린이보호회, 한국백혈병소아암협회 등의 사회복지 관련 재단과 기업의 사회공헌 프로그램)과의 상호협력적 계약을 통해서 빈곤계층의 환자들에 대한 진료비 지원활동을 펼치고 있다.

이러한 활동은 병원의 지역주민에 대한 사회공헌적 성격을 띠고 있어 사회적으로 긍정적인 평가를 받고 있다. 이러한 의료비 지원활동을 통해서 일부 병원은 더욱 적극적으로 관심을 표명하여 병원 자체의 진료비 지원 예산을 확보하여 집행하고 있다.

모금에 대한 관심은 확보 가능한 예산과 동원 가능한 의료비 지원금만으로는 빈곤계층에 대한 충분한 지원에 한계가 있다는 관련 전문가들의 호소와도 관련이 있다. 서울아산병원과 삼성서울병원을 포함한 주요 대학병원 등에서는 이러한 사회적 필요성을 인식하여 모금 담당직원을 배치하여 개인과 단체, 기업들을 통한 모금 활동계획을 보다 구체화하고 있다.

06 병원에서의 의료사회복지 주요 실천 영역

병원에서의 실천영역은 1차의료기관, 2차의료기관, 3차의료기관에 따라서 영역이 달라질 수 있으며, 같은 수준의 의료기관이라 하더라도 활동하고 있는 의료사회복지사의 인력 상황에 따라서 차이가 있을 수 있고, 해당 의료기관의 관심 정도에 따라서 인력 배치가 달라질 수 있다. 여기에서는 3차의료기관에서 일반적으로 수행하고 있는 일반의료와 재활의료 분야를 소개하고자 한다.

1) 일반의료

일반의료 영역을 구분할 때는 임상과를 기준으로 소화기내과, 호흡기내과, 내분비 내과, 신장내과 등의 내과계열과 신경외과, 정형외과, 흉부외과, 성형외과, 외과 등의 외과계열로 구분할 수 있으며, 임상과 중심이 아닌 지역사회 연계, 자원봉사조직 관리, 진료비 지원 등의 영역들로 구분할 수 있다. 여기에서는 치료 중심의 영역과 비임상과 중심의 활동 중 일부를 소개하고자 한다.

(1) 장기이식 영역

장기이식이란 신체의 일부 또는 전부를 떼어내어 자신이나 타인에게 제공하는 수술을 말한다. 장기이식수술은 장기적출의 대상자를 기준으로 볼 때, 뇌사자로부터 장기를 적출하여 이식 대상자에게 제공하는 경우와 살아있는 자로부터 장기를 적출하여 이식 대상자에게 제공하는 경우로 구분된다. 우리나라에서는 1969년에 신장이식, 1988년에 간이식, 1996년에 폐이식, 2000년에 소장이식이 처음으로 시작되었다. 장기이식 담당 의료사회복지사의 공식적인 개입은 2000년 2월 9일 시행된 「장기등 이식에 관한 법률」에 의하여 시작되었다. 법률에서 장기이식 담당 사회복지사에게 요구하는 활동 중 핵심적인 것은 불법장기매매의 근절을 위한 활동이다. 불법장기매매란 금전 또는 기타의 보상을 전제로 장기를 제공하는 것을 말한다. 불법장기매매의 등장은 장기를 제공하는 자와 장기를 필요로 하는 자의 수요, 공급의 불일치로부터 발생한다. 우리나라의 경우 법률이 시행된 2000년부터 국립장기이식관리기관(KONOS : Korean Network for Organ Sharing)에서 장기 제공자들을 관리하고 있으나, 여전히 장기 제공자를 확보하는 것은 쉽지 않은 일이다. 따라서 살아 있는 자로부터 장기를 제공받을 수 있는 신장, 간장 등의 장기를 필요로 하는 환자(이식대상자)들은 가족이나 친분이 있는 제3자로부터의 기증을 받거나 시기적으로 매우 불확실한 뇌사자로부터 기증을 받는 경우가 아니면 시한부 인생과 같은 절망적인 상황에서 벗어나기 힘든 것이 현실이다. 따라서 금전적 보상을 노리고 활동하는 장기매매브로커들이 장기 제공자를 확보하지 못한 이식 대상자들을 대상으로 불법장기매매를 시도하게 되는 것이다. 장기이식을 담당하는 의료사회복지사는 신분증으로 개인신원을 파악하고 관련 서류를 통해서 양측의 관계를 확인하는 것으로부터 출발하는 소위 '장기공여 순수성평가 상담[1]'을 하고 있다. 이 상담을 통해서 법적으로 보호받을 수 없는 불법장기매매를 차단할 수 있게 되는 것이다. 그러나 이 상담이 단순히 불법적 관계만을 확인하는 것은 아니다. 장기를 제공하는 자의 경우 수술에 대한 두려움으로 고통받는 경우가 발생하기도 하며, 자신의 의사보다는 주변의 압력으로 어쩔 수 없이 수술에 동의하는 경우도 있다. 장기를 제공받는 이식대상자 역시 수술의 성공에 대한 불확실성과 수술 후 재발에 대한 두려움, 수술과정에서 발생하는 막대한 치료비(간 이식의 경우 수천만 원 이상의 비용이 발생하기도 한다) 등으로 심리적, 경제적 고통을 받는 경우가 발생하기도 한다. 환자의 가족들 역시 수술 성공에 대한 불확실성과 재발의 가능성 등의 이유로 막대한 경제적 부담을 야기하는 수술을 환자가 거부해 주었으면 하는 속마음 때문에 심리적인 죄책감을 갖게 되기도 한다. 장기이식 담당의료사회복지사는 이러한 환자와 가족, 그리고 장기 제공자들의 심리적 불안감, 경제적 위기, 윤리적 죄책감 등에 개입하여 어려움을 극복할 수 있도록 지속적인 상담과 수술과정에 대한 충분한 이해를 돕기 위한 교육, 수술 이후의 건강 유지를 위한 환자와 가족의 대처능력 개발 등을 위해서 활동한다.

한편 장기이식 담당 의료사회복지사들은 다른 분야의 의료사회복지사들에 비해서 정신적 긴장과 스트레스가 매우 높다. 왜냐하면 정상적으로 수술이 진행되는 경우는 일상적인 스트레스 외에 특별한 것이 없지만, 장기 제공자를 확보하지 못하거나 불법적으로 수술을 받으려다가 사전에 발견되는 경우 등으로 수술을 받을 수 없는 환자의 경우에는 담당자의 입장에서도 상당한 스트레스가 발생한다. 예를 들면, 보상을 전제로 장기 제공자를 확보한 경우 환자와 보호자는 생명유지를 목적으로 무사히 발각되지 않고 수술을 받기를 원하지만,

1 현재는 부정적 어감을 고려하여 '사회복지사 상담 평가'로 상담 명칭이 바뀌었다.

이를 발견하게 되는 입장에서는 그냥 넘어갈 수 있는 상황이 아니기 때문에 순수하지 못한 장기공여의 경우로 국립장기이식관리기관에 보고하게 되며, 필연적으로 수술 허락을 받을 수 없게 되는 경우가 발생하기 때문이다. 이때 전문가로서의 단호한 결정을 내려야 하는 담당자는 피도 눈물도 없는 '살인자'로 환자와 보호자들로부터 비난을 받게 되어 심각한 스트레스 상황에 놓이게 되는 것이다. 장기이식을 담당하는 의료사회복지사의 역할 중 중요한 또다른 한 가지는 이식인들의 자조모임을 활성화하는 것이다. 이것은 법적인 역할은 아니지만, 이식수술을 받은 사람들의 모임을 통해서 이식수술 후의 신체적 관리, 심리적 안정, 필요한 정보의 교류 등의 활동을 하도록 모임을 유도하고 필요한 개입을 하는 것이다.

한편 장기이식 과정에 대한 이해를 돕기 위해서 장기기증 절차와 살아 있는 자로부터의 장기이식 절차를 소개한다.

(2) 희귀난치성 질환 영역

희귀난치성 질환은 우리나라에 약 50만 명의 환자가 있는 것으로 추정되고 있다. 희귀난치성 질환을 가지고 있는 환자의 경우 질병에 따라서는 밝혀진 환자의 수가 10여 명이 안 되는 경우도 있다. 또한 희귀난치성 질환의 특성상 치료가 장기적이며, 많은 경우는 평생 치료를 받아야 한다. 따라서 이들의 공통적인 문제는 의료비 지출에 대한 부담감이다. 왜냐하면 환자의 수가 많지 않을 경우 건강보험의 적용이 아주 제한적이기 때문이다. 희귀난치성 질환자에게 개입하는 의료사회복지사의 역할 중 가장 중요한 것은 질환의 특성상 환자와 가족들에게 나타나는 치료의 가능성에 대한 불안감과 장기간의 치료과정에서 발생하는 좌절감에 대한 심리적 안정을 유지할 수 있도록 원조하는 것이다.

아울러 장기간의 치료과정에서 발생하는 경제적 어려움에 대한 원조계획을 수립하여야 한다. 또한 이들이 소수 집단으로서 갖게 되는 어려움을 옹호하는 옹호자로서의 역할도 중요하다. 같은 질환을 가지고 있는 환자들 간의 교류를 활성화하는 역할도 매우 중요하다. 자조 집단 형태의 이러한 교류는 환자와 가족들의 모임을 갖도록 함으로써 같은 문제를 갖고 있는 환자와 가족들이 어떻게 이 어려움을 극복하고 있는지, 치료과정에서 나타나는 어려움은 무엇이 있고 어떻게 대처하는지, 희귀난치성 질환자들에게 필요한 제도적 장치의 개선을 위한 공동의 노력에 왜 참여해야 하고 어떻게 주장을 펼쳐 나아가야 하는지 등의 정보를 교류하고 공동의 노력을 기울일 수 있도록 한다. 한편 희귀난치성 질환의 지원을 위해서 활동하고 있는 단체로는 사단법인 한국 희귀 · 난치성질환연합회가 있다.

<표 15-1> 한국 희귀 · 난치성질환연합회 활동

사업 분야	사업 내용
국가정책 개발사업	매년 가입 단체의 현황조사를 실시하여 조사분석 내용을 근거로 국가의 지원정책 개선안을 도출하고 요청한다. 해외 희귀 · 난치성질환 단체와 교류하고 국제심포지엄에 참석하는 등 국내뿐만 아니라 해외의 여러 가지 정책 사안 등을 공유하며 의료비 지원과 복지개선 방안 등을 확대한다.
의료복지사업	경제적인 어려움으로 적절한 치료의 기회를 제공받지 못하는 환자들에게 의료비와 의료기구를 지원함으로써 치료의 중단이나 포기를 예방하여 환자와 가족의 삶의 질 향상을 도와준다. 더불어 국내 의료진과 관련 업계에 희귀 · 난치성 질환에 대한 연구 및 임상적 관심을 고취시킨다.
문화복지사업	질환으로 인해 복합적인 장애를 동반하고, 외부활동에 제약이 많은 환우들과 가족들에게 다양한 문화행사를 경험하는 기회를 제공하고, 장기간의 투병생활과 간호로 지친 가족들에게 재충전의 시간을 제공함으로써 질환의 치료 극복의지를 지지해 준다. 가족들의 질환과 환우에 대한 이해의 폭을 넓혀 친밀한 가족관계 및 의사소통 관계를 강화시킨다.
후원홍보사업	다양한 출판물 제작을 통해 환우 및 가족들에게 질환에 대한 최신 정보를 제공하고, 전문 의료진과 일반인들의 관심을 유도하여 희귀 · 난치성 질환을 홍보하고, 전 세계에 희망을 전하는 메신저의 역할을 수행한다.
교육자활사업	어린 시절부터 질환으로 인한 일상생활의 장애로 일반 교육제도 내에서는 정상적인 교육이 어려운 환자들에게 교육 · 자활 프로그램의 개발 및 제공을 통해 좀 더 건강한 사회 구성원으로 성장시킨다. 또한 간병으로 지쳐 있는 가족들을 위한 치료 프로그램을 동반하여 가족해체 예방 및 건강한 가족을 유지하여 교육 · 자활 프로그램의 효과를 상승시킨다.

쉼터운영사업	희귀 · 난치성 질환자 쉼터 건립사업의 목적은 복합적인 사회복지 서비스 제공으로 환자의 원활한 치료를 원조하고 특수한 욕구에 부합하는 사회복지 프로그램을 진행함으로써 환우와 가족의 삶의 질을 향상시키며 나아가 환자들의 인간다운 삶을 보장한다.

출처 : 한국 희귀 · 난치성질환연합회 홈페이지(www.kord.or.kr).

(3) 선천성 안면기형 영역

안면기형이란 선천적 얼굴에 기형을 갖는 경우를 말한다. 선천적인 경우는 태어나면서부터 갖게 되는 것으로 구순열, 구개열, 턱기형, 소이증, 대두증, 반안면 왜소증 등이 있다. 구순열이나 구개열 환자의 경우는 음식물 섭취에 문제가 발생하기 때문에 태어나자마자 치료계획의 수립이 필요하며, 반안면 왜소증의 경우에도 안면의 절반이 정상적인 발달을 하지 못하기 때문에 반드시 치료가 필요하다.

한편 턱기형이나 소이증 같은 경우는 성인이 되어서도 개인적 콤플렉스로 작용하여 대인기피증 등으로 일상생활에 문제가 발생하게 된다. 따라서 이러한 환자들에 대한 심리적 사회적 문제에 대한 적극적인 상담과 치료적 접근이 필요하다. 이러한 환자들은 보통 스스로의 능력으로 수술을 받을 수 있는 경우는 거의 없고, 수술비를 마련하기 힘든 가정의 환자들이 의뢰되는 경우가 많다. 따라서 의료사회복지사의 주된 역할은 환자에게 필요한 의료비 지원계획을 수립하는 것이라고 할 수 있다.

(4) 자원봉사자 관리 영역

대부분의 대형 병원들을 중심으로 성인 자원봉사자들이 활동하고 있다. 과거에는 중앙공급실 등에서 봉사자들을 활용하여 거즈 접기 등의 공급실 물품을 정리하는 역할을 해왔으나, 1990년대 이후에는 환자의 진료접수를 도와주거나 진료실이나 검사실의 위치를 안내하는 역할 등으로 활동 영역의 변화가 있었다. 최근에는 진료과정 전반을 지원할 수 있도록 전문교육을 제공하여 자원봉사자의 활용도를 높이는 병원도 확대되고 있다.

최근 좋은 병원일수록 고급 수준의 자원봉사자를 많이 활용한다는 인식이 점차 확대되고 있다. 병원 입장에서는 이러한 전문화된 자원봉사자를 활용함으로써 지역사회주민의 봉사활동 욕구를 충족시킬 수 있고, 반대로 단순한 업무에 투입되는 유급인력의 규모를 축소시킬 수 있어 인건비를 줄일 수 있는 이점도 있다. 이러한 장점을 적극적으로 개발하기 위해서 대부분 전담직원을 배치하게 되는데, 많은 병원에서 의료사회복지사를 전담 직원으로 두고 있다.

전담직원의 역할을 살펴보면, 자원봉사자를 모집하여 필요한 분야에 봉사자를 배치하고 고객들에게 필요한 서비스를 제공할 수 있도록 필요한 교육을 제공하는 것이다. 교육 내용 중에는 공통적으로 제공되는 교육내용과 배치되는 분야에서 별도로 필요로 하는 전문 교육의 두 가지가 있다. 공통 교육내용은 기본적인 예절교육과 자원봉사자로서의 기본 이념교육, 병원에 대한 오리엔테이션 등이 있다. 전문 교육 중에는 배치되는 분야마다 교육내용이 다르다. 예를 들면, 병원 로비에서 안내창구에 배치되는 경우 진료실, 검사실의 위치 안내에서부터 고객들의 호소 내용과 가장 적합한 진료과를 안내하는 것에 이르기까지 익혀야 하는 교육내용이 복잡한 경우도 있다. 매우 전문적인 분야로서는 외국어 통역안내 분야까지도 자원봉사자들이 활동하게 된다.

자원봉사자를 관리하는 의료사회복지사는 특별히 이러한 분야까지도 신경을 써야 한다.

첫째, 자원봉사자들의 규모가 클수록 이들 사이에 발생할 수 있는 인간관계의 갈등 상황을 예측하여 봉사자들 간의 관계적 문제에 대처하여야 한다. 보통의 경우 봉사자들을 관리하는 측면에서 활동 분야별 활동하는 요일별로 조직을 구분하여 조직하게 되며, 조직의 특성상 조직을 관리하는 내부 체계를 구축하게 되는데 이 과정에서 봉사자들 간에도 관리를 맡게 되는 봉사자와 이들의 지시를 따라야 하는 봉사자들로 구분되게 되며, 이러한 역할은 봉사자들 자체적으로 역할을 교대하기도 한다. 이러한 과정에서 봉사자들 간에 역할에 대한 불만이 생길 수 있고, 그 불만 때문에 활동을 중단하게 되기도 한다. 따라서 담당 의료사회복지사는 봉사자들 간에 나타날 수 있는 갈등 상황에 적극 대처하여야 한다.

둘째, 자원봉사자와 병원직원 간에 갈등이 발생할 수 있다. 대표적인 것이 자원봉사자에 대한 호칭과 자원봉사자들에 대한 병원직원들의 예우에 관한 문제이다. 예를 들면, 직원이 '○○○ 봉사자님'이라고 호칭하는 것이 일반적인데, 대표적인 잘못된 호칭이 '아줌마'라는 호칭이다. 이 호칭을 듣게 되는 자원봉사자들 대부분은 자부심을 갖고 활동하는 데 큰 상처를 받는다고 호소한다. 또한 직원들의 자원봉사자에 대한 예우와 관련하여 가장 문제가 되는 경우는 강압적이거나 지시적인 말투의 사용이다. 따라서 자원봉사자에 대한 직원들의 태도에 대하여 필요한 교육을 실시할 필요가 있다.

셋째, 자원봉사자에 대한 예우규정을 만들 필요가 있다. 위에서 언급한 호칭에 대한 규정도 이 예우규정 속에 포함시키는 것이 좋다. 보통 예우규정에 포함되는 것들을 살펴보면 다음과 같다.

① 봉사시간에 따른 보상의 차등 제공이다. 예를 들면, 100시간, 300시간, 500시간, 1000시간 등으로 구분하여 감사의 표창이나 공로표창 등을 제공할 수 있으며, 해당 병원에서 진료를 볼 경우 진료비의 일부를 감면해 주는 것 등의 보상을 차등 제공함으로써 봉사자들에게 동기부여할 수 있다.

② 성실한 봉사자에 대한 포상이다. 봉사자들이라고 지각이나 결석이 없는 것은 아니다. 반대로 지각이나 결석이 한 번도 없을 정도로 성실하게 봉사에 임하는 봉사자도 있다. 따라서 성실한 봉사자에 대해 포상 등의 보상을 통해서 이들을 격려하고 다른 봉사자들에게 자극을 제공한다는 점에서 매우 중요하다.

③ 봉사자들에 대한 교양교육의 제공이다. 최초 봉사활동을 시작하는 단계에서 병원에 대한 오리엔테이션 교육을 제공하고 필요한 전문교육을 제공

하기는 하지만, 봉사자들의 교육에 대한 갈증을 해소하기에는 매우 부족한 것이 사실이다. 최근의 경향은 이들에게 베스트셀러 작가나 문화계 분야의 저명인사들을 강사로 초빙하여 교육의 기회를 제공하기도 한다. 또한, 수지침 교육, 의사소통 교육, 기체조 등의 교육 기회를 무상 또는 저렴한 비용으로 제공하는 것도 좋은 방법이다.

④ 자원봉사자에 대한 식사, 유니폼의 제공이다. 대부분의 병원에서는 무상으로 제공하는 경우가 일반적이지만, 어떤 경우에는 봉사자들이 비용의 일부를 부담하는 경우도 있다. 식사의 경우에는 직원식당을 직원과 차별 없이 개방하는 경우가 많으며, 유니폼의 경우에는 병원의 이미지를 연상할 수 있는 유니폼을 제공하는 것이 일반적이다.

이 외에도 다양한 보상 규정을 확보하여 봉사자들에게 봉사활동의 의욕을 고취시킴으로써 고객들에게 최선의 서비스를 제공할 수 있도록 제반 여건을 개선하기 위한 노력을 기울일 필요가 있다.

2) 재활의료

재활의료 분야에서 주로 다루는 환자들은 주로 뇌졸중 환자, 척수손상 환자, 절단이 필요한 환자들이다. 뇌졸중은 중풍 또는 뇌혈관장애라고도 한다. 뇌졸중 환자의 회복은 손상 부위와 손상 정도에 따라서 회복 속도와 회복의 정도에 차이를 보인다. 그러나 입원치료를 요하는 경우에 해당되는 경우 대부분 3개월 이상의 지속적인 치료를 요하는 것이 보통이다. 또한 척수손상 환자의 경우에는 편마비, 하지마비, 사지마비 등의 후유증을 동반하는 것이 일반적인데, 보통 가능한 회복 정도에 따라서 1년 이상의 집중적인 입원치료를 요하는 경우가 일반적이고 대부분 나타나는 후유증에 따라서 지속적인 치료를 요하게 된다. 절단 환자의 경우는 상지 또는 하지를 절단하게 되는 경우로 치료는 단기간에 마무리되지만 일상생활에 적응할 수 있도록 의수 또는 의족을 사용하는 경우가 많다.

이렇듯 재활의료 분야에서 나타나는 환자들의 특징은 장기간 지속적인 치료를 필요로 한다는 공통점이 있고 후유증상으로 언어능력, 기억능력, 행동능력 등의 결손이 따르는 경우가 많아 일상생활 적응 능력이 완전히 또는 부분적으로 저하되는 문제를 갖는다는 것이다. 또는 이러한 기능의 저하는 자존감의 저하, 사회적 관계의 제약, 독립적인 활동능력의 제한 등의 문제를 야기하여 심리적, 정서적 불안 문제로 발전되는 경향을 보인다. 따라서 재활의료 분야에서 활동하는 재활의료사회복지사는 환자의 심리적 안정을 위한 지속적인 상담계획을 수립하여야 한다. 또한 지속적이고 장기적인 치료기간 동안 치료의 연속성을 제공하기 위한 관련정보의 제공과 치료계획의 수립이 매우 중요하다. 왜냐하면 치료의 연속성이 중단될 경우 환자의 회복 정도나 회복 속도가 경우에 따라서는 매우 심각하게 저하되거나 중단될 수 있기 때문이다. 따라서 환자의 입원 시점부터 퇴원할 때까지 계속적인 관련 정보의 수집을 통해서 적절한 퇴원계획을 수립하고 환자와 보호자가 퇴원계획 수립에 적극 협조하도록 관계를 맺는 것이 중요하다.

재활의료사회복지사는 다른 분야에서보다 더욱 팀워크의 활동이 중요하다. 팀워크를 이루는 전문가를 살펴보면, 다른 분야처럼 의사와 간호사 외에도 재활의학과에 소속된 물리치료사, 작업치료사, 인지치료사, 언어치료사, 임상심리사 등과의 협력적인 관계를 맺게 되며, 정기적인 팀 미팅을 통해서 환자의 치료 속도와 치료 과정에의 협조 정도 등을 파악하고 필요한 개선사항들을 의논하게 되며 환자의 치료 목표를 계속 수정하게 된다.

07 의료사회복지의 과제

첫째, 전문성 강화를 위한 노력이 필요하다. 대부분 1급 사회복지사 자격을 가지고 취업하게 되는 상황에서 타분야의 전문가들인 의사, 간호사, 기타 다른 의료진들과의 협력적 활동을 하게 되는 의료사회복지사는 2차 세팅이라는 부담감 이외에도 상대적으로 부족한 의료적 지식에 대한 정신적 부담감을 갖고 출발하게 된다. 최근 들어 공공의료, 호스피스 · 완화의료 영역에서의 전문적 활동영역이 새롭게 등장하고 있다. 따라서 의료사회복지사로서의 새로운 전문성을 갖출 수 있는 개인적 노력을 필요로 한다. 특히 간호사의 경우 전문간호사제도가 도입되어 '소아심장전문간호사', '신장전문간호사', '당뇨전문간호사' 등의 특정 분야의 전문성을 갖춘 간호사를 배출하고 있는 점을 고려한다면 도움이 될 것이다.

상대적으로 의료사회복지사의 경우에는 취업 시점을 기준으로 복지관에서 활동을 시작하는 사회복지사나 공무원으로 활동을 시작하는 사회복지사와 전문 분야를 책임지는 전문가로서 차별성을 찾기 어렵다. 다만, 대학병원을 포함한 3차 종합병원 등에서 1년 과정의 '인턴십' 제도의 운영을 통해서 전문인력을 양성하여 취업의 기회를 제공하는 등의 노력을 기울이고 있으나 일반적인 상황은 아니다. 또한 취업기간 동안 자신의 활동 분야가 오랫동안 지속되지 못하고 다양한 분야로의 이동이 적용되는 근무환경하에서 자신의 전문 분야를 확보하는 것에 대한 어려움이 있다. 이러한 어려움에도 불구하고 전문성의 강화는 매우 중요하다.

둘째, 직무 표준화를 위한 노력이 계속 필요하다. 직무의 표준화란 같은 직무를 수행할 때 어떤 전문가가 업무를 담당하든 간에 수행하는 직무의 수준과 내용은 기본적으로 표준화되어 있어야 한다는 것이다. 물론 개인적 업무 능력과 경력에 따라서 숙련도의 차이는 있을 수 있다. 그러나 기본적인 업무 수행의 수준과 내용은 유지되어야 한다는 의미이다. 이는 의료사회복지사의 전문성을 인정받는 차원에서도 매우 중요하다. 이러한 노력은 의료사회복지사들의 대표적 협회인 '대한의료사회복지사협회' 차원의 노력이 우선되어야 할 것이며, 의료사회복지사가 있는 회원 병원이라면 당연히 협회의 지침과 노력에 적극 동참

하는 자세가 필요할 것이다.

셋째, 전통적인 상담가, 교육가, 자원동원가 등의 역할에 더하여 급격한 변화를 맞고 있는 의료현장에서 요구되는 새로운 역할을 모색하는 노력이 필요하다. 시대와 주변 환경의 변화에 따른 고객과 지역사회, 병원 관계자들의 관심과 요구는 분명 새로운 역할을 기대하고 있다.

Chapter 16

정신건강사회복지

01 정신건강사회복지의 개념

정신건강사회복지(PSW : Psychiatric Social Work)는 의료사회복지의 한 분야로 발전하여 전문화된 영역이 되었다. 간단하게 정의를 내리면 정신의학 영역에서 이루어지는 사회복지와 관련된 제반 활동을 지칭한다.

미국의 사회사업사전(Barker, 1987)에 의하면 정신건강사회복지를 정신건강 분야의 사회사업으로 정신질환자에게 심리치료와 사회봉사를 제공하며 정신과의사 및 다른 정신건강팀(mental health team)의 구성원들과 협조하여 환자의 가족과 함께 일하는 사회복지로 정의하고 있다. 이종복 등(2008)에 의하면, 정신건강은 "개인이 주어진 환경에서 충분히 잘 적응하는 것"이라고 하고, 정신건강사회복지는 "정신건강기관에서 실시하는 사회복지로 정신의학적 치료에 전문적인 사람들이 정신적 · 정서적 장애로 고통을 받고 있는 사람들과 그 가족 및 관계된 사람을 대상으로 지속적 보호와 재활 및 사회복귀를 돕는 지원은 물론 지역사회 내에서 정신장애를 가진 사람들의 건강회복과 동시에 문제를 예방하여 국민정신건강을 증진하는 사회복지접근방법"이라고 정의하고 있다.

정신질환은 정신병(psychosis), 신경증(neurosis), 정서장애(affective disorders), 성

격장애(personality disorders), 기질적 정신장애(organic mental disorders), 정신성적 장애(psychosexual disorders) 등으로 구분되며 생물학적 · 화학적 · 생리학적 · 유전학적 · 심리학적 · 사회적 · 환경적 기제들의 작용들 가운데서 하나 또는 그 이상의 것들이 문제를 일으켜 정신적으로 손상을 일으키는 것을 의미한다.

과거의 정신건강사회복지는 주로 정신의료기관 내의 정신적 · 정서적 문제를 가진 환자를 대상으로 하였지만 현재는 회복기의 정신장애인이 지역사회에서 적응하며 재활할 수 있도록 사회복귀를 돕는 다양한 프로그램들이 실시되고 있다. 정신건강증진센터, 직업재활센터, 생활훈련시설 그리고 주거시설에 이르기까지 그 영역이 확대되고 있다.

따라서 정신건강사회복지란 첫째, 사회복지의 한 분야로서 정신의학의 이론 및 실천체계를 배경으로 한다. 둘째, 정신건강사회복지사와 정신과의사 및 다른 정신건강팀과 팀을 이루어 활동을 한다. 셋째, 정신건강사회복지는 개별, 집단, 지역사회를 포괄하는 접근법이다. 넷째, 정신건강사회복지는 정신적, 정서적 문제를 가진 클라이언트를 대상으로 병원을 비롯한 정신관련 단체 및 시설에서 행해진다고 정리할 수 있다.

02 정신건강사회복지의 역사

1) 서구의 발달과정

정신건강사회복지의 발전의 시초로 볼 수 있는 것은 1890년 영국의 민간사회단체의 사후지도와 봉사활동이다. 이 단체는 정신병원에 있는 전문가들의 감독하에 위탁가정이나 사회복지시설에 정신질환자를 의뢰하고 퇴원환자들이 지역사회에 잘 적응하도록 직장을 알선해주며 방문하여 사후지도하였다.

미국은 1905년 매사추세츠 종합병원의 정신과에 임상연구소가 설립되어 사회복지사가 환자를 진료하면서 정신의료사회복지를 정착시켜 나갔다. 1906년에는 정신질환자를 대상으로 한 최초의 사회복지사가 채용되었다. 1908년 간질로 정신병원에 입원했었던 Beers는 비참한 병원생활의 기록을 책으로 출간하여 많은 사람의 관심을 불러 일으켰고 전국 정신위생위원회 조직 등과 같은 정신위생운동을 일으켰다. 1913년 보스톤 정신병원에서 Southard와 Jarrett의 지도 아래 사회사업과를 두고 활용하였는데 이를 'Psychiatric Social Work'라고 처음 규정하였다.

1918년에는 스미스 대학(Smith College)에서 최초로 정신건강사회복지사를 양성하기 위한 교과과정이 개설되었고, 1920년에는 협회가 결성되었다. 1922년에는 미국의 8개 도시에 아동상담진료소가 설치되었는데 이곳에서의 활동으로 정신건강사회복지는 더욱 발달하게 되었다. 1930~1940년대의 아동상담운동은 정신건강사회복지를 급격히 발달시키는 계기가 되었으며 정신건강사회복지사가 의료사회복지사와는 다른 고유하고 독립적인 영역과 역할을 담당하게 되었다. 당시 적은 예산에도 불구하고 정신질환자 관리의 개념이 전문 치료와 재활의 개념으로 전환되어 환자를 가정이나 지역사회로 조기에 복귀시키기 시작하여 부랑아, 수용자였던 정신질환자들을 지역사회 내로 흡수하여 지역사회 시민으로 정착하도록 원조하였다.

1960년대에는 지역사회정신건강복지센터가 발달하면서 정신건강사회복지사의 수요가 증가하였고 지역사회정신건강에 대한 예방과 교육 등 그 역할도 증가되었다. 1970년대와 1980년대, 그리고 오늘날까지 정신건강사회복지는 광범위하고 포괄적인 치료적 기법 및 접근을 채택하여 발전하고 있다.

2) 한국의 발달과정

우리나라에서는 1997년 2월 24일 정신보건법의 시행규칙이 공포됨으로써 제도적 정착을 하게 되었고 본격적인 발전을 하게 되었다. 법이 제정되기 전까지 우리나라에서는 정신질환자에 대하여 수용 위주의 관리체계의 틀을 벗어나지 못하고 있었다. 1945년 대한신경정신의학회가 조직되었고, 1958년에 서울시립

아동상담소에서 정신의학자, 심리학자, 법률학자가 모여 정신건강사회복지를 시도하였다.

우리나라에서의 정신보건법의 역사를 살펴보면 1968년 대한신경정신의학회가 정신위생법의 제정을 촉구한 데서 비롯된다. 이후 1980년 보건사회부는 정신보건법이 제정되지 않았으나 각종 관계법규를 적용하여 정신건강정책을 시행하도록 한 이래 많은 노력이 있어 왔으며 이러한 기틀을 토대로 1985년 당시 보건사회부는 독자적으로 정신보건법을 성안하여 국회에 상정하였다. 초기에 정신건강사회복지사는 주로 신경정신과 소속으로 신경정신과의 환자들의 심리사회적인 문제의 조사와 치료 및 퇴원 후의 사후조치가 주된 임무였다. 1977년 의료보험제도가 실시됨에 따라 정신건강사회복지사의 업무에 대하여 보험수가를 청구할 수 있게 되어 병원에서의 정신건강사회복지의 활동이 확대되는 계기가 되었고 정신과전문병원에서 사회복지사의 채용이 늘게 된 계기가 되었다.

1980년대와 1990년대를 거치면서 전국적으로 100여 개에 이른 기관에서 정신건강사회복지사들이 활동하고 있고 1995년 정신보건법이 제정되면서 정신건강사회복지의 기틀이 마련되었다. 이를 기반으로 1996년 강남정신건강센터가 지역사회에서 정신건강사회복지를 시작하여 병원에서 지역사회로까지 활동영역이 확대되는 효시가 되었다.

1995년 제정된 정신보건법이 1997년 시행되면서 다양한 정신건강정책들이 마련되는 계기가 되었다. 2000년 정신의료기관의 시설기준에 관하여 개정한 정신보건법은 국민의 정신질환에 관한 국가와 지방자치단체, 국민, 정신건강시설의 설치, 운영자 등의 책임에 관한 규정과 정신요양시설의 설치 운영, 정신질환자의 보호와 치료 등에 관한 규정을 담고 있다. 정신건강센터나 사회복귀시설은 이법에 의한 새로운 시설이자 새로운 개념의 출현이었다. 정신보건법의 영향으로 정신건강사회복지의 영역이 지역사회로까지 확대되는 계기가 되었다. 1997년 정신건강전문요원 규정에 의해 정신건강사회복지사 수련제도가 시행되었다. 경과규정에 의거 첫해 1급 사회복지사가 72명 배출되었다. 또한 기존 정신건강법의 강제 입원 절차를 국제적 기준에 부합하는 방향으로 개선하여 정신 질환자의 인권을 더욱 두텁게 보호하고, 행정입원 및 외래치료명령 등 제도를 개선하여 사회 안전을 강화하고자 2017년 5월 30일 정신건강복지법이 개정되었다.

03 정신건강사회복지의 대상

1) 대상

정신건강사회복지의 대상은 정신장애인이다. 정신장애(mental disorders)의 개념은 단순히 진단학적인 병리적인 개념이 아니라 사회성과 역사성을 반영하는 개념이다. 따라서 정신장애인에 대한 명확한 정의를 내리기는 어렵다.

정신건강복지법에서는 정신질환자를 기질적 정신병을 포함하는 정신병 · 인격장애 · 알코올 및 약물중독 기타 비정신병적 정신장애를 가진 자라고 정의하고 있다. 장애인복지법에서는 장애인은 신체적 · 정신적 장애로 인하여 장기간에 걸쳐 일상생활 또는 사회생활에 상당한 제약을 받는 자라고 정의하고 있다. 즉, 장애인복지법에서는 정신장애를 일상생활에 영향을 주는 정도의 장애를 정신장애로 정의하고 있으며 정신건강복지법에서는 정신질환뿐만 아니라 알코올 및 약물중독도 정신질환으로 규정하고 있다.

2) 문제

현재 가장 많이 통용되고 있는 정신장애의 분류기준은 세계보건기구에서 제정하여 국제적으로 사용하고 있는 국제질병분류 제10판 개정판(ICD-10 : International Classification of Disease)과 미국의 정신의학회에서 만들어진 정신장애

진단통계편람 제5판 개정판(Diagnostic and Statistical Manual of Mental Disorders-V-Revised, DSM-V)이다. ICD-10에서는 정신장애를 크게 정신병(psychosis), 신경증(neurosis), 인격장애(personality disorder) 또는 기타의 정신병 아닌 정신장애, 정신지체(mental retardation)로 구분하고 있다.

그중에서 정신지체는 그 지체의 정도에 따라 네 단계로 구분된다(전용호, 1995; 김기태 외, 2001).

① 경도(mild) 정신지체 : IQ 50~70 정도로 정신연령은 9~12세 정도이고 교육가능한 집단

② 중등도(moderate) 정신지체 : IQ 35~50 정도로 정신연령은 4~8세 정도이고 훈련가능한 집단

③ 고도(severe) 정신지체 : IQ 20~35 정도로 정신연령은 2~3세 정도이고 완전보호집단

④ 최고도(profound) 정신지체 : IQ 20 이하로서 정신연령은 2세 미만이고 완전보호집단

정신장애 진단통계편람 제5판 개정판(DSM-5)에 포함되어 있는 정신장애 범주는 다음과 같다.

① 신경발달장애(Neurodevelopmental disorders)

② 조현병스펙트럼 및 기타정신병적장애(Schizophrenia spectrum and other psychotic disorders)

③ 양극성 관련 장애 (Bipolar and related disorders)

④ 우울장애(Depressive disorders)

⑤ 불안장애(Anxiety Disorders)

⑥ 강박관련장애(Obsessive-compulsive and related disorders)

⑦ 외상 및 스트레스 관련 장애(Trauma and stressor related disorders)

⑧ 해리장애(Dissociative Disorders)

⑨ 신체증상 및 관련장애(Somatic symptom and related disorders)
⑩ 급식 및 섭식장애(Feeding and eating disorders)
⑪ 배설장애(Elimination disorder)
⑫ 수면각성장애(Sleep-wale disorders)
⑬ 성기능장애(Sexual dysfunction)
⑭ 성별 불쾌감(Gender dysphoria)
⑮ 파괴적, 충동조절 및 품행장애(Disruptive, impulse-control, and conduct disorders)
⑯ 물질 관련 및 중독성 장애(Substance-related and addictive disorders)
⑰ 신경인지장애(Neurocognitive disorder)
⑱ 성격장애(Personality disorder)
⑲ 변태성욕장애/ 성도착장애(Paraphilic disorder)

04 정신건강사회복지의 접근방법

정신건강사회복지의 목적은 정신질환의 치료, 사회적응에서 더 나아가 지역사회의 정신건강을 촉진하고 정신건강 증진의 기회를 마련해주는 것이다. 사회복지실천방법은 사회복지 대상자들에게 필요한 서비스를 전달함으로써 그들이 지닌 문제를 해결하고 욕구를 충족시켜 주려는 전문적 · 기술적 개입방법을 말한다. 사회복지실천방법은 실천대상을 기준으로 전통적으로 개별사회사업(casework), 집단사회사업(groupwork), 지역사회조직사업(community organization)으로 구분되어 발전해 왔으며 사회복지실천방법은 일반적으로 세 가지 개입방법으로 나눌 수 있다. ① 클라이언트를 대상으로 하는 개별적인 접근, ② 클라이언트를 둘러싸고 있는 환경에 대한 접근, ③ 클라이언트와 환경 사이의 상호교환 관계 개선과 적응에 대한 개입 접근이다.

이와 같은 사회복지실천의 접근에 의해 정신건강사회복지의 접근방법을 요약하면 다음과 같다.

1) 개별적 접근

(1) 심리사회적 상담 및 개별문제지도

정신장애인은 장애로 인해 사회생활의 부적응 및 어려움을 겪고 있다. 정신건강사회복지사는 클라이언트와 관련된 자료를 수집하고 분석하여 해석하면서 개입계획을 세운다. 그리고 개별적인 상담을 통해 클라이언트의 욕구와 관련정보를 사정한다. 정신건강사회복지사는 클라이언트와 전인격적인 관계를 유지하며 심리사회적 사정을 행해야 한다.

(2) 사회기술 및 적응훈련

정신장애인에게 사회기술훈련 및 적응훈련을 제공함으로써 정신장애인의 사회적 기능을 향상시킨다. 사회기술훈련(social skill training)은 집단활동을 통해 진행되는데 비슷한 수준의 정신장애인이 집단이 된다. 그리고 집단 구성원들은 다양한 사회기술훈련을 통해 사회적응기술을 익히게 되는데 역할극, 모델제시, 성원들 간의 피드백이 활용된다.

2) 환경에 대한 접근

(1) 가족교육 및 상담

정신건강사회복지사는 환자나 가족을 상담하고 생활상황에서 가족들을 원조하고 적절한 대응방식을 교육한다. 정신장애인이 지역사회 내에서 생활하고 사회로 복귀하기 위해서는 가족들의 역할이 중요하며 가족들은 이들을 돌보는 과정에서 많은 어려움에 봉착하게 된다. 그러므로 가족교육 및 상담은 가족들에게 클라이언트의 증상 및 문제를 이해시키고 문제 상황에 대처하도록 돕는다.

(2) 지역사회 동원과 후원조직 육성

지역사회 내의 자원을 동원하고 조직하는 것은 정신건강사회복지사의 역할에 있어서 중요한 일이다. 예를 들어 단주모임, NA 같은 자조모임, 지지단체, 자원봉사자단체를 조직하여 정신장애인이 지역사회 내에서 지속적으로 서비스를 받도록 연계할 수 있다. 또한 정신질환자에 대한 인식개선 및 권익증진에도 참여한다. 홍보매체 다양화 및 민간차원의 홍보활동 지원, 가족 지역주민 등을 대상으로 인식개선교육, 정신건강지도자 교육 훈련을 실시한다.

3) 클라이언트와 환경에 대한 상호적응 접근

(1) 부분입원과 주간보호

부분입원과 주간보호는 정신장애인에 대한 통상입원의 대안으로 클라이언트가 지역사회에 복귀시키는 이행과정에서 나타나는 중간단계이다. 정신장애인은 밤에는 집에서 지내고 낮에는 병원을 방문하는 형태 또는 위기 시에 단기간에 입원하는 형태로 병원 중심에서 지역사회 중심으로 옮겨 가는 과정에서 치료적 효율성을 높일 수 있다. 병원 중심의 부분입원과 지역사회정신건강센터나 기타 사회복귀시설에서의 주간보호 프로그램 등을 이용하여 클라이언트는 지역사회 환경에 적응하게 된다.

(2) 사례관리

사례관리(case management)는 복합적인 욕구를 충족시키기 위하여 정신건강사회복지사가 클라이언트와 그 가족의 욕구를 사정하고 통합적이고 다양한 서비스를 조정하고 점검하여 장기적으로 서비스를 제공하는 것을 의미한다. 즉, 사례관리는 미시적이고 거시적인 측면을 가지고 있으며 지역사회에서의 체계와 클라이언트의 측면을 동시에 보게 된다. 그러므로 사례관리는 개인적 욕구에 맞게 연계성을 갖고 지속적으로 케어가 제공된다는 것, 서비스의 접근용이성,

전달의 효율성 등을 그 특성으로 볼 수 있다.

05 정신건강사회복지의 현황

우리나라 국가정신건강증진사업의 방향성은 행복한 삶, 건강한 사회의 비전을 가지고 국민정신건강 증진과 중증정신질환자 지역사회 통합, 중독으로 인한 건강저해 및 사회폐해 최소화, 자살위험 없는 안전한 사회구현의 정책목표를 가지고 있다. 우리나라의 정신건강 사업의 기본원칙은 다음과 같다.

① 전체 국민을 대상으로 한 정신건강 증진과 예방, 환경조성을 강조한다.
② 지역사회 인프라 강화 정보시스템 협력체계 구축을 통해 서비스 접근성을 확보한다.
③ 국가 정신건강 증진사업의 리더십을 강화한다.
④ 정확한 정보와 근거를 기반으로 정신건강정책과 사업을 수행한다.

우리나라에 정신건강증진 기관과 시설현황은 다음과 같다. 우리나라에는 정신건강복지센터 260개소, 중독관리통합지원센터 50개소가 설치 운영 되고 있으며, 정신건강증진시설로는 정신의료기관 1,892개소 정신재활시설 349개소, 정신요양시설 59개소가 운영되고 있다. 시 · 도 단위로 보면 정신의료기관은 서울시에 가장 많이 설치되어 있고, 정신재활시설 또한 서울시에 가장 많이 설치되어 있다.

<표 16-1> 정신건강증진기관·시설 현황

(단위 : 개소)

구 분	기관수	주요 기능
정신건강복지센터	260	• 지역사회 내 정신질환 예방, 정신질환자 발견 · 상담 · 정신재활훈련 및 사례관리 • 정신건강증진시설 간 연계체계 구축 등 지역사회 정신건강 사업 기획 · 조정 ※ 광역 16(국비 15, 지방비 1) 기초 244(국비 214, 지방비 25)
정신의료기관	1,892	정신질환자 진료, 지역사회정신건강증진사업 지원
정신요양시설	59	만성 정신질환자 요양 · 보호
정신재활시설	348	병원 또는 시설에서 치료 · 요양 후 사회복귀 촉진을 위한 훈련 실시
중독관리통합지원센터	50	중독 예방, 중독자 상담 · 재활훈련

출처 : 보건복지부(2020), 2021년 정신건강사업안내(2020.12.31.기준).

06 정신건강사회복지의 과제

정신건강사회복지의 당면 과제를 다음과 같이 제시한다. 첫째, 정신건강사회복지는 정신건강팀으로 구성되어 주로 팀으로 일하게 되므로 학제 간의 협력과 더불어 전문직으로서의 정체성을 확립해야 한다. 따라서 임상 실제에서 각 전문직으로서의 역할과 각자 영역의 전문성을 존중하고 상호협동이 이루어져야 한다(안향림, 1994).

둘째, 정신건강사회복지는 지역사회와 연계하는 시스템을 구축해야 한다. 클라이언트가 지역사회에 복귀한 후에도 지역사회복지사들과 연계하여 클라이언트를 지속적으로 원조할 수 있는 체계구축, 적절한 연계가 필요하다. 즉, 지역사회를 중심으로 지역특성에 적합한 전달체계와 인프라 구축이 필요하다. 효율적이고 효과적인 정신건강사회복지의 수행을 위해 협력체계를 구축해야 한다.

셋째, 실천현장에서 적용할 수 있는 이론과 기술의 개발이 필요하다. 우리의 상황에 적절한 실천기술을 개발하는 데 더욱 힘써야 할 것이며 이러한 임상적 결과들이 도출되어 전문직으로서의 위상을 높여 나가야 할 것이다. 사회복지사가 가지고 있는 고유의 역할과 실천기술을 개발하는 데 많은 노력을 기울여야 하며 전문가로서의 정체성 확립을 하여야 한다.

넷째, 장기적으로 정신질환자에 대한 인식개선이 필요하다. 정신질환에 대한 부정적인 인식이 개선되어 정신질환자들의 사회복귀가 이루어지고 일반인과 함께 사는 사회 환경을 만들어가는 것이 필요하다.

결론적으로 정신건강사회복지에 있어서 당면한 과제로는 정신건강의료영역에서 정신건강사회복지사, 정신건강전문가로서 다학제 간의 타 전문가와 나란히 협력할 수 있는 실력과 자격요건을 갖추는 노력이 무엇보다도 중요하다고 할 수 있다.

Chapter 17

학교사회복지

01 학교사회복지의 개념과 필요성

현대 사회는 학교교육이 보편화되고 대중화되었음에도 불구하고, 산업사회의 피폐한 병리현상인 출세지상주의, 물질만능주의, 학연주의, 집단주의 등에 휘말려서 학교교육은 입시 위주의 교과과정과 처벌 위주의 생활지도에 의존하고 있는 실정이다. 박경일 등(2002)은 우리나라 학교교육의 문제를 ① 입시 위주의 학교교육, ② 왜곡된 교육풍토(획일주의, 교사와 학생 간 위계질서, 형식주의), ③ 교도교사 제도의 한계를 들고 있다.

사실 우리나라는 1958년에 학생상담제도를 도입한 이래, 1973년에는 교도교사에 대한 규정을 마련하여, 1986년에는 중 · 고등학교의 진로상담교사를 두어 생활지도와 진로지도를 실시하고 있다. 그러나 학교의 상담제도는 제도적인 비효율성 외에도 본질적인 한계가 드러나고 있다.

첫째, 학교 상담제도는 생활지도와 진로지도 등 모든 학생을 대상으로 일반적이고 보편적인 상담활동을 하고 있다. 또한 생활지도활동은 문제의 치료나 교정보다는 예방적인 차원에서 강조되고 있다. 둘째, 미국 사회복지연감에서는 활동 영역에 있어서 활동 계획의 일부로 학교생활에 적응하는 데 곤란을 초래하게 되는 사회적 · 정서적 문제를 지닌 학생을 돕는 것이라고 밝히고 있다(NASW, 1960). 따라서 학교에서 일어나는 학생의 문제를 개인의 문제가 아닌 환경과의 상호작용의 결과로 보고 이러한 심리사회적인 문제들을 학교와 학생 그리고 가정과 지역사회의 연계를 통해 해결하는 학교사회복지가 필요하다고 할 수 있겠다.

또한 Costin(1975)은 학교사회복지의 개념을 "학생 개개인의 지적 · 사회적 · 정서적 욕구와 문제해결에 관심을 갖도록 도와주며, 모든 학생들이 학교에서 공평한 교육기회와 성취감을 제공받을 수 있도록 학교 현장에서 활동하는 전문적인 사회복지 분야"라고 정의하였다.

Konopka(1963)는 "학교사회복지는 학생이 사회적 · 정서적 문제를 가지고 있어서 학교에서 기대하는 기능이나 목표를 성취하지 못할 때 이를 도와주는 노력이다"라고 정의하고 있다.

이상과 같은 정의를 살펴볼 때, 학교사회복지란 학교생활의 부적응과 학습장애문제를 겪는 학생들과 가족을 대상으로 그들의 심리적, 사회적, 경제적 제 문제에 개입하여 도와주는 전문가의 의도적 활동이라고 할 수 있다.

02 학교사회복지의 발달

학교사회복지는 학교에서 문제를 가진 학생들을 중심으로 발전하게 되었으며, 여기서는 미국과 한국을 중심으로 살펴보겠다.

1) 미국 학교사회복지의 발달

미국의 학교사회복지는 학생들의 가정생활에 대한 정보를 교사에게 제공해주는 가정과 학교 그리고 지역의 연락책 역할로 시작하게 되었다. 구체적으로 방문교사 시기와 전문화 시기, 통합서비스 시기로 나눌 수 있다(Lurie, 1965).

(1) 방문교사 시기(1900~1930년대)

1900년대 초기의 미국 사회는 이민자와 도시이주민들이 급증하였고, 이들에 대한 교육, 빈곤, 범죄 등이 빈번히 발생하던 시기였다. 학교사회복지는 20세기 초에 접어들면서 외부적인 학교 입학의 통과법칙, 아동들 간의 개인차에 관한 지식, 발전된 환경에 대한 반응능력, 아동과 청소년들의 생활에 있어서 학교와 교육의 전략적 장소에 대한 인식 등의 요소들을 포함하고 있다. 특히 아동의 현재와 미래에 대한 교육의 관계성을 위한 내용을 내포하고 있다. 초기에는 인보관(Settlement House) 사회복지사들이 학교사회복지의 방법에 충실히 기여해 왔다.

1920년대에 학교사회복지는 공동기금(common wealth fund)의 후원으로 빠르게 진전되었으며, 이 프로그램에서 '방문교사제'를 채택하였다. 공동기금은 청소년비행의 원인과 치료를 위해 직접적인 계획이 이루어지도록 재정적으로 지원하였다. '가정－학교－지역사회' 연결은 1920년대를 거쳐 학교사회복지의 주요한 프로그램이 되었다.

(2) 전문화 시기(1940~1980년대)

1940년대는 방문교사제도가 점차 학교 내의 공식적인 활동으로 인정되면서 명칭도 학교사회복지로 변경되었다. 학교에서의 활동을 규정하려는 당시 사회복지사들의 노력으로 학교사회복지의 목표와 활동들이 변화되었다. 학교사회복지사들은 학교환경을 이용하여 개별적으로 아동을 돕는 일에 관심을 집중하였고, 이에 대한 방법과 기술의 개선에 일차적인 목표를 두게 되었다.

1960년대에는 학교사회복지의 필요성이 한층 더 요청되는 시기였다. 즉, 아동과 청소년들에게 커다란 영향을 미치고 있는 '위급한 사회문제'에 대한 반응으로서 새로운 목표와 방법들에 대한 변화를 일으켜 학교사회복지 전문성 간에 협력을 위한 작업이 시작되었으며, 집단사회복지가 지역사회와 함께 활동하는 새로운 접근이 모색되었다.

1969년에는 학교사회복지에 대한 국제적 워크숍에서 미국사회사업가협회(NASW)가 학교사회복지사들에게 중요한 지도력의 역할을 떠맡도록 결의하였다. 그 이후 학교사회복지사들은 사회적 문제해결을 위한 기초로서 '체계적 관점'과 '생태학적 관점'에 관심을 갖게 되었다. 이에 따라 학교, 지역사회, 학생들 간의 상호관계에 대한 문제를 인식하고 새로운 학교사회복지의 실천을 위한 효과적인 모형을 개발하려는 시도를 이끌어 냈다.

(3) 통합 서비스 시기(1980년대 이후)

1970년대 후반 들어 청소년들의 중퇴, 미혼모, 마약, 가출, 범죄 등의 학생문제와 빈곤아동, 아동학대, 결인, 부랑아, 이혼, AIDS 등의 사회문제가 점차 심각하게 대두되었다. 1980년대에는 이러한 문제를 예방하고 해결하기 위해서 보다 포괄적이고 통합적인 학교사회복지서비스가 필요하게 되었다. 특히 체계론적 관점에 의하여 학교와 사회환경 간의 상호관계가 중요시되면서 학생의 학교생활에 영향을 주는 가정환경, 학교환경, 사회환경의 조건들에 대한 연구가 많이 이루어졌다(한인영 외, 1997). 이러한 연구를 통하여 학교환경의 개선과 학교의 사회적 역할을 강조하게 되었다.

최근에는 학교사회복지사들만의 전문조직이 세분화되고 확산되면서 학교사회복지의 전문성이 더욱 구체화되었다. 예컨대, 당시 미국에는 25개 주에 주 단위의 학교사회사업가협회가 조직되었으며, 20개 주에는 전미 사회사업가협회 산하의 학교사회사업가 분과가 조직되었다. 또한 사회사업가협회와는 독립된 학교사회복지협회와 학교사회복지사협회들의 단체가 조직되어 있다. 이러한 전문단체들은 전미 '사회사업가협회'와 상호 협조하면서 학교사회사업가의 권익과 전문성 향상에 노력하고 있다(Allen-Meares, 1994).

2) 우리나라 학교사회복지의 현황

우리나라에서 학교사회복지의 역사가 가장 깊은 곳은 영등포여자상업고등학교로서 1997년에 이루어진 서울시 연구사업 이후 시간제 학교사회복지사로 고용된 김주미 사회복지사가 현재 학교사회복지 활동을 지속하고 있다. 2001년 당시 학교사회복지실을 운영한 지 5년째 되는 영등포여자상업고등학교에서 학교사회복지 활동의 효과성을 절감한 교사들이 학교사회복지사의 전일제 근무를 강력하게 요구하여 2001년 3월부터는 전일제 근무를 하고 있다.

한편 한가람고등학교에서 근무하던 윤철수 사회복지사는 학교사회복지의 제도화를 추진하기 위해서는 학교사회복지의 효과성이 공립학교에서 인정받아야 할 필요성을 절감하고, 1997년 서울시 연구사업과 2000년 서울시 시범사업의 전담 장학사였던 김성심 장학사가 교감으로 발령받은 구일고등학교에서 학교사회복지실천가협회 회장의 자격으로 삼성복지재단의 지원을 받아 활동하고 있다. 2002년에는 사회복지공공모금회가 학교사회복지의 제도화를 위해 3년간 전국 14개 학교에서 학교사회복지실천 프로젝트를 시행했다. 사회복지공동모금회는 학교 중심형 6개교와 복지관 중심형 6개교를 선정하여 매년 일정액의 사업비(인건비와 운영비)를 지원하였다. 같은 해 부산 사회복지공동모금회도 학교 중심형 2개교를 대상으로 시범사업에 나섰다. 2003년에는 대전시 공동모금회도 3개교를 대상으로 시범사업을 실시했다(김융일 외, 2003 : 316-317).

한편 2004년 3월에는 교육인적자원부가 요보호 · 부적응 학생 및 학교폭력에 대처하기 위해 전국 초 · 중 · 고교를 대상으로 학교사회복지사를 시범 배치하는 사회복지사 활용 연구학교를 운영한다는 방침을 발표했고, 그에 따라 전국 시 · 도 교육청별 초 · 중 · 고 각 1개교씩 총 48개교를 선정하여 학교사회복지사(계약직)를 배치하였다(교육인적자원부, 2004 : 4-9).

한편 학교사회복지사 제도에서 의미가 큰 사업은 교육과학기술부와 보건복지부가 주관하는 학교사회복지사 파견사업이다. 이 사업은 2008년 3월부터 실시되었는데, 전국적으로 총 96개 학교에 학교사회복지사가 파견되었다. 사업의 목적은 학생복지 향상에 저해가 되는 제 요인에 대한 심리 · 사회 · 환경적 차원의 포괄적 해결을 지향하고, 파견사업의 성공적 수행을 통해 학교사회복지사업의 안정적 수행을 위한 실천적 · 제도적 기반을 마련하는 데 있다. 사업내용은 가정방문 및 가족상담, 지역사회서비스 연계, 학생 인권복지 증진을 위한 옹호와 정책제안, 예방교육 및 집단활동 프로그램(폭력예방, 나눔교육, 배려인식, 사회성 증진, 학습증진, 진로탐색, 자아발견 등), 조사연구 및 전문성 증진을 위한 활동 등이다(원석조, 2011).

최근 우리나라의 학교사회복지사업은 교육복지우선지원사업과 지자체 학교사회복지사업 및 민간지원사업으로 이루어지고 있다. 교육복지우선지원사업 학교수는 3,402개교이며 인력배치수는 1,541명이고, 지자체에서 실시하는 학교사회복지사업 124개교이며 인력배치수는 124명, 민간지원사업부문은 6개교로 5명이 배치되어 활동하고 있다(학교사회복지협회, 2019 전국학교사회복지사업운영현황).

<표 17-1> 전국학교사회복지사업운영현황

관련사업	내용	초/중/고/소계 (인력배치수)
교육복지우선지원사업 (http://www.eduzone.or.kr)	교육부 산하 시 · 도교육청 및 교육지원청이 주관하여 도시 저소득층이 밀집한 학교를 우선선정하여 교육복지우선지원사업을 실시	3,402 (1,541)
지방자치단체사업	지방자치단체에서 지역의 아동,청소년복지를 위하여 학교사회복지사업을 실시함. 경기도 과천시, 성남시, 용인시, 수원시, 군포시, 의왕시, 안양시 등에서 실시	124(124)
드림스타트 (http://www.dreamstart.go.kr)	드림스타트사업은 아동의 공평한 양육여건과 출발기회를 보장하기 위해 저소득층 임산부 및 0-12세 아동과 그 가족에게 보건, 복지, 교육을 통합한 전문적 맞춤서비스를 제공하는 국가주도의 선진 아동복지 프로그램	6(5)

출처 : 한국학교사회복지사협회(2021), 2021 전국학교사회복지사업운영현황.

03 학교사회복지의 실천 모델

학교사회복지는 사회환경의 변화에 따라 다양한 모델들을 발전시켜 왔다. 이러한 실천 모델들은 클라이언트의 문제의 성격에 따라 다양한 개입목적과 기술, 사회복지사의 활동들을 내포하고 있다. 그중 전통적 임상 모델, 학교변화 모델과 체계 모델이 대표적이다. 이 세 모델은 중복되는 면도 있으나 매우 다른 특징들을 갖고 있다(Allen-Mears et al., 1986 : 27-29; Freeman, 1994 : 2089-2090; 박종삼 외, 2002 재인용).

1) 전통적 임상 모델

전통적 임상 모델(traditional clinical model)은 학업성취와 학교적응에 방해요인이 되는 사회적 · 심리적 문제가 있다고 확인된 개별 학생들에게 초점을 맞춘다. 심리 내적 요인을 강조하는 면에서는 정신분석학이론과 의학적 모델과 일치한다. 아동의 문제는 사회 · 환경적 요인보다는 일차적으로 부모와 아동 간의 갈등에 있다고 본다. 따라서 학교사회복지사의 주 업무는 개별사회사업, 아동에 대한 부모와 가족과의 회의, 아동의 보다 심도 있는 상담을 위한 지역사회 기관으로의 의뢰 등이다. 이 모델을 사용하는 학교사회복지사는 주로 조력자(enabler), 지지자(supporter) 또는 자문자(consultant)로서의 역할을 한다.

2) 학교 변화 모델

"제도적 변화 모델(institutional change model)"로도 불리는 학교 변화 모델(school change model)은 학생이 사회적 · 교육적 기대에 적절하게 부응하는 데 장벽이 되는 학교 또는 지역의 역기능적 규범과 조건들의 변화에 초점을 맞춘다. 따라서 학생, 교사, 행정가를 포함한 학교의 모든 사람이 학교사회복지 개입의 표적이 될 수 있다. 이 모델은 학생의 학업 또는 행동상의 문제의 원인이 된다고 생각되는 제도적 방침들을 변화시킬 것을 촉구한다. 이 모델은 특히 일탈이론과 조직이론 같은 사회과학 이론에 기초하고 있고, 학교사회복지사는 주로 변화 매개인(change agent), 집단촉진자(group facilitator), 촉매자(catalyst), 옹호자(advocate)로서의 역할을 한다.

3) 체계 모델

체계 모델(system model)은 환경의 모든 측면에 초점을 맞추기 때문에 생태학적 접근과 결부된다. 학생 개개인 욕구에도 관심을 갖지만 학생이 스트레스를 느끼는 시점에서 학생, 학교, 지역사회와 가족의 특징들의 상호작용 등을 강조한다. 이 모델은 예방적 개입을 중요시하여 약물남용, 아동학대, 성폭행, 학교중퇴 등의 문제를 경험할 위험에 처해 있는 학생들을 발견하여 가족교육 등의 서비스를 제공한다. 이 모델은 체계이론, 의사소통이론, 사회학습이론, 조직이론 등에 기초하고 있고, 학교사회복지사는 주로 변화매개인, 중재자(mediator), 자문자(consultant), 평가자(evaluator), 교육가(educator), 다학문적 팀의 일원(member of the interdisciplinary)으로서의 역할을 한다.

04 학교사회복지사의 업무와 책임

학교사회복지사는 개별적인 학생의 정서적인 문제해결과 학교 적응을 돕기 위한 전통적 상담업무 외에도 다음과 같은 다양한 과업과 책임을 수행해야 한다(Costin, 1972 : 315; 박종삼 외, 2002 재인용).

① 모든 학생들에게 교육 및 사회서비스가 용이하게 제공될 수 있도록 돕고, 도움이 필요한 학생들에게는 직접적인 사회복지서비스를 제공한다.

② 특별한 도움을 필요로 하는 학생집단에 초점을 맞추어 학생들의 권리를 대변해 주는 역할을 해야 한다.

③ 학교행정가들과의 관계에서 공동으로 문제 상황을 발견하여 서비스를 계획하기 위해 자문하고, 지역사회기관과 협조적인 관계를 발전시킬 수 있도록 돕고, 학생들의 복지에 직접적인 영향을 미치는 학교정책을 수립하는 데 원조해야 한다.

④ 교사에게 학생의 학습동기를 유발할 수 있는 환경조정 기술에 대해 자문해야 한다(예 특정 학생이 생활 속에서 경험하고 있는 사회적 · 문화적 영향에 대한 해석을 해주거나, 같은 반 친구들이 문제학생을 도울 수 있도록 하는 방법에 대해 자문하거나, 교실 내에서의 다양한 관계를 잘 이루어 나갈 수 있도록 원조한다).

⑤ 부모와 지역사회집단을 조직하여 그들의 학생과 학교에 대한 건의사항을 효과적으로 전할 수 있도록 하고, 학교와 지역사회 간의 건설적인 세력으로서 활동하게 한다.

⑥ 학교와 사회복지 및 법 실천의 주요 현장(예 아동복지, 교정, 지역사회정신건강, 빈곤자를 위한 법적 서비스)과의 건설적인 매개체가 되어 학생과 가족에게 보다 효과적인 지역사회 서비스가 제공될 수 있도록 돕고, 지역사회 사회복지 프로그램 및 자원의 계획에 참여하며, 주로 사회구조 패턴을 변화시키는 기능을 하는 지역사회기관 및 구성원의 촉매역할을 해야 한다.

⑦ 학생의 입장에서 학생과 관련된 직원들 간의 다학문적 기술을 조정하는 지도력을 발휘해야 한다(예 교사, 학습지도 상담교사, 양호교사, 교도교사 등).

<표 17-2> **학교사회복지의 주요 업무**

구분	주요 업무
학교사회복지 실천을 위한 여건조성	관련 협의체 및 협력 부서 조직 사무실 및 학생 상담 공간 마련과 환경구성 학생/학부모/교사/지역사회 대상 홍보 활동 자원봉사자 모집 · 배치 학교욕구조사 및 지역사회 조사

개별 사회 사업	수시 개별상담 및 전문가 의뢰 복합적인 문제와 욕구를 가진 학생을 위한 다양한 전문가로 구성된 지원팀 운영 심리검사
집단 사회 사업	자아성장을 위한 집단활동 학습전략, 진로탐색, 자원봉사, 또래상담 등 문제해결을 위한 집단활동 의사소통기술훈련, 분노조절, 행동수정 등 예방교육 폭력예방, 공동체의식 향상집단 등
기타 문화 행사	문화체험 행사 및 방학 중 캠프 즐거운 학교생활을 위한 문화이벤트 건강한 청소년문화를 위한 학생활동 지원
가족 자원 활동	가정방문, 부모상담 장학금, 생활보조금 등 연계 결손가정학생을 위한 정서적 후원자 결연
학교변화를 위한 활동	학생복지 이해 증진을 위한 교사연수 학생 원조를 위한 교내 서비스 체계 마련 학생 옹호활동 및 학교 체계 변화를 위한 활동
지역사회 자원구축 및 연계 서비스	지역사회자원 조사 및 개발 활동 전문가, 전문기관과의 공조 체계 마련 지역사회 학생복지 지원협의체 결성 · 운영 지역사회 인식개선과 환경개선을 위한 캠페인 및 참여 활동
기타	활동기록, 평가, 자문 서비스 효과성 조사연구 활동홍보 및 보고서 작성 배포

출처 : 한국학교사회복지사협회(2020).

05 학교사회복지사의 역할

학교사회복지는 학교라는 장소에서 학교 고유의 목적을 달성하기 위한 2차

현장이라고 할 수 있다. 학교사회복지사는 학생을 위한 개별 · 집단 상담을 통한 치료적 개입을 하는 임상전문가, 학생과 가족, 학교의 욕구 충족을 위한 자원개발과 연계하는 매개자, 연계자, 조정자, 중재자, 자원개발자의 역할, 서비스 효율성과 효과성 증진을 위한 조사연구와 정책 제언가의 역할, 학생과 가족의 인권을 보호하기 위한 옹호자의 역할, 학습, 진로 정보제공을 위한 교육자와 자문가의 역할을 수행한다.

또한 우리나라의 학교사회복지사의 역할에 대해서는 구체적으로 다음 기능을 우선적으로 실시할 수 있을 것이다(노혜련, 1995; 윤철수, 1995).

① 다양한 심리 · 사회적인 문제로 고민하는 학생들의 개별적 상담
② 가족 및 시설 생활과 연관된 학생들의 문제해결을 위한 가정 및 시설방문을 통한 전문적 개입
③ 지역사회조직과의 연계를 통해 학생들을 위한 경제적 · 정서적 지원
④ 학생의 중도 탈락 예방을 위한 가족, 교사 및 학생 간의 협의 및 관계 개선
⑤ 특수아동 및 부모에 대한 상담
⑥ 약물남용 또는 비행, 가출 등의 문제 예방 또는 치료를 위한 집단교육 및 상담
⑦ 학생 사회봉사제도의 올바른 정착 및 운영을 위한 학생들의 교육 및 지역사회의 관계망과 자원의 활용
⑧ 학생을 위한 잠재적 자원봉사자의 개발 및 활용을 통한 학교와 지역사회 간의 긴밀한 관계 형성
⑨ 교사들의 학생들에 대한 이해 도모와 보다 효과적인 학생지도를 위한 교사들의 재교육
⑩ 학부모 상담과 교육
⑪ 학생들을 위한 휴식과 놀이공간의 제공
⑫ 학생들의 사회성 향상을 위한 다양한 캠프(예 장애 캠프, 병영 캠프 등) 운영

<표 17-3> 학교사회복지의 역할

구분	내 용
임상전문가	학생을 위한 개별, 집단 상담 및 치료적 개입
교육자/ 자문가	학습, 진로를 위한 정보의 제공사회성기술, 학습전략, 의사소통훈련, 각종 예방을 위한 교육
매개자/ 연계자	학생과 가족에게 필요한 자원의 발굴, 연계
조정자/ 중재자	학생과 환경 사이에서 양자 모두의 문제 해결 과정을 조정, 중재
옹호자	학생과 가족의 인권을 보장하기 위한 옹호활동
자원개발자	학생과 가족, 학교에 필요한 지역사회자원의 발굴 및 개발촉진
공조자/ 협력자	교사를 비롯하여 다양한 전문가, 관련기관과의 협력, 공조
조사연구자	실태조사 및 효과성 연구를 통한 효과적 복지서비스 제공
정책제언가	학생복지 증진을 위해 다양한 수준에서의 정책감시, 제언에 참여

출처 : 한국학교사회복지사협회(2020).

또한 학생 개인과 가족 지역사회 수준에서 개입하여 사례관리, 개별개입, 집단개입, 가정개입, 지역사회연계방법 등을 통해 개입할 수 있다(류기형 외, 2019).

<표 17-4> 학교사회복지의 제공서비스

구분	내 용
사례관리	복잡하고 다양한 문제와 욕구를 가진 학생에게 여러가지 지원방법을 활용하고 학교 내외의 자원을 함께하여 효과적으로 문제를 해결하고 요구가 충족되도록 모든 서비스 과정을 운영하는 사회복지실천 전문방법
개별개입	대면상담, 이메일이나 전화상담, 심리검사, 정보제공
집단개입	공통의 욕구나 문제를 가진 학생들을 집단으로 구성하여 프로그램을 제공하거나 학급단위 예방교육적인 집단 프로그램을 제공
가정개입	가정방문 및 학부모 면담을 통한 상담, 학교와 가정 간 연계 지원, 생활지원을 위한 서비스 연계
지역사회연계	학생복지 증진을 위한 학교 밖 자원 개발 및 관계자 네트워크 구축 학교의 지역사회 봉사
기타	실태조사, 욕구조사, 연구 및 자원봉사 활용 등

출처 : 한국학교사회복지사협회(2020).

Chapter 18

교정복지

01 교정복지의 정의

교정복지(correctional welfare)는 사회복지 이념을 바탕으로 범죄인의 교정, 교화를 위한 제 활동을 펼치는 전문 분야 중의 하나라고 할 수 있다. 즉, 범죄인의 교정과 교화를 위한 특정한 한 분야의 활동뿐만 아니라, 범죄 예방의 차원에서 각 분야의 전문 인력이 협력하여 이루어지는 포괄적인 활동을 교정복지라고 할 수 있다. 그리고 교정복지는 사회적응에 실패한 범죄자 및 비행청소년들의 갱생 · 자립을 위해 원조하는 서비스이다. 범법행위로 교정시설에 수용되어 있거나 퇴원 및 출소한 수형자의 반도덕성 · 반사회성을 자주적으로 극복하고 사회적 적응능력을 배양시켜 원만한 사회복귀를 도와 건전시민으로 살아갈 수 있도록 하는 복지적 처우와 조직적 서비스의 지원활동을 말한다.

교정복지는 사회복지실천가와 교정 분야 종사자 또는 자원봉사자나 일반 시민, 국가가 주체가 되어 범죄자와 우범자 및 그들의 문제, 유해환경 등을 대상으로 미시적으로는 사회복지실천방법(개별사회사업, 집단사회사업, 지역사회조직)의 지식과 기술, 거시적으로는 사회복지정책의 법과 제도적 장치 등을 활용하여 대상자들의 재범 방지와 사회복귀는 물론 관련 환경의 개선을 도모하는 사회적 노력과 활동이라고 할 수 있다. 이러한 교정복지는 그동안 협의의 개념으로 이해되고 비춰지는 경우가 많았으나, 점차 범죄나 비행과 관련된 환경적 요인과 예방적 측면이 중요해지면서 광의의 개념에 대한 인식이 높아지고 있다(이영희, 1999; 박차상 외, 2002 : 339-340 재인용).

02 교정복지의 필요성

역사적으로 고전주의 형사사법 철학이 지배하던 18세기 이전에는 범죄인의 재사회화나 교정의 문제보다는 응보적, 예방적 효과라는 측면에서 엄격한 구금이 강조되었다. 그러나 18세기에 나타난 인도주의적 감옥개량운동 및 행형개량운동 등에 영향을 받은 실증주의 범죄이론과 교육형론들이 오늘날의 교정 이념의 근간을 이루게 되었다.

그러나 단순한 인도주의적, 실증주의적 교정 프로그램이 부분적으로 실패하면서 현재는 보다 합리적인 형벌과 교정의 조화로운 접근이 중시되고 있다. 그리하여 많은 서구 선진국들에서는 범죄자도 '사회복귀의 권리'를 가진다는 입장에서 국가는 범죄자를 사회에 복귀시킬 의무를 가진다는 사회복지적 · 보호주의적 이념에 입각한 교정정책을 시행하고 있으며, 우리나라에서도 1980년대 초반부터 교정부분에 있어 처우개선과 사회복지적 개입에 관심을 갖기 시작하여 점차 그 영역을 넓혀 나가고 있다.

대부분의 범죄자들은 범죄행위 → 수사 및 재판 → 교도소 수용 → 출소 → 사회복귀 → 재범 등의 범죄 악순환 궤도를 벗어나지 못하고 그 순환을 계속하여 결국은 사회로 되돌아오게 된다는 것이다. 이러한 악순환을 끊기 위해 사회복지의 특성 차원에서 교정복지의 필요성을 도출해 보면, 다시 세 가지 측면으로 나누어 생각해 볼 수 있다(최옥채, 1999 : 32-33).

첫째, 사회복지는 인간의 존엄성과 변화의 능력을 인정하고 인간을 돕는 정신을 바탕으로 태동하고 발전하였다. 따라서 다른 분야보다도 사회복지 분야에서 범죄인의 재활을 돕고 원조하는 데 적극적으로 개입할 수 있을 것이다.

둘째, 사회복지에서 중요시되는 것 중의 하나는 개인뿐만 아니라 그의 가족이나 지역사회, 나아가 국가정책 차원에서까지 넓은 관점에서 대상자에게 접근을 시도한다는 점이다. 이러한 점에서 사회복지가 다른 분야에 비해 보다 전인적이고 통합적인 차원에서 범죄인의 재활에 효과적으로 대응할 수 있는 것이다.

셋째, 사회복지실천가는 그 개인의 능력에 따라 클라이언트가 지니는 심층적인 문제까지도 접근할 수 있는 기술을 계속 개발하고 있다. 그리하여 범죄인의 신체적 · 정신적 장애나 경제적 문제, 재활에 있어서 다른 분야의 전문가와 협력하여 팀 접근(team approach)을 이루거나 케이스 매니저로서 대상자에 대한 다양한 지원망을 연결하고 대입하여 도움을 제공하는 이점을 지니고 있다.

이 밖에도 범죄자와 청소년비행은 매년 증가 추세에 있어 심각한 사회문제로 대두되고 있다. 특히 경제적인 관점에서 교정복지 활동은 민간 차원의 자원봉사자나 지역사회 자원을 활용하고, 재소자에 대한 시설 내 수용처우보다는 사회 내 처우를 중시한다는 점에서 상당한 비용을 절감할 수 있다. 또한 사회적으로는 재소자들이나 비행청소년의 재범 방지와 재활을 도움으로써 상습적인 범죄가 줄어들고, 사회 안정에 기여한다는 면에서 교정복지의 의의가 있는 것이다(Byrne, 1990 : 23-27).

03 교정복지의 기능

교정복지의 주요한 기능들을 대체적으로 다음과 같이 요약할 수 있다. 첫째, 범죄인 및 비행청소년의 적응을 돕는 기능이다. 일반적으로 범죄인이나 비행청소년의 재활은 우선 수용시설 또는 지역사회 내에서 안정된 생활을 영위할 수 있도록 하는 데 중점을 두고 있다. 즉, 범죄의 원인이나 재범 방지와 같은 즉각적인 접근보다는 사회복지사에 의한 심리 · 사회적 서비스나 환경 개선을 통해 그들이 인간다운 생활을 누릴 수 있고 환경에 적응할 수 있도록 하는 것이 교정사회사업의 주된 기능이라고 할 수 있다. 특히 수용시설에 있는 재소자들의 경우, 시설 내의 작업이나 기타 활동, 동료들과의 관계, 실무자와의 관계 등에서 대상자가 적절히 적응할 수 있도록 원조하는 기능을 수행할 수 있다.

둘째, 범죄인의 특정한 질병이나 장애의 치료에 대한 협력을 제공하는 기능을 갖는다. 오늘날 비행청소년 및 범죄인의 특성이 더욱 다양해지면서 알코올중독, 약물중독, AIDS, 기타 정신질환 등으로 어려움을 겪고 있는 이들이 늘어나고 있는데, 이들의 재화에 교정복지 전문가가 개입하여 이들의 치료를 직접 혹은 간접적으로 돕는 기능을 하게 된다. 특히 알코올중독이나 약물중독은 정신질환의 일종으로 간주하여 치료하고 있는 실정이므로 이들을 범죄인으로서 교정할 것이 아니라 정신질환자로서 접근해야 한다는 사실이 중요하게 대두되고 있고, 이에 따라 교정사회사업의 역할이 더욱 부각되는 것이다.

셋째, 보호관찰과의 협력기능을 들 수 있다. 보호관찰제도가 발달한 나라들의 경우, 관련 전문가로서 사회복지사가 대부분 활약하고 있다. 즉, 교정복지 분야에 있어 보호관찰은 핵심 부문이라 할 수 있을 정도로 밀접한 관련을 맺고 있으며, 교정복지의 기술과 접근방식이 보호관찰제도에 크게 기여하고 있다. 그리하여 사회복지사는 보호관찰을 받는 범죄인 및 비행청소년의 바람직한 적응을 위해 보호관찰기관과 협력하는 기능을 수행하게 된다.

넷째, 범죄인 가족에 대한 원조기능을 들 수 있다. 상당수의 재소자 및 비행청소년들과 그들의 가족 간의 관계는 갈등적이며, 가정의 경제적 수준이 낮은 것으로 보고되고 있다. 또한 이들 가정은 친 · 인척을 포함한 지역사회로부터 범죄인 가족이라는 낙인을 받고 있는 경우도 허다하다. 이러한 범죄인 가정과 주변인의 실상을 고려해 볼 때 이들이 범죄인을 보다 올바르게 이해하고 포용할 수 있는 환경 조성이 절실하다. 바로 이러한 점들 때문에 교정복지의 개입이 필요해지고, 이를 통해 범죄인과 가족 혹은 주변인 간의 유대관계와 이해의 폭을 넓혀 주게 되는 것이다(박경일 외, 2002 : 342-343).

04 비행 및 범죄이론

1) 범죄인론

범죄자를 생물학적으로 분석하게 된 것은 이탈리아의 내과의사였던 Lombroso인데 그는 법의학자로 많은 사형수들의 두개골을 해부함으로써 그들에게는 일반인과 다른 골상학적 특징이 있음을 밝혔다. 그는 범죄자를 특별한 인종으로 생각하는 생래성 범죄인론을 주장함으로써 당시에 유행했던 유전학의 영향을 받아 범죄 성향도 조상들로부터 유전되는 것이라는 가설을 수립하였다. 그 후 이 이론은 Vierustein, Roden 등에 의해 계속 연구되어 범죄인에게는 ① 범죄성의 발현에 특히 불리한 영향을 주는 선조의 유전 조건은 어떤 것인가에 관한 범인성(犯人性) 유전부인(遺傳負因)[1]에 관한 것과, ② 그러한 유전 조건들은 각 개체의 인격 형성에 어느 정도의 영향을 미치느냐에 하는 범죄인(犯罪人) 가계의 연구와 쌍생아(雙生兒) 연구의 방법 등이 있다(신진규, 1995).

2) 아노미이론

Merton은 사회구조적인 입장에서 빈곤과 범죄는 연관이 있다는 사실을 밝혀내고 있다. 그는 사회를 구성하는 기본적인 기둥을 문화구조와 사회구조의 개념으로 파악하고 있다. 이 이론에 의하면 빈곤한 가정에 태어나 사회구조적으

1 범죄학에서 유전부인(hereditary defect)이란 범죄자의 혈연 중에서 범죄성을 유발하기 쉬운 나쁜 유전 조건으로서의 정신병, 정신병질, 음주벽, 범죄성의 특징을 갖는 자가 있는 경우를 말하는 것으로 이러한 유전부인이 범죄자의 혈연 중에서 많이 발견될 때 범인성의 유전부인이 있다고 본다.

로 매우 불리한 입장에 있는 청소년들은 그들이 원하는 지위를 사회적인 배경 때문에 성취할 기회가 상대적으로 제약되어 있으므로 그들의 목적을 비행과 범죄라는 수단을 통해서 얻어내려고 한다는 것이다(청소년 폭력예방재단, 1997).

3) 차별적접촉이론

Sutherland는 기본적으로 범죄행위는 학습된다고 가정한다. 즉, 범죄청소년들이 살고 있는 주변 환경이 하층민들이 모여 사는 열악한 빈민가라는 점에 착안하여, 빈민가에 만연되어 있는 범죄에 대하여 비교적 우호적이고 동질적인 가치를 가진 친밀한 집단인 가까운 또래 친구들을 통해 범죄나 비행을 배울 기회가 많아 범죄소년이 된다는 것이다.

4) 비행하위문화이론

Cohen은 빈곤 지역의 청소년들은 중산층의 문화가 지배적인 미국 사회에서 자신들의 지위를 획득하기가 힘들어 자기들에게 유리한 문화를 형성하게 되었다고 주장하였다. 즉, 이들이 만드는 비행하위문화는 중산층 문화에 대한 반동에서 형성된다. 따라서 그는 이 문화가 바로 중산층 문화와 대립되는 성격을 갖고 있다고 보았다. 중산층 문화가 규율과 준법정신을 강조한다면, 비행하위문화에서는 법 위반에 대한 허용적인 태도를 형성하게 되고 그 특징은 ① 비공리성, ② 악의성, ③ 부정성을 갖는다.

5) 낙인이론

낙인이론에 따르면 사람들은 누구나 우연한 기회에 사소한 일탈의 가능성에 놓이게 되는데, 이러한 일탈이 범죄로 규정되고 그 행위자에 대해 범죄자로서의 낙인이 주어지게 되면 그 행위자는 더욱 심각한 범죄를 저지르게 된다는 것이다. 즉, 낙인이론은 범죄자를 만들어 가는 과정에 관한 이론으로서 Becker는 사회적 지위로서 일탈은 행위의 특성이 아닌 다른 사람이 범죄인에게 법과 제재를 적용한 결과이며, 결과적으로 준법과 일탈은 상대적이라고 주장하였다. 또한 Lemert는 일차적 일탈과 이차적 일탈로 구분하여 한 개인이 일차적 일탈을 저지르고 난 후 그 개인에게 사회적 상호작용 안에서 효과적으로 부인되는 경우에 이차적 일탈이 발생된다고 하였다.

6) 사회통제이론

Hirshi에 의해 제시된 사회통제이론(사회유대이론)에 의하면 인간은 누구나 선천적으로 일탈 및 비행 성향을 갖고 태어난다고 보고 비행의 원인보다는 비행 성향을 갖고 있는 인간이 어떠한 이유로 비행을 안 하게 되는가에 대한 원인을 설명하려고 한다. Hirshi는 비행을 저지르지 못하게 하는 사회유대 요소로서 ① 애정(attachment), ② 집착(committment), ③ 몰두(involvement), ④ 신념(belief)을 들고, 이들 네 가지 요소는 유기적으로 관련되어 있으며 전체적으로 지극히 약화되면 범죄나 비행에의 확률이 높아진다고 한다. 특히 그는 청소년의 사회화에 있어 중요한 가정, 학교, 친구와의 유대를 강조하고, 결국 청소년이 비행을 하게 되는 이유는 그들이 가정, 학교, 친구와의 유대가 약화되었기 때문이라고 보고 있다.

비행청소년의 심리적 특성은 다음과 같다.

첫째, 비행청소년들은 자기에 대한 만족 및 수용 정도가 낮아 자신이 못나고 열등하며, 쓸모없고 사랑받을 만한 존재가 아니라고 느끼고 자신의 가정에 대한 만족도가 낮다.

둘째, 자신의 감정이나 욕구를 충분히 경험하거나 조절하는 데 어려움이 있다. 이는 비행청소년들의 과활동성(hyperactivity)과 관련이 있는데 멍하니 있거나 쉴 새 없이 움직이는 행동 경향이다.

셋째, 비행청소년의 많은 경우가 삶의 초기에 부모와의 관계에서 거부, 학대, 상실의 경험이 있어 타인과의 의미 있는 관계를 맺는 것을 힘들어한다. 타인의 배려와 양육을 불신하고 자신과 비슷한 또래 청소년들에게 의지하려고 한다.

넷째, 비행청소년들의 공통적인 행동 특징은 충동적이고 주의가 산만하고, 자주 움직이고 쉽게 흥분하며, 작은 자극에 예민하게 반응하는 경향이 있다. 그리고 타인의 권리와 감정을 공감하지 못하거나 무시하여 죄의식을 발달시키지 않는다. 또한 삶이나 미래에 대한 장기적인 계획이나 목표를 수립하는 장기적인 조망능력이 부족하며, 대체로 가치관의 혼란을 경험하고 있다.

다섯째, 비행집단은 일반집단에 비해 더 많은 문제를 겪거나 스트레스를 경험하지만 이에 비해 스트레스 대처 능력이나 문제해결 능력은 떨어진다.

여섯째, 지속적인 좌절 경험으로 인해 대체로 부정적 자아개념과 자아존중감이 낮다.

일곱째, 비행청소년들은 인지능력, 특히 지능과 도덕성의 발달에 장애가 있다(박경일 외, 2002 : 343-345 재인용).

05 교정복지의 활동현장과 지역사회 교정

1) 교정복지의 활동현장

교정활동을 사회복지 차원에서 실천하는 데는 다양한 활동현장이 있다. 먼저 교정기관 및 교정시설은 물론 교정대상자들을 상담, 훈련 및 교육을 위한 민간 또는 공공 · 국가기관이 있다. 그리고 또한 범죄사건을 다루는 경찰, 검찰, 법원 등 사법기관, 각종 학교, 종교기관 및 시설, 그리고 지역사회복지관 등 다양한 복지기관과 시설이 포함된다. 교정복지사의 활동현장은 청소년범죄자가 사법처리되는 절차를 보고서도 이해할 수 있을 것이다.

교정복지는 공급주체 면에서 크게 공적 부문과 민간 부문으로 나누어 수행되고 있다고 할 수 있다. 공적 부문에서는 경찰과 검찰, 법원, 교정청 보호관찰소, 소년원 등으로 조직화되어 있고, 민간 부문에서는 법인이나 단체 등이 수탁

운영하는 민간시설, 종교단체나 자원봉사조직, 혹은 개인적 차원에서 행해지는 서비스를 들 수 있다. 여기서는 이 가운데에서 주요한 교정관련 기관 및 시설을 중심으로 대략적인 내용을 요약하여 제시해 보면 〈표 18-1〉과 같다.

<표 18-1> 교정복지시설 및 기관과 주요 활동

구분	주요 시설	활동 및 서비스
수용 시설	교도소(구치소)	형의 유무교정시설에 따라 기결(미결)수용자를 수용, 성별, 연령별, 죄의 경중, 기능별로 분류 수용
	보호감호소	재범의 위험이 있는 자에 대해 특수한 교육, 개선 및 치료가 필요한 경우, 수용 및 교정
	특수교도소	약물, 알코올남용, 나환자 등 특수처우가 필요한 대상을 수용
보호 시설	보호관찰소	교정시설에 수용하지 않고 일상 사회생활을 영위하면서 재범에 빠지지 않도록 대상자를 지도, 감독하고 원호하는 사회 내 처우(상담, 취업알선, 학교 복귀, 환경 개선 등) • 사회봉사명령 : 지정 시간에 무보수로 근로에 종사함으로써 죄를 반성하고 지역사회에 봉사하도록 하는 형사 제재
	소년원	가정법원소년부에 송치된 비행소년들을 보호, 수용하여 교정교육을 하는 특수교육기관(학교교육, 직업훈련, 심성순화, 심신의 보호, 지도 등)
	소년분류심사원	범죄소년에 대한 분류심사를 실시하여 법원 소년부에 자료 제공, 교정처우 지침 제시, 사후지도 권고 등
	치료감호소	범죄를 저지를 장애인 및 약물중독자의 재활을 위한 보호와 서비스
민간 시설	갱생보호기관(한국갱생보호공단)	집행유예나 선고유예자, 가석방 처분이나 출소자를 대상으로 정신적 · 물질적 원조 제공, 건전한 사회복귀와 재적응 도모
	소년보호시설	소년법원에서 4호 처분을 받은 소년들을 아동복지시설 또는 소년보호시설 등에 위탁하여 감호, 학업 및 직업교육 제공
	종교, 사회기관 및 시설, 지역사회복지관 및 복지시설	다양한 교정기관 및 시설로부터 서비스대상자를 위탁받음

2) 지역사회 중심의 교정 : 보호관찰제도

기본적으로 보호관찰제도와 같은 지역사회 내의 교정제도는 범죄자를 처벌할 뿐만 아니라, 재활의 의지를 강하게 담고 있는 형벌이다. 바로 이러한 형벌을 통하여 범죄자에 대한 재활의지를 좀 더 확대시키고자 기존의 보호관찰제도 내에 다양한 전문화되는 프로그램을 개발시키고자 하는 경향이 있다.

최근 미국 캘리포니아 주정부에 소속되어 있는 58개 카운티정부를 상대로 조사한 보호관찰의 목표(Nieto, 1996)를 요약해 보면, 우선 교도와 구치소 등 교정시설의 초과수용을 방지하고, 재범률을 낮춤으로써 지역사회를 보호하자는 것이다. 또한 보호관찰대상자들이 저지른 범죄행위와 관련되는 특정 문제들을 해결해 줌으로써 그들을 재활시키는 것이다. 마지막으로 범죄자들의 범죄행위에 대하여 저들로 하여금 손해배상(restitution)을 하도록 규정하자는 것이다. 보호관찰제도의 기본취지와 관련되는 매우 중요한 사항은 범죄자가 결국 사회에 나아가 생활하게 될 때 법을 준수하며 잘 적응해서 살아갈 수 있도록 도와주어야 한다고 하는 사회에의 재통합(reintegration)이다.

이러한 보호관찰의 목표 가운데 재활의 목표는 다른 형태의 처벌보다 효과적인 것으로 나타나고 있다. 기본적으로 재범률을 줄이기 위해서는 처벌 위주의 형벌보다 보호관찰과 같은 지역사회 중심의 형벌이 보다 효과적이라는 것이 다(Andrwes, 1989; Boone, 1994; Gendrau, 1993; Matthews, Boone, & Fogg, 1994). 특히 범죄자의 특성에 맞춘 전문화된 재활 프로그램이 미래의 범죄행위를 저지시키는 데 효과적이며, 이러한 프로그램을 통한 개입이 보다 철저한 행동 중심적일 경우, 그리고 지역사회에서 이루어질 때 보다 큰 효과를 기대할 수 있다(Fabiano, 1991a & 1991b; Gendreau, 1993; Goodman, Getzel, & Ford, 1996 : 375; 배임호, 1999 : 136, 박종삼 외, 2002 : 466-467 재인용).

그러므로 우리나라에서 그동안 나름대로의 역할을 통하여 주요한 형사정책으로 자리잡아 오고 있는 보호관찰제도가 교정복지 차원에서 매우 중요한 의의를 갖는다. 이 제도는 무엇보다도 구금형의 폐해를 피하고자 형처벌 집행과정에서 생성 발전된 실천적 의미가 매우 큰 정책이다. 모든 범죄자들을 시설에 구금한다는 것이 교정의 목적을 달성하는 데 비효과적일 뿐 아니라 오히려 범죄자의 문제 상황을 악화시킬 수 있기 때문이다. 그러므로 일정한 범위에 해당하는 범죄자들을 구금의 현장인 시설에서가 아니라 사회 내에서 다른 사람들과 정상적인 관계를 유지하면서 국가의 보호와 교육 및 훈련을 통한 교정의 목적을 달성하고자 하는 데 있다.

06 교정 분야에서 사회복지사의 역할

현대 사회의 주요한 사회문제 중의 하나인 범죄와 비행문제는 이러한 사건들로 인하여 파생된 결과들로, 피해자뿐만 아니라 범죄자와 그들의 가족에게도 지대한 영향을 미치게 되므로 우리 사회는 이를 예방하고 해결하기 위해 다양한 제도적 장치와 개입방법이 필요하다.

그동안 인도적 교정처우를 위한 바람이 있었음에도 불구하고 실패한 이유를 보면, 첫째, 실제적인 교정처우의 불이행, 둘째, 수형자들의 근원적 개선 불가능성, 셋째, 교정의 행정적 한계, 넷째, 구금의 역기능, 다섯째, 범죄자들의 잘못된 법률관과 고정화된 범죄관의 영향 등이다(공정식, 1997 : 93). 이 연구보고서에 따르면, 앞의 여러 이유들 가운데서도 실제적인 교정처우의 불이행 측면에서 생각할 때, 효율적인 교정관리 체계와 전문적인 교도관이 갖추어진 극소수의 시설을 제외하고는 대다수의 재소자들은 효과적인 교정 · 교화에 필요한 요건들이 결여된 시설에서 거주하는 것이 현실이다.

실제로 원망과 분노에 가득 찬 재소자로부터 교정 · 교화를 기대한다는 것은 불가능하다. 많은 범죄자들은 자신들의 잘못된 행동을 자기 탓보다는 남의 탓으로 돌리는 경우가 많다. 그렇기 때문에 교정복지사는 범죄자가 범죄자 자신을 올바로 받아들이는 데 중요한 역할을 해야 한다. 이러한 역할은 범죄자가 얼마만큼 상처받기 쉬운(vulnerable) 사람이며, 대부분의 범죄자가 처해 있는 사회 환경으로 보아 그 스스로는 자신의 문제해결이나 해야 할 과업을 해내기가 어렵기 때문에 그러한 역할이 더욱 값진 것이다.

더욱이 범죄가 일단 발생되면 발생되기 이전과 이후에 범죄자가 접하게 되는 환경은 판이하게 달라진다. 가족과 자녀, 친구, 학교, 직장과 관련되는 사람들, 교정시설 내의 재소자들과 교도관, 사실상 주민의 모든 사람들과의 관계가 긴장관계로 변하고 갈등에 찬 불안한 상태가 되기 마련이다. 교정 분야에서 활동하는 사회복지사는 이러한 다양한 관계들을 정상화시키는 데 중요한 역할을 담당할 수 있다. 이러한 측면은 교정의 실질적인 측면에 있어서 단순한 교정활동이나 사업을 지양하고 교정복지의 차원에서 교정이 이루어져야 함을 시사해 주고 있다.

교정복지사는 범죄가 지역사회에 미치는 영향과 범죄문제를 해결해 가는 데 지역사회의 자원이 얼마나 중요한가를 인식하고 지역사회의 복지 차원에서 필요한 여러 가지 적절한 기능과 역할을 수행하게 된다. 지역사회 내의 문제는 문제의 원인과 결과도 모두 지역주민에 의해서 공유하게 되므로 시민사회가 성숙할수록 지역사회에서의 교정복지사 역할은 강조될 수밖에 없다. 결국 범죄자는 지역사회에서 사건을 일으키고 출소 후에도 대부분이 그 지역사회로 돌아가게 된다. 교정복지의 목적인 범죄자의 정상적인 사회복귀를 위해서, 동시에 지역사회 구성원 모두의 복지 차원에서 그들의 지역사회가 차지하는 위치는 아무리 강조해도 지나치지 않을 것이다. 오늘날 교정복지사는 미국의 경우 클라이언트의 상황을 판사에게 진정하기도 하고 법정에서의 활동을 통하여 필요한 증거와 재판의 방향을 제시함으로써 판사의 판결에 매우 중요한 역할을 담당한다(Mason, 1997 : 221).

또한 문제를 일으키는 비행청소년을 대하는 것은 그 어느 전문직보다도 사회복지교육과 훈련과정의 일부이기 때문에 이들을 다루는 보호관찰 업무에서 가장 우선적으로 언급되는 전문직이 바로 사회복지사이다. 교정사업을 위하여 사회복지사는 혐의가 인정된 범죄자를 교도소의 안과 밖에서 상담하고 이들의 재활을 위하여 매우 중요한 역할을 담당하고 있다(Mason, 1997 : 222). 이러한 역할을 인정받기까지는 사회복지사가 개인이 처한 사회적 환경을 잘 이해하고 주위 인물이나 자원과의 관계를 적절히 파악할 수 있는 교육훈련이 되어 있기 때문이다.

일반적으로 법정에서 형벌을 받은 범죄자들은 그들이 해야 할 일에 대하여 저항이 크고 반발이 심하며 일정한 절차나 프로그램에 참여하는 것에 매우 비협조적이고 참여 동기가 부족하다(Ewalt, 1982; O'hare, 1996 : 417; Rooney, 1992). 그러므로 교정 프로그램에 적극적으로 참여하고 협력할 수 있도록 동기가 먼저 이루어져야 하고, 다시 말해서 비자발적(involuntary) 클라이언트의 위치에서 자발적(voluntary) 클라이언트로 변화되는 것이 선행되어야 한다. 이를 위해서는 교정 프로그램에 참가하는 범죄자들에게 자신과 자신의 행위, 그리고 사회에 대한 인식을 어떻게 재건설해 주는가에 따라 그 프로그램의 목적이 달성될 수 있다고 하겠다(Getzel & Ford, 1996 : 376). 범죄자들이 자신과 자신의 주위 환경을 현재의 고정된 인식구조로 이해하는 것이 아니라 이를 변화시킬 수 있는 전문가의 개입이 필수적인데 바로 이것이 교정복지사의 역할이다.

이 밖에도 전형적인 사회복지사의 역할인 가능케 하는 자(enabler), 가르치는 자(teacher), 대변자(advocate), 중개자(broker) 등으로서의 역할 역시 교정복지를 위해서 중요하게 강조되고 있다(박종삼 외, 2002 : 468-470 재인용).

참고문헌

강흥구(2007). 의료사회복지실천론. 학현사.

고수현 외(2002). 사회복지개론. 대학출판사.

공계순 · 박현선 · 오승환 · 이상균 · 이현주(2013). 아동복지론. 학지사.

공정식(1997). 범죄인의 수형적응 태도에 관한 연구. 법무연구, 제24호.

교육인적자원부(2004). 사회복지사 활용 연구학교 운영계획(안).

구종회(2002). 사회복지실천기술론. 슬기와 힘.

권문일(1998). 국민연금개선안에 대한 평가와 향후과제. 한국사회과학연구소.

권영자(1995). 한국의 여성정책에 관한 연구. 여성연구통권 제47호. 한국여성개발원.

김규수(1999). 의료사회사업실천론. 형설출판사.

김기태 외(2001). 정신보건복지론. 양서원.

김기태 외(2002). 사회복지실천론. 양서원.

김대식 · 노영기 · 안국신(2012). 현대경제학원론. 박영사.

김덕준(1976). 의료사회사업연구. 사회복지연구, 제10집. 중앙대학교 사회복지학과.

김덕호(1996). 빈곤과의 전쟁을 통해서 본 1960년대 미국의 복지정책. 서양사론, 55, 172-200.

김만두(1982). 현대사회복지총론. 홍익재.

김만두 역(1992). 케이스워크관계론. 홍익재.

김만두 · 한혜경(1993). 현대사회복지개론. 홍익재.

김미숙 · 김유경 · 김성희(1998). 자원봉사센터의 현황과 효율적 운영방안. 한국보건사회연구원.

김복규(1997). 대구시 여성정책의 현황과 전망. 여성정책토론회 자료집. 대구광역시 여성정책위원회.

김봉환 · 김계현(1997). 대학생의 진로결정수준과 진로준비행동의 발달 및 이차원적 유형화. 한국심리학회, 9(1), 311-333.

김상곤 · 최승희 · 안정선(2012). 사회복지 프로그램 개발과 평가. 학지사.

김상규(1983). 사회복지론. 형설출판사.

김상균 · 김연옥 · 오정수 · 노혜련 · 김기환(1976). 학생비행 예방 및 선도를 위한 복지프로그램 개발에 관한 연구. 서울대학교 사회복지연구소.

김상균 · 최일섭 · 최성재 · 조흥식 · 김혜란 · 이봉주 · 구인회 · 강상경 · 안상훈(2011). 사회복지개론. 나남출판사.

김성경 · 김혜영 · 최현미(2009). 아동복지론. 양서원.

김성이 · 조학래 · 노충래 · 신효진(2010). 청소년복지학. 양서원.

김성천(2000). 한국가족복지 정책의 재조명: 문제점과 개혁방향의 모색. 한국가족복지학, 제5호. 71-102.

김영모(1984). 아동복지의 일반이론. 현대아동복지론(복지연구회 편). 한국복지정책연구소.
김영모 외(1982). 현대사회복지론. 한국복지정책연구소출판부.
김영종(1998). 사회복지행정. 학지사.
김영호(1991). 사회복지시설에 있어서의 자원복지활동의 필요성과 육성방향. 한국복지재단.
______(1997). 자원복지활동의 활성화 방법. 학문사.
김윤재 · 강영숙 · 김진환 · 박주은(2016). 아동복지론. 동문사.
김융일 외(1995). 사회사업방법론. 나남출판.
김융일 외(2003). 사회복지학개론. 동인.
김인숙 · 김용석 역(2002). 사회복지실천기술연습. 나남출판.
김인혁 외(2011). 사회복지행정론. 양서원.
김태성 · 김진수(2010). 사회보장론. 청목출판사.
김통원(2002). 사회봉사론. 성균관대학교출판부.
김헌수 · 김현실(2001). 재범 비행청소년의 예측인자 분석. 신경정신의학회지, 40(2), 279-291.
김희경 외(2011). 정신건강론. 정민사.
남기민(2011). 사회복지학개론. 양서원.
남상만 · 나운환 · 유명화(1998). 장애인복지론. 홍익재.
남세진 · 최성재(1990). 미국의 대빈곤전쟁(War on Poverty)에 관한 연구: Head Start Program을 중심으로. 사회복지연구, 2, 1-37.
남일재 외(2003). 사회복지행정론. 학현사.
남일재 · 문영주 · 오 주(2015). 사회복지행정론. 정민사.
노병일(2020). 아동복지론 4판. 공동체.
노혜련(1995). 취약계층을 위한 복지서비스의 확대: 아동부문(Ⅰ) (한국보건사회연구원 편). 한국적 복지모형의 정립과 정책 방향: 단기정책연구(II). pp. 267-286.
대구광역시 여성정책 위원회(1997). 여성정책 발전방향 모색을 위한 여성정책 토론회 자료집.
류기형 외(2005). 자원봉사론. 양서원.
문선화 · 구차순 · 박미정 · 김현옥(2012). 한국사회와 아동복지. 양서원.
문인숙 역(1992). 노인복지의 이해 : 이론과 기법. 홍익재.
민성길(1995). 최신정신의학. 일조각.
박경일 외(2001). 사회복지학강의. 양서원.
박경일 외(2002). 사회복지학강의. 양서원.
박경호(1997). 고령화시대의 노인복지. 보건복지포럼 통권 제13호.
박능후(2001). 기초보장제도의 역사적 전개과정과 함의. 한국보건사회연구원.
박병현(2010). 사회복지의 역사. 공동체.
박석돈(2010). 사회보장론. 양서원.
박용순(1999). 사회복지개론. 학지사.

박용순(2004). 사회복지개론(개정판). 학지사.
박정란 · 서홍란 · 장수한(2011). 청소년복지론. 양서원.
박종삼 외(2002). 사회복지학개론. 학지사.
박종성(1996). 권력과 매춘. 인간사랑.
백종만 외(1999). 사회와 복지. 나눔의 집.
백종만 외(2001). 사회와 복지. 나눔의 집.
박주월 · 우혜숙(2018). 최신 사회복지시설운영론. 공동체.
변재관 외(1998). 한국의 사회보장과 국민복지기본선. 한국보건사회연구원.
보건복지부(1998). 여성백서.
__________(2006. 11.). 통계청 자료 및 저출산고령사회기본계획 대비 심층분석.
__________(2011). 2011년도 장애인복지사업지침.
__________(2012). 2012년 아동분야사업안내.
__________(2020). 『2020년 아동분야 사업안내』.
__________(2021). 『2021년 지역아동센터 지원사업안내』.
보건복지부 노인요양제도팀(2006. 3). 노인수발보험제도 제2차 시범사업 기본계획.
부산대학교 여성연구소(1997). 여성과 남성을 위한 여성학.
사회복지공동모금회(2017). 2017년 배분사업 안내서
________________(2018). 2018년 배분사업안내서
삼성사회봉사단(1996). 자원봉사의 이해와 활동방법. 한고상사.
송근원 · 김태성(1995). 사회복지정책론. 나남출판.
송성자(1987). 가족관계와 가족치료. 홍익재.
송정부(1991). 지역사회의 청소년복지대책. 밝은 사회 건전한 청소년. 체육청소년부.
신복기 · 박경일 · 장중탁 · 이명현(2005). 사회복지행정론. 양서원.
신복기 외(2005). 사회복지행정론. 양서원.
신진규(1995). 범죄학 겸 형사정책. 법문사.
신혜섭 · 양혜원(2005). 청소년의 성폭력 실태와 예측요인: 성별차이를 중심으로. 한국가족복지학.
아영아 · 이명희 · 이화명 · 김진영 · 고영희 · 최미숙(2017). 아동복지론. 양서원.
안병영(1992). 신보수주의와 복지국가－1980년대 대처와 레이건의 정책비교. 사회과학논집, 23, 83-119.
안향림(1994). 정신의료사회사업. 홍익재.
양옥경 외(2000). 사회복지실천론. 나남출판.
양옥남 외(2006). 노인복지론. 대명사.
어윤배(1996). 사회정책의 이론과 과제. 숭실대학교출판부.
엄명용 외(2000). 사회복지실천의 이해. 학지사.
오정수 · 정익중(2008). 아동복지론. 학지사.

원석조(2020). 사회복지행정론 5판. 양서원.
______(2011). 사회보장론. 양서원.
______(2011). 사회복지개론. 양서원.
______(2011). 사회복지역사의 이해. 양서원.
______(2011). 사회복지행정론. 양서원.
유엔아동권리협약 한국NPO연대(2010). 제3 · 4차 유엔아동권리협약 민간보고서.
윤매자 · 신혜경 · 주정현(2017). 아동복지론 3판. 양서원.
윤철수(1995). 중등학교에서 학교사회사업가의 활용가능성에 관한 연구. 숭실대학교 대학원 석사학위논문.
윤현숙 · 김연옥 · 황숙연(2001). 의료사회사업론. 나남출판.
이강희 외(2011). 사회복지발달사. 양서원.
이근식(1999). 자유주의 사회경제사상. 한길사.
이문국 외(1999). 사회복지대백과사전. 나눔의 집.
이봉주 · 김기덕(2014). 사회복지 프로그램 개발과 평가. 신정.
____________(2016). 사회복지 프로그램 개발과 평가. 신정.
이성록 편역(2000). 자원봉사활동 관리조정론. 학문사.
이영분 외(2000). 사회복지실천론. 동인.
이영분 외(2002). 사회복지실천론. 양서원.
이영철 외(2002). 사회복지학. 양서원.
이영철 외(2007). 사회복지학. 양서원.
이영희(1999). 교정복지의 이론과 실제. 홍익출판사.
이용교(2002). 디지털 사회복지. 인간과 복지.
이인재(2000). 국민기초생활 보장법의 특성과 과제. 한국사회과학연구소.
이인재 · 류진석 · 권문일 · 김진구(2011). 사회보장론. 나남출판.
이종복 외(2008). 사회복지개론. 학현사.
이혜원(2000). 노인복지론. 유풍출판사.
임은희 외(2012). 사회복지발달사. 양서원.
장동일 · 김익균 · 박은미(2010). 사회문제론. 동문사.
장인협(2002). 사회복지실천방법론(上). 서울대학교출판부.
장인협 · 오정수(1999). 아동 · 청소년복지론(개정판). 서울대학교출판부.
____________(2001). 아동 · 청소년복지론(개정2판). 서울대학교출판부.
장인협 · 이혜경 · 오정수(2002). 사회복지학. 서울대학교출판부.
전국대학 사회복지교육협의회(2002). 사회복지개론. 유풍출판사.
전재일(1997). 학교사회복지. 사회복지개발연구원.
______(2001). 사회복지실천론. 형설출판사.

전재일 외(1996). 사회복지론. 형설출판사.

전재일 외(1997). 모자세대의 욕구와 복지정책. 대구사회복지개발연구원.

전해황 · 김종명 · 송낙길 · 송혜자 · 이영희 · 이장희 · 장정순(2016). 사회복지행정론. 양서원.

정경희 외(1998). 1998년 전국 노인생활실태 및 복지욕구조사. 한국보건사회연구원.

정기원(2007). 비행친구: 청소년 비행의 원인인가, 아니면 결과인가? 청소년학연구, 14(1), 213-236.

정무성(2008). 사회복지 프로그램 개발론. 학현사.

______(2014). 사회복지프로그램 개발과 평가. 정민사.

정무성 · 정진모(2001). 사회복지 프로그램 개발과 평가. 양서원.

정소희(2007). 사회경제적 지위, 부부갈등, 부모양육행동, 자아통제력이 청소년비행에 영향을 미치는 경로분석. 사회복지연구, 32, 5-34.

조성상 외(2019). 의료사회복지실천론. 신정.

조휘일(1998). 현대사회와 자원봉사. 홍익재.

조휘일 · 이윤로(1999). 사회복지실천론. 학지사.

조홍식(1992). 가족과 청소년정책. 가족학논집4. 한국가족학회.

조홍식 외(2010). 가족복지학. 학지사.

천정웅(2012). 청소년복지론-발전적 관점. 양서원.

청소년 폭력예방재단(1997). 학교 폭력 막을 수 있다.

최병호(1998). 의료보험 통합에 따른 효율적인 진료비심사 · 지불체계의 구축방안. 한국보건사회연구원.

최선화 외(1999). 사회문제와 사회복지. 양서원.

최성재 · 남기민(2001). 사회복지행정론. 나남출판.

______________(2006). 사회복지행정론. 나남출판.

______________(2016). 사회복지행정론 3판. 나남출판사.

최옥채(1999). 교정복지론. 아시아미디어리서치.

______(2001). 사회복지실천론. 양서원.

최일섭 · 류진석(2006). 지역사회복지론(개정판). 서울대학교출판부.

통계청(2007). 장례인구추계결과.

한국노동연구원(1993). 고용보험제도의 실시방안연구.

한국보건사회연구원(1995). 산재보험서비스 전달체계의 개선방안.

한국보건사회연구원 · 보건복지부(2001). 보건복지 지식정보화 비전수립 연구.

한국사회복지사협회 편저(2000). 사회복지학. 홍익재.

한국사회복지학회(1998). 한국사회복지의 패러다임 전환. 추계학술대회자료집. 한국사회복지학회.

_______________(2000). 한국 사회복지의 개혁과제와 전망. 춘계학술대회자료집. 한국사회복지학회.

한국사회복지협의회(1996). 자원봉사의 효율적 관리. 한국사회복지협의회.
한국여성개발원(1990). 여성복지법제에 관한 연구.
한국여성정치 문화연구소(1997). 바람직한 여성정치 리더와 리더십. 여성과 정치.
한국이웃사랑회(1999). 어린이가 행복한 사회–아동학대예방을 위한 교사안내서.
한국청소년개발원(1994). 청소년관계법과 행정. 인간과 복지.
한동우(2008). 사회복지조직의 책임성 이행을 위한 지배구조의 요소. 한국비영리연구, 7(1), 3-42.
한동일 외(2009). 사회복지행정론. 양서원.
한동일 외(2011). 사회복지행정론. 양서원.
한동희(1996). 노인학대에 관한 연구. 대구효성가톨릭대학교 대학원 박사학위논문.
한인영 외(1997). 학교와 사회복지. 학문사.
한정자(1998). 성차별의 본질, 여성학의 이해. 경문사.
허준수(2010). 노인복지연구. 신정.
현외성(1993). 사회복지학의 이해. 유풍출판사.
현외성 외(1993). 사회복지학의 이해. 유풍출판사.
홍봉선 · 남미애(2000). 청소년복지론. 양서원.
황성철(2002). 한국사회복지행정의 연구동향과 과제. 한국사회복지행정학, 7, 163-164.
황성철 · 정무성 · 강철희 · 최재성(2020). 사회복지행정론 4판, 정민사.
황성철 외(2005). 사회복지행정론. 학현사.

Allen-Meares, P.(1994). Social Work Services in School : A National Study of Entry-Level Tasks. *Social Work*, 39, 560-565.
Allen-Mears, P., Washington, R., & Welsh, B.(1986). *Social Work Services in Schools*. New Jersey : Prentice-Hall.
Andrews, D. A.(1989). Recidivism is Predictable and can be influenced : using Risk Assessment to Reduce recidivism. *Forum on corrections Research*.
Atkinson, A. B.(1987). Income Maintenance and Social Insurance. *Handbook of Public Economics Vol. II*. Amsterdam : North Holland.
Baldwin, P.(1993). *The Politics of Social Solidarity*. Cambridge : Cambridge Univ. Press.
Barker, R. L.(1987). *The Social Work Dictionary*. Sliver Spring, MD : National Association of Social Workers.
Barker, R. L.(1991). *The Social Work Dictionary*. Silver Spring, USA : NASW.
Barker, Robert L.(1995). *The Social work dictionary*(3rd ed.). Washington, D.C. : SW Press.
Barr, N.(1998). *The Economics of the Welfare State*. Oxford University Press.
Biestek, F. P.(1957). *The Casework Relationship*. Illinois : Loyola Univ. Press.
Blackburn, C.(1965). *Family Social Work. Encyclopedia of Social Work, 15*. New York : NASW.

Boone, H. N.(1994). An Examination of Recidivism and other Outcome Measures. *American Probation and Parole Association Perspectives*.

Bowker, L. H.(1982). *Corrections : The Science and the art*. New York : Macmillan Publishing Co., Inc.

Brager, G. & Specht, H.(1973) *Community Organization*. New York : Columbia University Press.

Byrne, J. M.(1990). The Future of Intensive Probation Supervision and New Intermediate Sanctions. *Crime & Delinquency, 36*(1). Sage Pub.

Cahn, E.(1974). *Justice. International Encyclopedia of Social Sciences(vol. 8)*. Macmilla & Free Press.

Caroff, P. & Mailick, M.(1985). The Patient has a Family: Reaffirming Social Work's Domain. *Social Work in Health Care, 10*(4), 17-34.

Carter, B. & McGoldrick, M.(1989). *The Changing Family Life Cycle : A Framework for Family Therapy(2nd ed.)*. Boston, MA : Allyn & Bacon.

Cohen, M., & Hanagan, M.(1994). Welfare Capitalism and Heavy Industry : Birmingham, Pittsburgh and Saint-Etienne, 1900-1930. *Research in Social Policy, 3*, 33-56.

ComPton, B. & Galaway, B.(1997). *Social Work Processes(6th ed.)*. Paciflc, CA : Brooke/ Cole Publishing Company.

Costin, L.(1972). Adaptations in the Delivery of School Social Work Services. *Social Casework, 53*, 348-354.

________(1975). School Social Work Practice : A New Model. *Social Work, 20*, 135-139.

Costin, L. B.(1987). *The Welfare: Policies and Practice*. New York : McGraw-Hill.

Cox, F. M., Erlich, J. L., Rothman, J., & Tropman, J. E.(Eds.)(1974). *Strategies of Community Organization*(2nd ed.). Itasca, Ill.: F.E. Peacock.

Dunham, A.(1970). *The New Community Organization*. New York : Thomas Y. Crowell Company.

Elliott, M. A. & Merrill, F. E.(1950). *Social Disorganization*. New York : Harper & Brothers.

Ewalt, P.(1982). *Understanding Resistance : Seven Social Workers Debate*. Practice Brooke Co., Inc.

Fabiano, E. A.(1991a). Canada's Cognitive Skills Program Corrects Offenders' faulty Thinking. *Corrections Today, August*.

Fabiano, E. A.(1991b). How Education can be Correctional and How Corrections can be Educational. *Journal of Correctional Education, 42*, 100-106.

Fealey, M. M., Berk, R., & Campbell, A.(1992). Between Two Extremes : An Examination of the Efficiency and Effectiveness of Community Service orders and their Implications for the U.S. sentencing Guidelines. *Southern California Law Review, 66*(1), 155-207.

Feldstein, M.(1995). *Social Security and Saving : New Time Series Evidence. NBER Working Paper* No. 5054.

Freeman, E.(1994). School Social Work, Overview. *Encyclopedia of Social Work, 19*, NASW.

Freeman, M.(1983). The Concept of Children's Rights. In H. Geach & E. Szwed(Eds.). *Providing Civil Justice for Children*. London : Edward Arnold.

Friedlander, W. A.(1958). *Concepts and Methods of Social Work*. Englewood Cliffs Prentice- Hall Inc.

Gambrill, E.(1997). *Social Work Education : Current Concerns and Possible Futures*. In Michael Reisch & Eileen.

Gendreau, P.(1993). *The Principles of Effective Intervention with Offenders*. Paper Presented at the conference of the International Association of Residential and Community Alternatives. Philadelphia.

George, V. & Wilding, P.(1976). *Ideology and Welfare*. England : Routledge & Kegan Paul.

Getzel, G. & Ford, W.(1996). Group work with high-Risk Urban youths on probation. *Social Work, 41*(4), 375-381.

Gil, D. G.(1970). *Violence against children Physical child abuse in the United States*. Cambridge, MA : Harvard University Press.

Gil, D.(1981). *Unravelling Social Policy*. Cambridge, MA: Schenkman Publishing Company Inc.

Gilbert, N. & Specht, H.(1974). *Dimensions of Social Welfare Policy*. Englewood Cliffs, New Jersey : Prentice-Hall.

Gilbert, N., Specht, H., & Terrell, P.(1993). *Dimensions of Social Welfare Policy*. Englewood Cliffs, NJ : Prentice-Hall.

Goodman, H., George, S. G., & Ford, W.(1996). Group work with High-risk urban youths on probation. *Social Work, 41*(4), 375-381.

Greenwood, P. W.(1998). Investing in prisons or prevention : the State Policy Maker's Dilemma. *Crime & Delinquency, 44*(1).

Gulick, L. & Urwick, L.(1966). *Paper on the Science of Administration*. New York : Institute of Public Administration.

Harper, E. B. & Dunham, A.(Eds.)(1959). *Community Organization in Action : Basic Literature and Critical Comments*. New York : Association Press.

Harris, D.(1987). *Justifying State Welfare : The New Right versus The Old Left*. New York : Basil Blackwell.

Hartman(ed). *A Handbook of Child Welfare*. New York : Free Press.

Horwath, J.(2001). *The Child World. Department of Health*. London, UK : JKP.

Johns, R. & Dermache, D. F.(1951). *Community Organization and Agency Responsibility*. New York : Association Press.

Johnson, L. C.(1986). *Social Work Practice : a Generalist Approach(2nd ed.)*. Allyn and Bacon.

__________(1989). *Social Work Practice*(3rd ed.). Nassachusetts : Allyn and Bacon.

Johnson, L. C.(1995). *Social Work Practice : A Generalist Approach*(5th ed.). Boston : Allyn and Bacon.

Kadushin, A.(1986). 사회사업 면접의 기법(문인숙 · 김만두 역). 홍익재.

__________(1988). *Child welfare service*(4th ed.). N.Y. : Macmillan

Kadushin, A., & Martin, J. A.(1980). *Child Welfare Service(4th ed.)*. N.Y. : Macmillan.

Kamerman, S.(1995). Families Overview. *Encyclopedia of Social Work*. NASW.

Katz, D. & Kahn, R. L.(1978). *The Social Psychology of Organizations(2nd ed.)*. New York : John Wiley.

Kirst-Ashman, K. K.(2003). *Introduction to Social Work and Social Welfare : Critical Thinking Perspectives*. CA : Thomson.

Konopka, G.(1963). *Social Group Work : A Helping Process*. N.J. : Prentice-Hall Ins.

Kurtz, R.(1960). *Social Work Year Book*. New York : NASW.

Lurie, H.(1965). *Encyclopedia of Social Work*. New York : NASW.

MacReae, D.(1985). *Policy Indicators*. The University of North Carolina press.

Mason, M. A.(1997). Opportunities for social Workers in the Law?; the jury is out. In M. Reisch & E. Gambrill(Eds.), *Social Work in the 21st Century*. Thousands Oaks, CA: Press.

Mather, J. H., & Lager, P. B.(2000). Child welfare: A Unifying Model of Practice. Belmont, CA : Brooks/Cole.

Mattaini, M. A. et al.(1991). 사회복지실천이론의 토대(이팔환 외 15인 역). 나눔의 집.

Matthews, T., Boone, H. N., & Fogg, V.(1994, Winter). Alternative Outcome Measures : The Concept. *American Probation and Parole Association Perspectives*. 11-12.

McNeil, C. F.(1954). *Community Organization for Social Welfare. Social Work Year Book*. New York : American Association of Social Workers.

Meyer, C.(1985). *Institutional Context of Child Welfare*. Laird, J.

Monk, A.(1985). *Handbook of Gerontological Services*. New York : Van Nostrand Reinhold Company.

Myers, R.(1993). *Social Security*. Philadelpia : Pension Research Councill.

NASW(1982). Changes in NASW Family Policy. *NASW News*, 27(2), 10.

______(1995). *Encyclopedia of Social Work*. 조홍식 외 역(1997). **가족복지학**. 학지사.

Nieto, M.(1996). *Changing Role of Probation in California's Criminal Justice System*. Sacramento, California : California Research Bureau.

Northen, H.(1969). *Social Work with Group*. NY : Columbia Univ. Press.

O' Hare, T.(1996). Court-ordered versus Voluntary Clients : problem Differences and Readiness for Change. *Social Work, 41*(4), 417-422.

Park, R. E. & Burgess, E. W.(1921). *Introduction to the Science of Sociology*. Chicago : University of

Chicago Press.

Payne, M.(1996). *What is Professional Social Work?* Birmingham, BK. : Venture Press

Pelman, H.(1957). *Social Casework*. Chicago : University of Chicago Press.

Perlman, R. & Gurin, A.(1972). *Community Organization and Social Planning*. New York : John Wiley & Sons.

Rejda, G. E.(1988). *Social Insurance and Economic Security*. New Jersey : Prentice-Hall.

Richmond, M.(1992). *What is Social Casework?* New York : Russel Stage Foundation.

Romanyshin, J. M.(1971). *Social Welfare : Charity to Justice*. New York : Random House.

Rooney, R.(1992). *Stages for Work with Involuntary Clients*. New York : Columbia University Press.

Ross, M. G.(1967). *Community Organization : Theory, Principles, and Practice(2nd ed.)*. New York : Harper & Brothers.

Rothman, J.(1986). Three Models of Community Organization Practice. Fred M., Cox et al.(Eds.), *Strategies of Community Organization : A Book of Readings*. Itasca, Ill. : F. E. Peacock Publishing Co.

Sarri, R. C. & Galinsky, M. J.(1967). *A Conceptual Framework for Group Development*. Reading in Groups, University of Michigan.

Skidmore, R. A.(1983). *Social Work Administration : Dynamic Management and Human Relationships*. Englewood Cliffs, NJ : Prentice-Hall, Inc.

Smalley, R. E.(1967). *Theory for Social Work Practice*. New York : Columbia University Press.

Taber, M., & Finnegan, D.(1980). The social service program developer : A new role in social work. *Journal of Education for Social Work, 16*(1), 27-31.

Titmuss, R. J.(1958). *Essays on the Welfare State*. London : Allen and Urwin.

Trecker, H.(1955). *Social Group Work*. New York : Whiteside Inc.

__________(1971). *Social Work Administration : Principles and Practices*. New York : Association Press.

__________(1972). *Social Group Work*. New York : Association Press.

Tropp, E.(1976). A Developmental Theory. in W. Robert & H. Northen(Eds.), *Theories of Social Work with Groups*. NY : Columbia Univ. Press.

Uttley, S.(1980). The Welfare Exchange Reconsidered. *Journal of Social Policy*, 9(2), 187-190.

Warren, R. L.(1963). *The Community in America*. Chicago : Rand McNally & Co.

Weil, M. O. & Gamble, D. N.(1995). Community Practice Models. NASW, *Encyclopedia of Social Work*(19th ed).

White, J. L.(1989). *The Troubled Adolescent*. New York : Pergamon Press.

Wilensky, H. L. & Lebeaux, C. N.(1965). *Industrial Society & Social Welfare*. New York : The Free

Press.
Wilson, G.(1965). Social Group Work : Trend and Development. *Journal of Social Work* (NASW).
Zastrow, C.(1995). *The Practice of Social Work(5th ed.)*. Pacific Grove, CA : Brooks/ Cole.
__________(2000). *Introduction to Social Work and Social Welfare(7th ed.)*. Belmont, CA : Wadsworth.
Zuckerman, E.(1983). *Child welfare*. N.Y. : The Free Press

小島蓉子(1970). 心神障礙者福祉. 誠信書房
手塚直樹(1981). 障碍者福祉論. 光生館.

고용노동부 www.moel.go.kr
국가법령정보센터. http://www.law.go.kr.
국가통계포털. http://kosis. kr.
다음 국어사전(2012) http://dic.daum.net
대검찰청(2011) www.spo.go.kr/spo/index.jsp
대한의료사회복지사협회 www.kamsw.or.kr
보건복지부 www.mohw.go.kr
안양시정신건강복지센터 http://www.telepsy.co.kr
여성가족부(2012). 청소년사업안내 www.mogef.go.kr/index.jsp
위키피디아 http://ko.wikipedia.org
유니세프한국위원회. http://www.unicef.or.kr.
정신보건전문요원협회 www.kamhp.or.kr.
푸른나무재단 www.btf.or.kr
통계청. http://kostat.go.kr.
한국정신보건사회복지사협회 www.kamhsw.or.kr
보건복지부 국립장기조직혈액관리원 http://www.konos.go.kr
한국 희귀 · 난치성질환연합회 http://www.kord.or.kr

저/자/약/력

■ 노길희
숭실대학교 대학원 석사
숭실대학교 대학원 박사
현) 숭실대학교 글로벌미래교육원 주임교수

■ 박일연
숭실대학교 대학원 석사
숭실대학교 대학원 박사
현) 호남신학대학교 사회복지상담학과 교수

■ 양희택
숭실대학교 대학원 석사
숭실대학교 대학원 박사
현) 협성대학교 사회복지학과 교수

■ 유진희
숭실대학교 대학원 석사
숭실대학교 대학원 박사
현) 부천대학교 사회복지학과 교수

■ 조성상
연세대학교 대학원 석사
연세대학교 대학원 박사
현) 연성대학교 사회복지과 교수

사회복지학개론

| 공저자 | 노길희 · 박일연 · 양희택 · 유진희 · 조성상

| 1판 1쇄 | 발행 2023년 5월 3일
| 1판 2쇄 | 발행 2024년 8월 30일
| 1판 3쇄 | 발행 2026년 2월 20일

| 발행인 | 김동훈
| 발행처 | **공동체**

| 주소 | 경기도 고양시 일산동구 호수로 358-39, 동문타워 1차 905호(백석동)
| 전화 | 031)814-3000(대표)
| 팩스 | 031)814-3100
| 홈페이지 | www.compub.co.kr
| 전자우편 | compub@naver.com
| 출판등록 | 2005년 10월 6일
| 등록번호 | 제396-2005-36호

| ISBN | 979-11-6725-403-0
정가 20,000원